姚 鹏 ———— 著

Research on the Effectiveness of
Regional Coordinated Development in
China in the New Era

新时代

我国区域协调发展成效研究

经济管理出版社
ECONOMY & MANAGEMENT PUBLISHING HOUSE

图书在版编目（CIP）数据

新时代我国区域协调发展成效研究 / 姚鹏著.

北京 ：经济管理出版社，2024. -- ISBN 978-7-5243
-0109-7

Ⅰ．F127

中国国家版本馆 CIP 数据核字第 2024C15Z01 号

组稿编辑：申桂萍
责任编辑：申桂萍
助理编辑：张　艺
责任印制：许　艳
责任校对：王淑卿

出版发行：经济管理出版社
　　　　　（北京市海淀区北蜂窝 8 号中雅大厦 A 座 11 层　100038）
网　　址：www. E-mp. com. cn
电　　话：（010）51915602
印　　刷：唐山玺诚印务有限公司
经　　销：新华书店
开　　本：720mm×1000mm/16
印　　张：17. 75
字　　数：358 千字
版　　次：2024 年 12 月第 1 版　　2024 年 12 月第 1 次印刷
书　　号：ISBN 978-7-5243-0109-7
定　　价：128. 00 元

目　录

第一章　导论

区域协调发展是国民经济平稳、健康、高效运行的前提，是重大的经济问题、政治问题、社会问题和国家安全问题。自党的十八大以来，以五大新发展理念为引领的区域协调发展战略思想得到初步贯彻与落实，区域协调发展取得了历史性成就，但其仍面临区域经济发展分化态势明显、发展动力极化现象日益突出、部分区域发展面临较大困难等问题，使区域发展总体战略难以适应新时代区域发展的需要，因此亟须基于五大新发展理念构建新时代区域协调发展成效指标体系，评估当前区域协调发展水平、厘清发展问题，进而提出综合的破解思路和解决方案，为区域协调发展的政策制定和方案实施提供理论支持和现实支撑。基于此，本章将围绕新时代区域协调发展，系统阐述本书的研究背景、研究问题、研究目标、研究意义，明确研究思路、逻辑框架与研究方法，归纳总结主要创新点及结构安排。

第一节　问题提出

一、研究背景

积极推动区域协调发展是全面建成小康社会进而实现全体人民共同富裕的内在要求，是践行五大新发展理念的必然要求，同时是建设现代化经济体系的重要举措。2012年，党的十八大开启中国特色社会主义新时代的序幕，区域协调发展进入全面深化阶段。以区域协调发展作为要领，持续不断地激发局部及全域发展潜能成为新时代区域经济发展的重要特征（姚树洁，2022）。2018年11月18日，中共中央、国务院发布的《中共中央　国务院关于建立更加有效的区域协调发展新机制的意见》中明确指出：建立区域协调发展评价指标体系，科学客观评价区域发展的协调性，为区域政策制定和调整提供参考。引导社会智库研究发布区域协调发展指数。加快建立区域发展风险识别和预警预案制度，密切监控突出问题，预先防范和妥善应对区域发展风险。这表明，新时代实施区域协调发展战略是推动经济高质量发展、全面建设社会主义现代化国家的必然要求。

新时代有着新的历史方位、新矛盾、新征程，我国的区域协调发展也呈现出新变化。新时代区域协调发展战略由板块和特殊类型区协调向全面协调转变，通过划定重点区和经济带实现地区全覆盖，同时对特殊区域实施具体的特殊政策，不断细化区域规划使之更有针对性（孙久文，2018）。自党的十八大以来，我国区域发展形势总体向好，但经济发展仍然存在不平衡不充分问题，区域发展差距依然较大，地区间无序开发现象严重，资源环境约束增强，板块利益格局日趋固化，区域协调发展机制和管理体制有待完善，难以适应新时代实施区域协调发展战略的需要。同时，区域发展与全球经济联系更加密切，区域发展总体战略实施与产业发展、资源环境、城镇化战略、市场经济体制等方面的互动融合更为紧密，以"四大板块"为主的区域发展总体战略已不能完全适应形势要求，必须立足新形势的需要对其内涵、层次、着力点等予以丰富和完善（孙久文和易淑昶，2022）。基于此，党的十九大报告首次提出"区域协调发展战略"，对当前及今后一段时期我国的区域协调发展重点作了明确的部署。

区域协调发展战略是习近平新时代中国特色社会主义经济思想的重要组成部分，具有丰富的内涵和深远的历史意义。党的十九大报告指出，中国特色社会主义进入了新时代，社会主要矛盾发生了变化，其转化为人民日益增长的美好生活需要和不平衡不充分发展之间的矛盾；同时，经济发展出现阶段性变化，经济增长由中高速增长转向高质量发展，这对区域协调发展提出了新的要求。因此，新时代区域协调发展的内涵是缩小并最终消除区域发展差距，实现区域间公共服务的适度均衡，实现地区间发展机会的均等与人口、资源与环境的可持续发展（孙久文，2018）。在新的内涵指导下，如何建立更加有效的新机制以促进区域协调发展？2018年11月，中共中央、国务院发布《中共中央　国务院关于建立更加有效的区域协调发展新机制的意见》，提出"建立与全面建成小康社会相适应的区域协调发展新机制"，要求坚持五大新发展理念，紧扣我国社会主要矛盾变化，按照高质量发展要求，立足发挥各地区比较优势和缩小区域发展差距，围绕努力实现基本公共服务均等化、基础设施通达程度比较均衡、人民基本生活保障水平大体相当的目标，深化改革开放，坚决破除地区之间利益藩篱和政策壁垒，加快形成统筹有力、竞争有序、绿色协调、共享共赢的区域协调发展新机制，促进区域协调发展。

党的二十大报告指出，深入实施区域协调发展战略、区域重大战略、主体功能区战略、新型城镇化战略，优化重大生产力布局，构建优势互补、高质量发展的区域经济布局和国土空间体系。推动西部大开发形成新格局，推动东北全面振兴取得新突破，促进中部地区加快崛起，鼓励东部地区加快推进现代化。支持革命老区、民族地区加快发展，加强边疆地区建设，推进兴边富民、稳边固边。推进京津冀协同发展、长江经济带发展、长三角一体化发展，推动黄河流域生态保护和高质量发展，推动成渝地区双城经济圈建设。健全主体功能区制度，优化国土空间发展格局。因此，在当前全面建设社会主义现代化国家、实现中华民族伟大复兴的关键时期，我们需要站在新的历史起点上，准确把握新时代推动区域协调发展的现实背景与实践要求，更加精准地解决区域发展不平衡不充分问题，以实现更高水平的区域协调发展。

二、研究问题

本书的核心问题为：新时代，面临着新主题、新目标、新形势和新任务，如何更好地促进区域协调发展，建立更加有效的区域协调发展新机制？围绕这一核心问题，本书进一步提出以下四个层层递进、彼此关联的重点问题，并以此为依据设计本书的研究内容与逻辑框架。

问题一：如何正确理解与认识新时代我国区域协调发展内涵、任务和目标的变化？自党的十八大以来，我国着力推进区域协调发展，在进一步贯彻落实区域发展总体战略的同时，相继开展京津冀协同发展、长江经济带建设、黄河流域生态保护和高质量发展等政策实践（孙久文和蒋治，2022），中国区域发展协同能力不断增强。为解决发展不平衡不充分问题，党的十九大报告首次将"区域协调发展战略"上升为国家战略（孟美侠等，2019），以全方位、系统化视角提出今后一个时期实施区域协调发展战略的主要任务，作为解决新时代社会主要矛盾的必由之路。因此，如何正确理解与认识新时代区域协调发展的内涵、任务和目标的变化，成为本书的逻辑起点。

问题二：如何建立区域协调发展评价体系，正确评估当前我国区域协调发展的现状及问题？从现实来看，我国经济发展的空间结构正在发生深刻变化，经济重心南移，人口及发展要素不断向大城市及城市群加速集聚，东中西与东北板块发展出现明显分化。新时代，区域层面发展的不平衡不充分成为制约高质量发展的突出问题之一。习近平总书记指出，不平衡是普遍的，要在发展中促进相对平衡，不能简单要求各地区在经济发展上达到同一水平，要根据各地区的条件走合理分工、优化发展的路径，加快形成能够带动全国高质量发展的新动力源，实现基本公共服务均等化、基础设施通达程度比较均衡、人民基本生活保障水平基本相当的区域发展目标。基于此，在新形势、新理念以及新目标下如何构建区域协调发展评价指标体系，正确评估当前我国区域协调发展的现状与问题成为本书亟须解决的重点与难点问题。

问题三：如何提高区域政策的精准性，更加有效地依据当时当地的资源条件和发展环境提出有针对性地发展路径？我国区域协调发展战略的政策单元以宏观大尺度为主，规划空间范围越大越难以落实政策。同时，区域发展问题具有阶段性、特殊性等特点，制定区域政策不能脱离区域本身的实际发展情况。因此，在当前经济由高速增长转向高质量发展的重要时期，如何适当细化区域政策的空间单元，立足发挥地区比较优势，提高区域政策的针对性，使区域协调发展承担起推进经济平稳向前发展重要使命成为本书探究区域协调发展有效机制的重要途径之一。

问题四：如何坚持问题导向和目标导向，系统提出新时代促进区域协调发展的体制机制？在当前全面建设社会主义现代化国家，实现中华民族伟大复兴的新发展阶段，牢牢抓住"区域协调发展"，对增强我国区域发展协同性、拓展区域发展新空间、推动建设现代化经济体系、实现"两个一百年"奋斗目标，具有重大战略意义。因此，坚持问题导向与目标导向，深入剖析新时代我国区域协调发展的现状与不足，系统提出新时代促进区域协调发展的有效机制是本书的政策落脚点。

三、研究目标

目标一：在明晰中国特色社会主义进入新时代变化的基础上，全面剖析新时代我国区域协调发展的新内涵、新任务以及新目标。党的十九大报告强调"实施区域协调发展战略"。在区域协调发展战略的引领下，实现各区域协调发展的前提在于明晰新时代我国区域协调发展的新内涵、新任务以及新目标。因此，本书将围绕区域协调发展战略，以各区域为研究对象，深入剖析当前我国区域协调发展的现状与不足，从现实层面厘清制约我国区域协调发展的关键所在，为建立健全有效的区域协调发展机制提供现实参考。

目标二：建立新时代下区域协调发展的评价指标体系，明晰当前我国区域协调发展的现状及问题。自党的十八大以来，各地区各部门围绕促进区域协调发展进行了积极探索并取得一定成效，但我国区域协调发展仍然存在区域发展差距较大、区域分化现象逐渐显现、区域发展不平衡不充分等问题。面对这些问题，习近平总书记强调，做好区域协调发展"一盘棋"这篇文章，不能简单要求各地区在经济发展上达到同一水平，而是根据各地区的条件，走合理分工、优化发展的路子。不平衡是普遍的，要在发展中促进相对平衡。由此，立足各地区区域发展现状，将新时代区域协调发展目标与五大新发展理念融合纳入区域协调发展评价指标体系，明晰当前区域协调发展现状及问题，成为新时代统筹区域发展的重要抓手。

目标三：建立健全长效普惠性的扶持机制和精准有效的差别化支持机制，统筹加快特殊区域的发展。党的十八大后，习近平总书记强调区域政策和区域规划要缩小政策单元，重视跨区域、次区域规划，提高区域政策的精准性。2013 年，中央经济工作会议提出加大对革命老区、边疆地区等特殊区域的扶持力度；2017 年，党的十九大报告再次提出要加大力度支持革命老区、民族地区、边疆地区、贫困地区加快发展，持续推进西部大开发，深化改革加快老工业基地振兴。2022 年，党的二十大报告将促进区域协调发展作为"加快构建新发展格局，着力推动高质量发展"的重要内容，要求深入实施区域协调发展战略、区域重大战略。2024 年，党的二十届三中全会系统部署了完善实施区域协调发展战略机制的重点改革举措。紧紧围绕区域协调发展的重点任务、重点领域、重点环节，纪检监察机关强化政治监督，保障区域协调发展战略落实落地。因此，正确评估对口支援、革命老区以及老工业基地振兴战略的实施效果，积极探索特殊区域发展的机制路径对于新时代实施区域协调发展战略具有重要意义。

目标四：坚持问题导向与目标导向、科学机理分析与政策决策支撑的有机结合，系统提出新时代推进我国区域协调发展的政策框架。在当前推动区域协调发展向更高水平、更高质量迈进的时期，如何立足发挥地区比较优势和缩小区域发展差距，建立更加有效的区域协调发展新机制以实现基本公共服务均等化、基础设施通达程度比较均衡、人民基本生活保障水平大体相当的目标？本书将在梳理区域协调发展历程演变的基础上，明晰新时代区域协调发展的新内涵、新目标和新任务，以区域协调发展目标为重要依据，构建涵盖"区域经济发展差距、区域一体化、城乡协调发展、社会协调发展以及资源环境协调"五维一体的评价指标体系，系统提出新时代促进我国区域协调发展更加有效的区域协调发展新机制。

四、研究意义

在当前实现中华民族伟大复兴的关键时期，实施区域协调发展战略，探索建立更加有效的区域协调发展新机制具有重要的理论与现实意义。本书的理论意义与现实意义具体表现在：

（1）以聚焦国家战略和区域发展需要为导向，探索新时代我国区域协调发展的体制机制。自党的十八大以来，习近平总书记亲自谋划、亲自部署、亲自推动了京津冀协同发展、长江经济带发展、粤港澳大湾区建设、长三角一体化发展、黄河流域生态保护和高质量发展等区域重大战略，党的十九大报告首次提出"区域协调发展战略"并将其上升为国家战略。在区域协调发展战略引导下，各地区调整完善区域政策体系，发挥地区比较优势，促进各类要素合理流动和高效聚集，形成主体功能明显、优势互补、高质量发展的区域经济布局。因此，本书聚焦"区域协调发展战略"，在全面评价各区域发展协调性的基础上，探索建立促进区域协调发展的有效机制，推动区域协调发展向更高水平和更高质量迈进。

（2）构建以"区域协调发展"为核心目标的政策体系，为政府建立更加有效的区域协调发展新机制提供政策参考。本书立足于缩小区域发展差距、区域一体化、资源环境协调等重点领域，围绕努力实现基本公共服务均等化、基础设施通达程度比较均衡、人民基本生活保障水平大体相当的目标，构建区域协调发展评价指标体系，对我国四大板块、南北方地区、重要经济带、重要城市群等进行分析，科学客观地评价各个区域发展的协调性，揭示当前区域协调发展战略的不足，为区域政策制定和调整提供参考。

第二节　研究思路、研究方法与研究贡献

一、研究思路

实施区域协调发展战略是新时代国家重大战略之一，也是深入贯彻落实五大新发展理念，建设现代化经济体系，培育形成主体功能明显、优势互补、高质量发展的区域经济布局的关键抓手。本书立足于"新时代促进区域协调发展"实践需要，紧扣《中共中央　国务院关于建立更加有效的区域协调发展新机制的意见》明确指出的"建立区域协调发展评价指标体系，科学客观评价区域发展的协调性，为区域政策制定和调整提供参考，引导社会智库研究发布区域协调发展指数。加快建立区域发展风险识别和预警预案制度，密切监控突出问题，预先防范和妥善应对区域发展风险"的重要指示精神与客观科研需求，以"五大新发展理念+区域协调发展"为指引，以发挥各地区比较优势，缩小区域发展差距，实现基本公共服务均等化、基础设施通达程度比较均衡、人民基本生活保障水平基本相当为研究目标，在明晰新时代区域协调发展的全新内涵、现实任务和目标变化的基础上，围绕区域发展差距、区域一体化、城乡协调发展、社会协调发展和资源环境协调发展五大层面，建立新时代我国区域协调发展评价体系，探索新形势下促进区域协调高质量发展之路。

二、研究方法

本书综合运用区域经济学、城市经济学、产业经济学、统计学、计量经济学

等相关学科的基本理论和方法，从不同视角评价新时代区域协调发展的阶段性效果，形成新时代区域协调发展总体评价报告为政府决策与区域调控提供理论与科学依据。本书涉及的主要研究方法及其应用范围如下：

（一）文献梳理与现象演绎

本书首先系统地梳理国内外关于区域协调发展研究的历史演化与最新进展，厘清中国区域发展历程演进与政策演化，总结促进区域协调发展的历史经验与机制路径，为新时代促进区域协调发展提供经验借鉴；其次综合既有文献，剖析新形势下中国区域协调发展面临的区域经济发展分化态势明显、发展动力极化现象日益突出、部分区域发展面临较大困难等现实问题的体制机制成因，探索新时代区域协调发展的现实障碍与制度障碍。此类研究方法主要应用于本书文献综述部分以及现实基础与制度障碍分析部分。

（二）政策文本分析法

政策文本分析是指对政府的行政规划、政策举措、行动方案等文本的剖析解读。进入新时代，在五大新发展理念引领下我国区域协调发展的核心内涵、目标要求、现实任务均发生了较大变化。习近平总书记指出，我国经济由高速增长阶段转向高质量发展阶段，对区域协调发展提出了新的要求。本书涉及的核心概念"新时代区域协调发展"的内涵界定、目标要求、现实任务，需要从政策文本与中央政府政策规划中提炼与总结。此外，新时代我国区域协调发展评价体系的建立，也需要采用政策文本分析法，在结合相关政策文件与区域经济学原理的基础上，合理科学选取相应指标。此类研究方法主要应用于本书区域协调发展指标体系构建与理论依据部分，以及区域总体发展战略与区域重大战略政策背景梳理部分。

（三）数理模型与因果推断

本书涉及的实证研究部分将主要采用熵权评价模型与计量模型方法。在具体研究中主要表现为：①在区域协调发展总体评价、区域总体战略成效、区域重大战略成效、区域一体化成效部分，本书在区域协调发展水平评价体系的基础上，综合采用层次分析法、熵权 TOPSIS 法等评价方法，客观科学评估新时代区域协调发展水平；②在区域支持政策评价部分，本书在系统诠释对口支援、老工业基地振兴战略、革命老区振兴战略影响区域协调发展的理论机制的基础上，综合采用固定效应模型、双重差分模型等前沿计量模型，准确识别区域支持政策的实质成效与作用机制。

三、研究贡献

（一）探索构建新时代促进区域协调发展的理论体系与政策支撑体系

本书试图构建基于五大新发展理念的新时代区域协调发展理论体系与政策支

撑体系。在具体研究中，本书以"五大新发展理念+区域协调发展"为指引，系统阐述新时代区域协调发展的核心内涵、目标要求、现实任务，剖析制约区域协调发展的现实障碍与体制障碍；基于不同空间层次探究制约新时代促进区域协调发展的现实问题与发展困境；建立新时代区域协调发展评价体系，为国家区域战略评估理论的探索提供一种新方法与新视角。

（二）探索建立新时代促进区域协调发展的新机制

本书紧扣《中共中央　国务院关于建立更加有效的区域协调发展新机制的意见》明确指出的建立区域协调发展评价指标体系，科学客观评价区域发展的协调性，为区域政策制定和调整提供参考，引导社会智库研究发布区域协调发展指数，加快建立区域发展风险识别机制，密切监控突出问题，预先防范和妥善应对区域发展风险的重要指示精神与客观科研需求，以发挥各地区比较优势，缩小区域发展差距，实现基本公共服务均等化、基础设施通达程度比较均衡、人民基本生活保障水平基本相当为五大核心目标，建立新时代促进区域协调发展的新机制，为政府决策和区域经济调控提供政策建议和理论参考。

第三节　研究框架

本书以"五大新发展理念+区域协调发展"为指引，以建立区域协调发展评价体系为研究主体，探索建立新时代促进区域协调发展更加有效的新机制，为加快形成区域协调发展新格局提供理论借鉴与实践参考。本书研究框架如图 1-1 所示。

第一章：导论。本章将系统介绍本书的研究背景、研究意义、研究方法、研究思路、研究贡献、逻辑框架及结构安排。

第二章：区域协调发展的历程及研究进展。本章首先系统梳理我国区域发展的演变历程，即区域均衡发展、区域非均衡发展、区域非均衡协调发展、区域协调发展以及区域高质量协调发展五大阶段，剖析各阶段区域发展理念、区域政策导向以及区域发展成就。其次，详细梳理国内外区域发展基础理论，包括区域均衡发展理论、区域非均衡发展理论、区域协调发展理论、区域协调高质量发展理论。最后，在区域发展基础理论的指导下，针对区域协调发展战略的政策实践成效进行文献综述，以便更好地理解区域协调发展现状、成就、问题，为新时代缩小区域发展差距、促进区域协调发展提供文献参考。

第三章：新时代区域协调发展的现状、问题与评价。本章首先从现实基础和

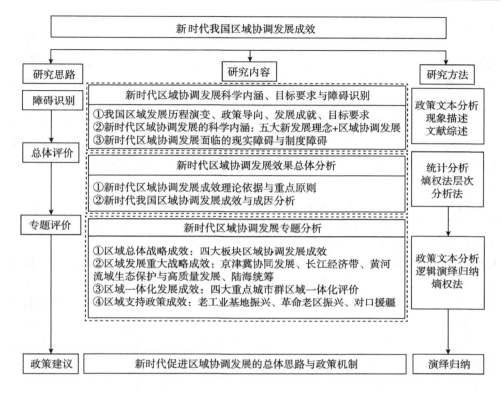

图 1-1　本书的框架结构

制度条件两个层面，剖析新时代实现区域协调发展面临的现实障碍和制度障碍。其次，系统阐述区域协调发展评价体系的构建原则，以两个障碍、五大新发展理念和相关区域政策文件为依据，选取各项子指标，进而形成符合我国区域协调发展现状和趋势的评价指标体系。最后，针对新时代我国区域协调发展的阶段效果进行总体评价，准确判断我国区域协调发展水平的变化趋势，同时深入剖析阻碍我国区域协调发展的背后成因，为缩小区域发展差距、促进区域协调发展提供现实依据和解决思路。

第四章：区域协调发展总体战略成效。区域发展总体战略将西部大开发战略放在优先位置，提升西部地区经济发展水平；推动东北地区振兴发展，同时促进中部地区崛起，提升中部地区在区域发展格局中的战略地位；支持东部地区在产业转型、体制创新、一体化发展等方面率先突破，更好地辐射带动其他地区的发展，已形成"西部开发、东北振兴、中部崛起、东部率先"的"四大板块"格局。本章在梳理各板块区域发展历程的基础上，采用区域经济学的分析方法，具体分析各个板块的区域协调发展状况和战略实施效果，对比各板块发展的优势与不足，为新时代构建区域协调发展新格局提供现实参考。

第五章：区域协调发展重大战略成效。党中央、国务院提出重点实施京津冀协同发展战略、长江经济带发展战略、长三角一体化发展战略等区域重大战略。以京津冀协同发展推动调整区域经济结构和空间结构；以"共抓大保护，不搞大开发"为导向，充分发挥长江经济带横跨东、中、西三大板块的区位优势，推动长江中下游地区协调发展和沿江地区高质量发展；同时，推动陆海统筹发展，合理布局陆海发展空间，建立区域重大战略统筹机制。基于此，本章聚焦实现战略目标和提升引领带动能力，旨在通过评价区域重大战略实施效果，为促进区域间融合互动、融通补充提供针对性参考。

第六章：区域一体化发展成效。城市群作为中国经济的核心增长极，是推动区域高质量发展的核心引擎。本章以长三角、珠三角、成渝、长江中游四大城市群为分析对象，从五大新发展理念入手，在梳理各城市群内部协调发展战略和发展历程的基础上，采用区域经济学的分析方法，全面剖析各城市群的区域协调发展情况和战略实施效果，根据城市群区域协调发展指数的变化情况，明确区域协调发展的阶段成效和问题，确定区域协调发展未来着力点的重点方向，对于全面优化提升城市群质量，促进全面形成"两横三纵"的城市群战略格局具有重要意义。

第七章：区域支持政策推动区域协调发展成效。自我国进入新时代以来，具有精准施策特征的区域支持政策成为区域协调发展战略实现从"实施"到"深入实施"的重要着力点。在促进我国整体区域协调发展的过程中，部分特殊地区由于自然、历史、区位等因素，其发展仍相对滞后，因而需实施因地制宜的精准措施以支持其振兴发展。本章以老工业基地振兴战略、革命老区振兴规划以及对口支援三项区域支持政策探讨其对我国特殊地区振兴发展的作用，在理论上详细论述了各区域支持政策促进相应地区振兴发展的作用机理，在实证上采用计量经济学的方法进行定量分析，为理论分析提供经验证据，并总结政策效果，提出具有现实意义的政策完善措施。

第八章：新时代促进区域协调发展的政策建议。推动区域协调发展是新时代深入贯彻落实五大新发展理念，全面推进共同富裕，建设现代化经济体系的战略任务与必然要求，也是"十四五"时期国家重大战略之一。首先，本章围绕完善区域协调发展机制、转换区域高质量发展动力、优化区域经济与人口承载力等层面，系统梳理促进区域协调发展的政策体系，阐述新时代促进区域协调发展的五大核心目标、五大区域发展战略与四大区域发展政策；其次，提出新时代促进区域协调发展总体思路以及需要处理好的重点问题；最后，系统阐述新时代如何通过区域政策工具的综合运用，建立更加有效的区域协调发展新机制，推动形成区域协调发展新格局，促进区域协调发展。

第二章　区域协调发展的
历程及研究进展

习近平总书记在党的十九大报告中提出了"新时代"的重大命题——到2050年分两步走实现社会主义现代化的中国梦。其中，建设现代化经济体系是实现现代化的基本途径，而区域协调发展战略作为建设现代化经济体系的重要一环，是我国指导区域经济和社会发展的基本战略之一，是解决新时代人民日益增长的美好生活需要和发展不平衡不充分之间矛盾的需要。我国区域协调发展战略的确立是立足于国情，在实践中不断完善并符合发展趋势的新时代区域政策。基于此，本章首先详细梳理了我国区域协调发展战略的演变历程；其次，以区域发展理论为基础，介绍了在发展中不断完善的国内外区域协调发展理论基础；最后，在区域协调发展理论的指导下，对区域协调发展战略的具体实践情况进行了文献总结和评述，以便于更好地了解区域协调发展战略现状，为缩小区域发展差距、实现区域协调发展提供参考。

第一节　区域协调发展的历程

中华人民共和国成立以来，为促进经济增长，缩小区域发展差距，政府部门和学术界在理论、实践、战略方面不断探索和创新，提出了一系列有利于促进我国区域经济增长和协调发展的区域政策，形成了具有中国特色的区域协调发展历程。总体而言，我国区域协调发展经历了五个阶段：1949~1978年是区域均衡发展阶段；1979~1991年是区域非均衡发展阶段；1992~1998年是区域非均衡协调发展阶段；1999~2011年是区域协调发展阶段；2012年至今是区域高质量协调发展阶段。本节通过梳理区域协调发展战略的形成与完善过程，以探讨区域发展战略在我国经济社会发展过程中的重要作用，并对未来区域协调发展政策的制定实施提供一定事实依据。

一、区域均衡发展阶段（1949~1978年）

中华人民共和国成立后，国内各项事业百废待兴，国内外局势也不稳定，为改变历史遗留的生产力布局不平衡、生产力落后等问题，我国借鉴苏联经验，实行计划经济，国家集中力量平衡生产力布局，实施区域均衡发展战略。

中华人民共和国成立初期，经过三年经济恢复，国民经济得到好转，但中国大部分地区仍处于落后的农业社会，工业经济仅占国民经济的10%，且其中70%的工业都集中于东部沿海一带，沿海与内陆的生产力布局极其失衡，不利于经济增长和区域均衡发展。为改变这一状况，我国从1953年开始实施第一个五年计划。"一五"计划期间，提出统筹兼顾沿海工业与内陆工业的关系，重点加强内陆建设，均衡工业布局，这一时期的建设布局重点在东北、华北和华中地区。"二五"计划继续利用沿海原有工业基地推进内陆新工业基地建设，并提出各大协作区要建立起比较完整、具有各自特色的工业体系，促使沿海与内陆的工业布局进一步均衡。"三五""四五"计划期间，我国面临紧张的国际国内局势，为此区域经济布局政策的制定转为以"战备"为中心，以三线建设①为投资重点。"三五"时期，"三线"地区建设投资为482.43亿元，占全国基建投资的52.7%，"四五"时期，"三线"地区建设投资为690.98亿元，占全国基建投资的41.1%，到1975年，"三线"地区成为中国最重要的国防基地（栾贵勤，2011）。

区域均衡发展战略极大地改善了区域生产力布局和内陆经济发展状况，但也造成了国民经济结构失调、经济效益低下等问题。因此，为提高经济发展效率，提升经济实力，国家重点投资项目逐步向东部地区转移。

二、区域非均衡发展阶段（1979~1991年）

针对区域均衡发展战略带来的问题，我国在实施改革开放的背景下将投资向东部沿海倾斜，优先发展东部沿海地区，进而带动中西部地区共同发展，提高经济发展效率。这一时期，我国的区域发展战略也由区域均衡发展战略转为区域非均衡发展战略。

改革开放初期，邓小平同志针对区域发展提出"两个大局"的战略思想：第一个大局是优先发展东部沿海地区，中西部则要顾全这一大局；第二个大局是东部沿海率先发展起来之后，带动中西部地区发展。由此，我国的区域发展重点从向内陆倾斜转变成东部沿海率先发展，区域非均衡发展战略开始实施。在该战

---

① 三线地区：四川（含重庆）、贵州、云南、陕西、甘肃、宁夏、青海7个省区及山西、河北、河南、湖南、湖北、广西等省区的腹地部分，共涉及13个省区。

略指导下，1980 年我国设立深圳、珠海、汕头、厦门四个经济特区，打造我国对外交流的窗口，进而带动东部沿海地区开放发展。经济特区实践取得成功后，我国在 1984 年开放大连、上海、福州等 14 个沿海城市，东部沿海地区的开放态势不断扩展。1985 年中央又将长江三角洲、珠江三角洲和闽南三角地区确立为经济开放区，东部沿海地区由南至北形成全线开放地带。与此同时，"七五"计划确立了中国东、中、西三大区域发展地带的地理范围。在区域发展战略的调整下，国家重点投资项目也向东部沿海地区倾斜。1982～1989 年，东部、中部、西部三大地带累计投资分别为 1214.1 亿元、712.2 亿元和 285.8 亿元，分别占累计总投资的 48.8%、28.6% 和 11.5%（不包括未列入地区的投资）（陈伟雄、杨婷，2019）。

区域非均衡发展战略的实施使东部沿海地区获得大量投资，对外开放程度加大，促进了与国外资金技术交流，极大带动了东部沿海地区经济的发展，同时也带动了我国经济发展。但投资的不均衡，阻碍了中西部地区的发展，其经济占比也逐渐下降。综上，区域非均衡发展战略的实施在推动东部沿海地区发展的同时也导致了东部与中西部地区之间发展差距拉大，而地区差距拉大不利于社会和谐以及共同富裕的实现，区域发展不平衡逐渐成为国家关注的焦点问题。

三、区域非均衡协调发展阶段（1992～1998 年）

区域非均衡发展使中西部地区与东部地区之间差距逐渐拉大，区域发展不平衡问题突出。针对这一问题，"八五"计划时期提出区域协调发展思想[①]，但在地区资源分布不均的客观现实下，为提高资源配置效率，还是要实行有重点的非均衡开发模式。因此，国家立足区域发展实际，创新性地提出区域非均衡协调发展战略。

在区域非均衡协调发展战略指导下，我国继续推动东部沿海地区稳步发展，同时加快中西部地区对外开放的步伐，相继开放了一批沿江、沿边和内陆省会城市[②]，由此形成了沿海、沿江、沿边和内陆城市相结合的多层次、多渠道、全方位的对外开放格局。这一时期，为缩小东西部地区发展差距，1996 年出台的《关于国民经济和社会发展"九五"计划和 2010 年远景目标纲要的报告》（以下简称《纲要》）中明确提出：坚持区域经济协调发展，逐步缩小地区发展差距。

---

① 1991 年通过的《关于国民经济和社会发展十年规划和第八个五年计划纲要的报告》明确提出"促进区域经济的合理分工和协调发展"。

② 1992 年，国家决定开放长江沿岸的芜湖、九江、岳阳、武汉、重庆；陆续批准黑河、绥芬河、珲春、满洲里、二连浩特、伊宁、博乐、塔城、畹町、瑞丽、河口、凭祥、东兴、丹东 14 个城市为沿边开放城市；开放太原、合肥、南昌、郑州、长沙、成都、贵阳、西安、兰州、西宁、银川 11 个内陆省会城市。

《纲要》中还提到加大对中西部地区投资、引导产业向中西部转移等六个方面促进中西部发展的政策措施，为充分发挥各地优势、促进中西部地区经济发展、缩小东西部地区发展差距提供了指导。为促进中西部发展，国务院出台《国务院关于加快发展中西部地区乡镇企业的决定》《国家八七扶贫攻坚计划》等一系列促进中西部经济发展的政策，加强对中西部地区的发展援助，切实推进了区域协调发展。

区域非均衡协调发展战略既强调适度倾斜的非均衡发展，又强调区域之间的经济协调发展，是非均衡发展与协调发展的有机统一。在此阶段，为实现区域经济协调发展，国家加大了对中西部地区的投资和援助，这对于缩小区域间相对差距具有明显作用，但区域绝对差距仍在扩大，不利于区域可持续发展。

四、区域协调发展阶段（1999~2011 年）

东部沿海地区的快速发展加剧了东西部区域发展不均衡态势。为改变这一趋势，实现各地区共同发展，我国提出了包括西部大开发、东北振兴、中部崛起、东部率先在内的区域发展总体战略，加快了由区域非均衡协调向区域均衡协调发展战略的转变。

东西部地区发展差距拉大，不利于经济增长、民族团结、社会稳定和区域协调。为缩小东西部地区发展差距，改变西部地区发展落后的局面，党中央于1999年提出西部大开发战略，2000 年 10 月西部大开发战略正式启动实施。西部大开发战略关系到东西部地区的协调发展和共同富裕，是解决区域发展不均衡和实现现代化建设的重要战略任务，要求从根本上改变西部地区相对落后的面貌，显著缩小地区发展差距。西部大开发战略顺利推进后，我国在 2003 年 10 月启动实施东北地区等老工业基地振兴战略①。东北老工业基地作为中国工业的摇篮，在中华人民共和国成立初期为建成独立完整的工业体系做出了重大贡献，但因体制机制等问题逐渐衰退，与东部沿海地区经济差距不断拉大，不利于区域经济协调发展。为恢复东北地区发展活力，缩小与东部地区发展差距，东北振兴战略要求加快东北地区等老工业基地体制机制创新和产业结构优化升级，助推东北全面振兴。随着东部地区繁荣发展、西部大开发战略的不断推进和东北振兴战略的提出，中部地区出现"中部塌陷"现象，相较于东部、西部地区的发展，中部地区经济发展滞后问题日益突出。2004 年的《政府工作报告》中首次提出中部地区崛起战略。2006 年 4 月，中部崛起正式上升为国家战略②。中部崛起战略要求

---

① 2003 年 10 月，中共中央 国务院印发《中共中央 国务院关于实施东北地区等老工业基地振兴战略的若干意见》，东北地区等老工业基地振兴战略正式启动实施。

② 2006 年 4 月，《中共中央 国务院关于促进中部地区崛起的若干意见》出台，中部崛起战略正式确立。

充分发挥中部地区区位优势和综合资源优势，将中部地区建设成"三基地，一枢纽"，增强其发展的整体实力和竞争力。相较于其他区域，东部地区一直作为我国经济发展的主力军，带动全国经济的发展。因此，在实现区域经济协调发展的同时，也要重视东部地区的经济发展和带动作用。2006 年，我国在"十一五"规划纲要中提出"鼓励东部地区率先发展"，鼓励东部有条件的地区率先基本实现现代化，加强与中西部经济合作，更好地发挥对中西部地区的辐射带动作用。至此，我国形成了"西部开发、东北振兴、中部崛起、东部率先"的区域发展总体战略。

党的十六届五中全会提出落实"五个统筹"，把经济社会发展切实转入全面协调可持续发展的轨道（栾贵勤，2011）。"十一五"规划期间，党中央高度重视区域协调发展问题，继续推进西部大开发、东北振兴、中部崛起、东部率先的区域发展总体战略，按照优先开发、重点开发、限制开发、禁止开发设立主体功能区，加大对革命老区、民族地区、边疆地区、贫困地区发展扶持力度，并将公共服务均等化作为缩小区域发展差距的基本要求。区域协调发展成为区域发展的总体方向，形成了"东中西互动、优势互补、相互促进、共同发展"的新格局。

五、区域高质量协调发展阶段（2012 年至今）

中国特色社会主义进入新时代，我国社会主要矛盾转化为人民日益增长的美好生活需要和发展不平衡不充分之间的矛盾。面对这一矛盾，党中央实施区域协调发展战略成为历史必然。党的十九大报告明确提出实施区域协调发展战略，由此区域协调发展战略正式上升为国家战略。实施区域协调发展战略是贯彻五大新发展理念、建设现代化经济体系的重要组成部分，对于加快构建新发展格局，实现中华民族伟大复兴具有重要意义。随着我国区域经济社会发展的不断变化，区域协调发展的科学内涵也发生了变化。新时代的区域协调发展战略内涵是缩小并最终消除区域发展差距，实现区域间教育、卫生、医疗等基本公共服务的适度均衡，充分发挥各地区的比较优势，促进区域间优势互补，实现地区间发展机会的均等，强调人口、资源与环境和谐发展，实现区域可持续发展。

我国经济已由高速增长阶段转入高质量发展阶段，实现区域经济高质量发展是畅通国民经济整体高质量发展的关键。实现区域高质量发展就要坚持五大新发展理念，充分发挥各地区比较优势，推动各地高质量协调发展。自党的十八大以来，区域协调发展战略不断深化。为缩小区域发展差距，充分发挥各地区比较优势，我国在区域发展总体战略的基础上，提出了一系列重大区域发展战略，加快城市群一体化建设，推动区域重大发展战略融合发展，开创了区域高质量协调发展新格局。

为实现经济高质量发展,新时代区域协调发展战略坚持统筹协调与分类指导相结合,针对各个区域发展实际提出新目标和要求,做到精准施策。以疏解非首都核心功能、解决北京"大城市病"为出发点,我国在 2014 年提出京津冀协同发展战略。区域协同发展是区域协调发展的重要抓手,京津冀协同发展是探索区域协同治理、创新区域协同发展体制机制问题的重大战略。京津冀协同发展要求立足优势互补原则,优化区域分工和产业布局,实现包括产业优化升级、生态环境保护、健全区域协调发展体制机制等方面协同发展,促进人口经济资源环境协调发展。2014 年 9 月,长江经济带发展正式上升为国家重大区域战略。长江经济带横跨东中西三大区域,是推动东中西互动合作、稳定经济增长的重要支撑。但是长江上中下游各省份之间发展差距较大,为缩小区域发展差距,我国以生态优先、绿色发展为引领,提出长江经济带"一轴、两翼、三极、多点"的发展新格局[1],推动长江经济带各城市协调发展。2019 年 2 月 18 日,中共中央、国务院印发《粤港澳大湾区发展规划纲要》[2],明确大湾区以香港—深圳、广州—佛山、澳门—珠海为核心,构建极点带动、轴带支撑的高质量网络化城市群(孙久文,2021a)。粤港澳大湾区建设推动内地与港澳之间的密切合作,有利于保持港澳长期稳定发展,加快培育发展新动能,实现创新驱动发展,是新时代推动全面开放格局的新尝试。2021 年 10 月 8 日,中共中央出台《黄河流域生态保护和高质量发展规划纲要》,提出要着力加强黄河流域生态保护治理,全面改善生态环境,优化水资源配置,保障黄河长治久安。党中央高度重视黄河流域生态治理,黄河流域是我国重要的生态屏障和经济带,但其生态脆弱,水资源短缺,严重影响生产生活,且沿黄地区各省份经济联系度不高,地区发展不平衡不充分现象突出。因此,黄河流域生态保护和高质量发展是推动生态文明建设、实现沿黄地区高质量发展的重大战略。

　　实现区域高质量协调发展,要坚持重点突破与协调推进相结合,培育区域协调发展的新引擎(石碧华,2019)。一是加快城市群建设。党的十九大提出,以城市群为主体构建大中小城市和小城镇协调发展的城镇格局,明确城市群是新型城镇化的主体,充分发挥城市群的辐射带动作用,促进区域协调发展。2018 年 11 月 18 日,中共中央、国务院发布的《中共中央　国务院关于建立更加有效的区域协调发展新机制的意见》中明确指出,以城市群推动国家重大区域战略融合发展,推动区域一体化发展。二是加大对特殊类型地区的扶持力度。我国特殊类型地区的协调发展是实现区域协调发展的重要组成部分。自党的十九大以来,我

---

① 2016 年 9 月,中共中央、国务院印发《长江经济带发展规划纲要》。
② 粤港澳大湾区包括香港特别行政区、澳门特别行政区和广东省的广州、深圳、珠海、佛山、中山、东莞、肇庆、江门、惠州。

国进一步对革命老区、民族地区、边疆地区、欠发达地区加大政策扶持力度，推动特殊类型地区转型提升，实现全方位的区域协调发展。

本节梳理了我国形成具有中国特色、符合中国国情的区域协调发展战略的演变历程。自党的十八大以来，我国的区域协调发展战略取得了重大成就，西部大开发、东北振兴、中部崛起、东部率先发展的政策体系更加完善，京津冀协同发展迈出坚实步伐，长江经济带生态环境治理成效显著，粤港澳大湾区政策规划不断完善，黄河流域生态保护和高质量发展扎实推进，城市群持续推进一体化发展，特殊类型地区加快振兴发展。我国的区域协调政策在实践中不断完善，不断推动各区域间的联系与协作，推动我国实现区域协调、高质量、可持续发展。

第二节　区域协调发展理论与文献综述

区域协调发展的历程不仅取决于当时的经济社会发展的现实需要，同时也依赖于区域经济理论所提供的合理解释与有效支撑。我国的区域发展战略是在区域发展现实和区域经济理论相结合的基础上形成确立的。我国区域经济理论的发展在借鉴和吸收国外前沿理论的基础上，立足于解决区域发展中的现实问题，推动中国特色区域经济理论创新，以此更好地指导我国区域经济社会发展。本节将中国区域经济理论演进归纳为四个阶段：区域均衡发展理论主导时期、区域非均衡发展理论主导时期、区域协调发展理论主导时期、区域高质量协调发展理论主导时期。

一、区域协调发展理论基础

（一）区域均衡发展理论

1949～1977 年，在西方国家经济封锁和极度落后的条件下，我国不得不借鉴苏联计划管理的模式，采用集中生产资源的发展方式建立中国工业体系。这一时期，国外区域经济理论划分为东、西方两大阵营：苏东一方注重计划和均衡的发展理念，强调以投入产出为基础的区域要素配置与均衡发展模式；西方则主张基于凯恩斯主义的区域发展模式（刘秉镰等，2020）。

"二战"后苏联的崛起使区域经济均衡发展理论发展壮大。这一时期，区域经济均衡增长理论在经济学家的推动下快速发展。罗森斯坦·罗丹的"大推进理论"认为发展中国家实现经济发展的途径是工业化，政府应该对工业各个部门全面大规模的投入资本（Rosenstein-Rodan，1943）；Nurkse 的"贫困恶性循环理论"认为发展中国家人均收入低，资金不足导致供给和需求陷入恶性循环，政府应加大对贫困地区扶贫力度（Nurkse，1953）；Nelson 的"低水平均衡陷阱理论"指出经济欠发达地区的人口增长高于人均收入，迫使其陷入"低水平均衡陷阱"，要想冲出"陷阱"必须进行大规模的资本投资，使人均收入增长高于人口的增长，才能促进经济增长（Nelson，1956）。马克思和恩格斯都强调平衡布局生产力的重要作用，提出"大工业在全国尽可能平衡的分布"。

基于以上理论背景，我国采用了以均衡发展理论为指导的生产力布局方法，并结合区域发展实际，形成了生产力均衡布局理论体系。毛泽东在《论十大关系》中首次提出在中国优先发展内陆、平衡布局生产力的生产力均衡布局思想。生产力均衡布局理论强调充分发挥沿海工业优势，以内陆为中心区域集中进行重点工业建设项目，保证工业均衡发展，改善落后局面。经过"一五""二五"以及"三线"建设，国家在中西部地区建立了一大批工业基地，缩小了内陆与沿海的差距，平衡了生产力布局，但生产力均衡布局理论忽视了市场机制对资源配置的作用，造成经济发展效率低下，阻碍了经济发展速度。这一时期，我国区域经济理论的核心是生产力均衡布局理论。

（二）区域非均衡发展理论

自 1978 年以后，我国进入改革开放时期，由计划经济转为市场经济，以发展生产力为主要目标。这一时期，区域均衡发展战略对经济发展的效果逐渐减弱，无法有效指导经济增长。区域均衡发展战略也造成了效率低下问题，生产力均衡布局理论的不足促使区域非均衡增长理论的兴起。

改革开放后，为追求生产力增长和效率的提高，我国实施东部沿海率先发展战略。国外区域非均衡发展理论的传入为我国实施区域非均衡发展战略提供了理论指导。1950 年法国经济学家佩鲁提出"增长极理论"，认为经济增长首先出现在某个增长点或增长极上，通过多种渠道扩散，带动其他区域发展（Perroux，1950）。1957 年瑞典经济学家缪尔达尔提出"循环累积因果理论"，该理论认为富者更富，穷者更穷（Myrdal，1957）。发达地区吸引资本和劳动力更发达，落后地区更落后；发达地区资本和劳动力向落后地区流动，促进其发展，但回波效应大于扩散效应，造成区域经济不平衡发展。1958 年美国经济学家赫希曼提出"不平衡发展理论"，经济增长是由先进部门带动的，然后影响到其他部门（Hirschman，1958）。1966 年美国经济学家弗农提出"梯度推移论"，由于发展条件、历史基础的不同，新技术、新活动首先发源于高梯度地区，逐步向低梯度地区转移（Vernon，1966）。1966 年美国学者弗里德曼提出"中心—外围理论"，中心区域条件优越处于支配地位，而外围地区经济效益差处于被支配地位（Friedmann，1966）。

为促进经济增长，改变生产力落后局面，我国学者充分借鉴国外区域非均衡增长理论，并结合当时的区域发展实际，形成了符合中国特征事实的区域经济发展理论。例如，基于梯度理论提出了发展梯度与中国区域经济发展的关系，主张经济布局的重点选择应该根据区域梯度决定，首先发展高梯度地区，逐渐推移到低梯度地区，带动低梯度地区的发展，从而实现地区发展平衡。东部沿海地区地理位置优越、经济基础较好，为提高经济发展效率和推动生产力增长，实施东部沿海率先发展战略。开发顺序遵循先东部、再中部、后西部，由高梯度向低梯度转移，以"先富带动后富"，东部沿海发展起来后带动中西部地区发展。增长极理论也为我国制定区域政策发挥了重要作用。在增长极理论的指导下，设立经济特区和沿海开放城市作为增长极，利用沿海优势率先发展，通过外溢效应带动东部沿海地区整体发展。陆大道（1986）在增长极理论的基础上提出点轴开发理论，点为中心城镇，轴为各类交通干线。在全国范围内，确定若干有利具体发展条件的地区间线状基础设施轴线，对轴线地带的若干个点给予重点发展。我国在点轴开发理论指导下设立海岸地带轴和长江轴构成的"T"形重点轴以及二级发展轴线，带动东部地区的发展。区域非均衡理论激发了区域发展主体间的竞争活力，有效解放和发展了生产力，但也造成了区域之间发展差距的扩大。

　　（三）区域协调发展理论

　　改革开放后，在区域非均衡发展理论的指导下，东部沿海地区经济快速发展，与此同时，东西部地区之间的发展差距也逐渐扩大。地区之间差距的扩大不利于经济的可持续增长和社会和谐，引起了中央的高度重视。为解决这一问题，党中央提出了区域协调发展的思想，开始由以区域非均衡发展理论为指导转向区域协调发展理论为指导，以协调共生实现经济可持续发展。

　　随着区域经济的不断发展，过度宽泛的区域经济学假设开始逐渐遭受现实经济现象的质疑，因而兴起了以新经济增长、新经济地理学为代表的区域经济理论（刘秉镰等，2020）。罗默（Romer，1986）提出"新经济增长理论"，推动了区域经济理论的发展，为区域经济学的发展提供了新的动力。新经济增长理论将内生性技术进步和人力资本纳入经济增长模型分析，认为技术进步和人力资本能促进经济增长。新经济增长理论为之后的研究、创新等方面的问题提供了思路。随着全球经济、区域一体化的加快，一些经济现实情况无法得到主流经济学的解释，因此克鲁格曼（Krugman，1991）提出"新经济地理学"，将空间因素纳入主流经济学分析框架解决现实经济问题。新经济地理学始终将区域协调发展作为核心问题，认为空间经济活动的聚集和扩散的相互作用是区域增长的动力机制，为我国研究产业集聚与地区经济差异的关系提供理论指导。在此基础上，梅里茨（Melitz，2003）提出"新经济地理学"，微观企业异质性被引入了原有的新经济地理学框架，拓宽了相关问题的解释渠道，使该理论更加符合现实经济发展规律。

随着我国进入区域协调发展时期，以新经济地理学和新经济地理学为代表的区域经济学理论为区域协调发展提供了重要理论指导。依托于新经济地理学，国内学者将研究视角聚焦区位选择、产业集聚、空间集聚与经济增长等方面，用于指导国家和区域内产业转型。同时，我国提出区域协调发展思想后，陆续出台西部大开发、东北振兴、中部崛起等区域发展战略，国内学者在新经济地理学理论的基础上结合区域发展战略特色，在集群与区域发展、产业集群与技术创新等方面做出不少贡献，形成了具有中国特色的区域协调发展之路。在新经济地理学理论的指导下，各区域建设起具有各自特色的产业集群，充分发挥各地区比较优势，推动实现我国区域协调发展。

（四）区域高质量协调发展理论

在协调发展理论的指导下，我国区域协调发展取得了一定的进展，但在我国由发展大国向发展强国转变过程中，区域发展中环境污染、南北差距、脱贫攻坚等不平衡不充分问题成为制约经济高质量发展的关键。高质量发展的基础是区域高质量发展，为解决发展不平衡不充分问题，实现区域高质量发展，应充分借鉴国外先进区域协调发展理论并结合我国区域发展实际，在此基础上创新区域高质量协调发展理论，以指导我国区域高质量发展。

随着区域经济发展情况的不断变化，西方经济学家开始将研究视角聚焦于如何释放经济活力、协调区域关系和保障区域政策实施等方面。首先，城市群理论、都市圈理论以及巨型区域等（Gottmann，1957；Mc Gee，1991；Glaeser，2007）丰富了城市群发展方面的理论，并从地理学以及经济学等多个学科角度探索促进区域经济可持续发展理论体系建设。其次，新制度经济学将制度要素纳入区域分析中，研究政府及制度对区域发展的影响，并制定相应的区域政策，协调区域发展（Albouy，2007）。缩小区域差距是区域政策最主要的目标，政府通过制定财政、金融等扶持政策帮助欠发达地区发展，缩小其与发达地区的发展差距，实现欠发达地区与发达地区的区域协调发展。

为有效释放经济活力，推动我国区域协调发展，国内学者积极吸收城市群理论、新制度经济学理论等西方先进区域发展理论，并结合我国区域发展实际创新性地提出了具有中国特色的乡村振兴、新型城镇化等理论。这一时期的区域经济理论以促进区域经济高质量发展为目标，呈现出精准化、创新性等特点。为摆脱以往注重快速扩张而忽略高质量发展的城镇化发展模式，以新型城镇化为理论基础来指导城镇化的高质量发展。京津冀、长三角、珠三角等城市群的建设是我国新型城镇化的主要空间载体和重要支撑，新型城镇化理论对于国内城市群发展进程、新型城镇化建设和促进区域经济一体化发展具有重要作用。实施乡村振兴是习近平在新时代做出的重大战略部署，我国在乡村振兴理论的指导下实施精准扶贫政策。国内学者从理论层面研究精准扶贫的内涵、发展模式、治理突破路径等问题，用于指导乡村振兴战略的有效实施。乡村振兴战略有效解决了乡村贫困问题，切实缩小了城乡发展差距，推动了城乡协调发展。在高质量、精准化、创新性区域经济理论的指导下，我国在区域经济协调发展过程中出现的问题得到了显著改善。

本部分系统地阐述了区域协调发展理论的演进历程，每个时期的区域经济理论都对指导我国区域发展起到了重要作用，使区域发展问题得到一定的改善，推动我国区域发展向更科学的方向发展，但面对日益复杂的区域发展趋势，需要进一步完善中国特色的区域经济理论体系建设来指导中国区域经济社会发展。

二、区域协调发展文献评述

党的十九大报告中指出要继续实施区域协调发展战略，加大力度支持特殊地区加快发展，继续实施西部大开发、东北振兴、中部崛起、东部率先政策，推动京津冀协同发展、长江经济带发展等重大区域发展，加快城市群建设，推进新型城镇化，建立更加有效的区域协调发展新机制。上述区域发展战略的实施为我国实现区域协调发展起到了重要作用。为充分了解区域协调发展水平现状，本部分将从区域发展总体战略、区域重大发展战略、城市群一体化和区域支持政策这四个方面对区域协调发展水平进行文献总结，详细梳理各项区域发展政策、战略在经济发展、社会民生、生态环境等方面的实施现状，了解其取得的进展及实施过程中存在的问题和不足，为我国推进区域高质量协调发展提供借鉴和建议。

（一）区域发展总体战略

为缩小区域差距，实现区域协调发展，我国逐步形成"西部开发，东北振兴，中部崛起，东部率先"的区域发展总体战略。西部大开发战略在 1999 年提出，2000 年正式启动实施；东北振兴和中部崛起战略分别在 2003 年和 2004 年提出实施；2006 年"十一五"规划纲要提出东部率先战略，至此涵盖我国内陆全部省份的"四大板块"区域发展总体战略全面形成。

自 2000 年国家正式实施西部大开发战略以来，这项国家重大区域经济发展战略和政策执行成为国内学者研究的重要领域，其相关文献也十分丰富。有学者对西部大开发实施五年后的效果进行评价，认为西部大开发在基础设施和环境建设方面取得了较大成效，然而在吸引民间投资、软环境建设和对外开放等方面仍然进展缓慢，且东西部之间差距并未缩小（王洛林和魏后凯，2003；靳春平和廖涛，2006；岳利萍和白永秀，2008）。西部大开发作为一项系统工程，其投资规模大、覆盖广、周期长等特征导致西部大开发战略实施的政策效果需要滞后一定时期才能够逐步显现（淦未宇等，2011）。针对这一现象，部分学者从各个方面对西部大开发实施 10 年（奠定基础阶段）的成效进行分析。在经济发展方面，西部大开发战略的实施有效改善了西部地区产业结构和企业经济效益，促进了地区经济增长及发展质量的提高，缩小了东西区域间经济差距（李国平等，2011；周端明等，2014）。在社会民生方面，西部大开发有效遏制了西部地区城乡居民收入相对差距的扩大，对缩小城乡居民收入差距具有长期积极效果（田双全和黄应绘，2010）。在生态环境方面，西部地区承接了东部地区高污染、高能耗产业转移，加重了西部地区环境污染（陆张维等，2013）。迄今为止，西部大开发战略已实施了 20 余年，进入了高速发展阶段。西部大开发使西部地区基础设施有了极大提升，促进了其经济增长，此外，还缩小了西部与东部地区之间的技术差距，抑制了西部地区碳排放，在一定程度上保护了生态环境（张华，2020；邓翔等，2021；谢烛光和周茜，2021；郑春继和邓峰，2022）。总体来说，西部大开发从长期来看，能够缩小东西部地区之间的经济差距和西部城乡收入差距，有利于区域协调发展，但环境污染问题依然突出，仍需高度重视生态环境保护。

东北老工业基地作为中国的工业摇篮，为建成独立、完整的工业体系做出了历史性贡献。然而，在改革开放进程中，东北地区发展陷入停滞，为恢复东北地区的发展活力，我国开始实施东北地区等老工业基地振兴战略，缩小其与东部地区的发展差距，协调区域发展。自 2003 年开始，我国出台了众多具体政策振兴东北，称为首轮东北振兴政策，许多学者对首轮东北振兴政策经济发展效果进行了广泛而深入的研究。首先，东北振兴战略的实施促进了东北地区 2003～2008年的经济增长，但并未有效刺激 2009～2013 年的经济增长，政策效果逐渐减弱（王娟和郑浩原，2017）。其次，东北振兴提高了东北地区的投资水平，但未实现对产业结构的调整和体制机制的改善，没有走出投资驱动的传统路径（孙久文等，2020）。最后，对于东北地区微观企业主体来说，东北振兴战略有利于产值扩张，但不利于利润增加，抑制了其内生增长动力，没有完全实现既"授之以鱼"又"授之以渔"的区域高质量发展初衷（董香书和肖翔，2017；肖兴志和张伟广，2019）。首轮东北振兴政策对于缩小区或发展差距的实施效果并不理想，2013 年起东北地区经济出现断崖式下滑，形成"新东北现象"。为解决这一现象，推动东北地区实现高质量振兴发展，2016 年出台《中共中央　国务院关于全面振兴东北地区等老工业基地的若干意见》，开启了新一轮东北振兴。新一轮东北振兴从体制机制、产业结构、技术创新等方面进行调整，推动低碳经济和可持续发展，其对经济的积极作用正在逐渐释放，2017 年后政策效果更加明显（和军和张紫薇，2017；聂洪光和陈永庆，2018；杨东亮和王皓然，2021）。总体来说，首轮东北振兴的实施没有达到预期的效果，新一轮东北振兴效果正在慢慢显现。东北振兴是实现区域协调发展的重要课题，但当前对于新一轮东北振兴政策的文献还较为不足，特别是社会民生及生态环境方面的研究更是寥寥无几。针对这一不足，本书将对新一轮东北振兴的经济、社会、生态等方面的实施效果予以补充。

中部崛起战略是促进区域协调发展的重要举措，也是推动中部地区高质量发展的重要力量。自 2006 年中部崛起战略正式实施以来，其政策实施效果成为众多学者研究的焦点。在经济发展方面，部分研究表明中部崛起战略有效缩小了区域发展差距，中部地区经济发展在短期内得益于工业发展和产业投资，而长期因产业结构调整滞后等问题导致其政策效果不明显（王升泉等，2017；李斌等，2019）。也有研究表明，中部崛起战略并未有效带动中部地区人均 GDP、产业结构转型升级以及技术进步效率的提高，也未有效缩小区域经济差距（胡海洋等，2019；谢识予等，2019；陈凡和周民良，2022）。在社会民生方面，中部崛起战略的实施对劳动报酬的比重产生了不利影响，拉大了区域收入差距，不利于实现区域协调发展和共享发展（董香书和肖翔，2016）。在生态环境方面，中部崛起战略提升了中部地区的资源开采强度和工业化程度，加剧了中部城市的环境污染，不利于中部地区高质量和可持续发展（纪祥裕，2020）。既有文献对中部崛起战略的实施效果评价不一，针对这一问题，本书使用指标评价方法，从经济、社会、生态、城乡、区域一体化等方面对中部地区协调发展水平进行评价。总体来说，中部崛起战略的实施在中部地区经济社会发展中取得了显著成效，但发展不平衡不充分的问题依然突出，制约着中部地区高质量协调发展。在新发展格局下，中部地区应加快建设中心城市和先进制造业基地，重视跨区域合作，推动高质量发展，以缩小区域发展差距，形成区域良性互动协调的新局面（孙久文和程芸倩，2022）。

东部地区率先发展是我国区域发展总体战略的重要组成部分。随着西部大开发、东北振兴、中部崛起战略相继提出，2006 年，我国提出"鼓励东部地区率先发展"，确立了以协调发展为导向的区域发展总体战略。东部地区在很大程度上引领了全国的改革开放，对全国的经济发展具有重要贡献，然而与西部大开发、东北振兴、中部崛起战略相比，东部率先发展战略的研究较为缺乏。根据现有文献研究，东部率先发展战略推动东部地区的经济发展动力向创新驱动转换、优化了地区产业结构和空间格局，改善了东部地区环境质量，其经济、社会、生态各方面的发展都走在了中部、西部和东北的前面（张耀木，2019；覃成林等，2020）。东部地区不仅发展速度快于其他区域，在东部率先发展战略指导下，其全要素生产率增长速度也领先于其他区域，有利于东部地区实现区域高质量发展

（张成等，2017）。总的来说，东部率先发展战略的实施取得了显著的成效，推动了东部地区高质量发展。东部地区在高质量发展推进过程中，也应该带动帮扶其他区域的发展，实现区域协调发展。

经过近 20 年的发展，以"四大板块"构成的我国区域发展总体战略有效缩小了区域间发展差距，区域合作和对外开放取得较大进展，城镇化率和资源利用效率也得到了显著提高，各区域板块的比较优势得到了重塑和提升，区域协调发展战略成效明显（孙威等，2016；许欣和张文忠，2021）。我国"四大板块"区域间差距逐渐缩小，但南北区域间差距逐渐拉大（董雪兵和池若楠，2020）。自党的十八大以来，我国居民收入呈现"南高北低，南快北慢"的特征，南北地区居民收入差距不断拉大，南方地区在经济、社会、民生、生态领域均存在显著优势，南北差距将成为中国区域协调发展的重要问题（刘华军等，2022；许宪春等，2021）。我国应继续支持"四大板块"区域发展，助推区域高质量发展，同时要高度重视南北差距，实现我国东西、南北全面协调发展。

（二）区域重大发展战略

自党的十八大以来，为实现区域协调发展和高质量发展，习近平总书记高度重视重大区域发展，亲自谋划、部署了京津冀协同发展、长江经济带发展、粤港澳大湾区建设、长江三角洲区域一体化发展、黄河流域生态保护与高质量发展等一系列重大区域发展战略，我国正逐步形成全方位、多层次、多形式的区域联动格局。

区域协同发展是当前促进高质量发展和区域协调发展的重要抓手。2014 年，习近平总书记明确提出京津冀协同发展战略，有序疏解北京非首都功能，调整优化城市布局和空间结构，缩小河北与北京、天津的发展差距。自京津冀协同发展战略实施以来，学术界对其实施效果进行了丰富的研究。在北京非首都功能疏解方面，京津冀协同发展明显降低了北京常住人口规模（童玉芬和宫倩楠，2020）；在空间结构方面，已初步形成以首都为核心，北京（副中心）、天津、雄安三足拱卫的雏形，空间结构趋于稳定，但京津冀城市之间发展差异大，空间结构仍需进一步优化（赵金丽等，2018；王玉海和张鹏飞，2019）；在经济、社会、生态协同发展方面，京津冀协同战略促进了京津冀地区经济发展、交通一体化、产业结构优化升级和环境质量的改善，有利于加快市场一体化（郭晗，2021；王磊和李金磊，2021；安树伟和董红燕，2022）。但是京津冀内部发展差距依然较大且协同水平不高，尤其是创新协同和开放协同方面，还需要向更深层次推进（文余源和杨钰倩，2022）。总体来说，京津冀协同发展战略的实施取得了一定的成效，对产业协同、生态协同、基础设施一体化都有提升，但仍需要进一步提高协同发展的质量。

长江经济带发展战略是关系我国发展全局的重大战略之一。长江经济带横跨我国东、中、西三大区域，是东中西互动合作的协调发展带，也是生态文明建设先行示范带。2016年，我国正式确立了长江经济带发展战略，以生态优先、绿色发展为引领，推动长江上中下游地区协调发展和高质量发展。就政策实施的经济效应来看，长江经济带发展战略的实施有效推动了区域产业集聚和经济发展，并通过改善创新环境提升了沿江城市的创新能力（单雪芹等，2020；陈磊等，2021；张治栋和胡爱燕，2022）。科技创新能够提升长江经济带区域协调发展水平，但对上中下游的促进效应存在递减效应（杨仁发和沈忱，2022）。从生态保护方面来看，长江经济带生态环境保护得到明显改善，长江经济带生态福利绩效和经济高质量发展呈逐年上升态势，生态福利绩效上游最大、中游次之、下游最小，且经济高质量发展水平相对滞后（郭炳南等，2022；卢辉和徐辉，2022）。总体来说，长江经济带发展战略提高了长江经济带生态环境保护和经济高质量发展水平，有利于生态文明建设和高质量发展，但存在区域异质性，长江上中下游地区应充分发挥区位优势提高经济联动水平、建立省际合作机制、缩小区域内差距，实现区域协调发展和可持续发展。

　　黄河流域是维护我国生态安全、促进我国区域协调发展的重要区域。2019年习近平总书记提出，黄河流域生态保护和高质量发展是重大国家区域发展战略，要求流域各省区以治理和保护黄河为前提，协同推进黄河流域高质量发展，促进区域协调发展。新时期推动黄河流域生态保护和高质量发展，要综合流域内经济、社会、生态等各方面的协调推进。部分学者从经济、社会、生态等维度构建评价指标，研究表明黄河流域高质量发展综合水平较低，且呈现出下游高于中上游的空间发展格局，但地区之间差距逐渐变小（徐辉等，2020；韩君等，2021）。黄河流域生态保护与高质量发展要重视生态保护与高质量发展的耦合。相关研究表明，黄河流域生态保护指数与高质量发展指数都呈增长趋势，并且黄河流域生态保护与高质量发展耦合协调度整体也表现出上升趋势（刘琳轲等，2021）。根据相关文献研究来看，黄河流域生态保护和高质量发展战略的实施有效推动了黄河流域生态保护与高质量发展，但黄河流域生态环境脆弱、省份之间发展差距大等问题，不利于实现区域协调和可持续发展。面对当前的发展问题，黄河流域各省份应以生态保护优先，推进全流域协同治理，实现区域高质量、协调、可持续发展。

　　党的十九大报告提出"坚持陆海统筹，加快建设海洋强国"。陆海统筹是我国的一项重大区域发展战略。陆海统筹强调将海洋经济与陆域经济统一起来，将陆域与海洋的发展统筹考虑与安排。当前评价陆海统筹战略效果的文献较少，有学者认为环渤海地区整体陆海统筹水平呈现逐年提升态势（杨羽頔和孙才志，

2014）；也有学者对广西沿海地区进行研究，发现海洋系统与陆域系统之间统筹度逐渐上升，有利于陆海统筹协调发展（李梦等，2017）。总的来看，陆海统筹战略积极成效显著。本书将对陆海统筹战略进行研究，对现有文献进行补充。

以上区域重大发展战略实施以来，区域协同治理能力不断提高，各个区域的环境质量和高质量发展都得到了提升，有效地促进了区域协调发展，但当前区域差距仍然较大，高质量发展综合水平较低，需进一步实施区域重大发展战略。在五大新发展理念的指导下，加快推进京津冀协同发展、长江经济带发展、黄河流域生态保护和高质量发展，形成协同治理的新样板，推进区域高质量、协调、可持续发展。

（三）城市群一体化

党的十九大报告指出，以城市群为主体构建大中小城市和小城镇协调发展的城镇格局，城市群发展已上升为国家战略层面。随着我国新型城镇化战略的不断推进，城市群成为我国区域协调发展和高质量发展的重要载体，对推进我国新型城镇化建设具有重要作用。截至2024年，我国已批复了包括长三角城市群、成渝城市群、长江中游城市群等19个国家级城市群。

长江三角洲区位优越，是我国经济发展最活跃、最发达的地区。我国在2010年印发的《国家发展改革委关于印发长江三角洲地区区域规划的通知》中提出要将长江三角洲打造成有较强国际竞争力的世界级城市群。在国家战略的支持下，长三角在生态、社会、经济、交通、创新方面的一体化水平逐年提升，上海发挥了显著的引领作用，但长三角整体呈现东强西弱的空间格局（滕堂伟等，2020；李世奇和朱平芳，2017）。创新合作不足是制约长三角城市群发展的重要因素，要打破传统行政区划隔离，推进要素高效配置、市场运作一体的整体经济发展，促进区域协调发展（姚鹏等，2020）。

珠江三角洲城市群[①]是南方地区对外开放的门户，辐射带动华南、华中和西南地区的发展，是全国经济发展的重要引擎。当前，珠三角一体化水平处于中级阶段到高级阶段，各地区专业化程度上升（宋洋和吴昊，2018）。在创新发展方面，珠三角各城市中广州、深圳创新水平最高，其他城市创新水平较低，城市群内部创新水平差距较大（吴凡和邓诗范，2021），城市群整体高质量发展也呈现不平衡不充分的发展趋势（文耀荣等，2022）。当前珠三角一体化水平发展较高，但高质量发展水平还需进一步提升。珠三角九城市应建立创新协同机制，搭建创新协同平台，进一步推动珠三角城市创新能力发展和高质量发展。

长江中游城市群的建设也具有重要战略意义。长江中游城市群包括武汉城市

---

① 珠江三角洲城市群包括广州、佛山、肇庆、深圳、东莞、惠州、珠海、中山、江门。

圈、环长株潭城市圈和环鄱阳湖城市圈，承东启西、连接南北，在我国区域发展格局中具有重要地位。近年来，长江中游城市群一体化水平呈逐渐上升趋势，但目前仍处于初中级发展阶段，且长江中游城市群内部各城市圈发展差距呈扩大趋势，区域一体化水平最高的是环长株潭城市圈，其次是武汉城市圈，最后是环鄱阳湖城市圈（李雪松和孙博文，2013；刘耀彬等，2017）。长江中游城市群应建立跨区域合作机制，实现城市群内部各城市圈协调发展。

2018年11月，党中央明确要求以重庆、成都为中心，引领成渝城市群发展。发展成渝城市群，有利于加快中西部地区协调发展。部分学者从资源、经济、环境方面评价成渝城市群协调发展程度，认为成渝地区环境质量与经济质量协调度有所提升，通过协调资源、环境和经济子系统的关系向高质量绿色发展转变（刘登娟和吕一清，2017；王淑，2022）。也有学者从经济、社会、环境方面出发，认为重庆、成都两地经济、社会发展质量突出，其他城市经济、社会发展质量普遍较差，且生态环境质量呈现"东北高、西南低"的格局（涂建军等，2021）。成渝城市群应完善促进基本公共服务均等化，改善大气环境质量，推进成渝城市群区域一体化和高质量发展。

城市群得益于城市间基础设施的连通和制度的衔接，有利于地区间资源要素的快速流动和合理配置。城市群一体化发展对推动区域一体化、区域高质量发展具有重要作用。从上述研究来看，我国城市群一体化水平不断提升，但总体水平还较低，应继续推动城市群一体化发展，促进区域高质量发展。

（四）区域支持政策

党的十九大报告指出，要加大力度支持革命老区、民族地区、边疆地区、贫困地区加快发展。我国在推进区域协调发展的同时，始终不忘对特殊类型的地区进行扶持，针对其发展落后的情况，我国实行对口支援和对口合作政策，有助于改善特殊类型地区的经济社会发展，实现共同富裕。

老工业基地在中华人民共和国成立初期为工业发展作出重要贡献，但改革开放后，因其体制机制等问题逐渐衰退，国家对此高度关注，出台了一系列东北等老工业基地振兴发展政策。老工业基地振兴政策实施后，东北老工业基地2004～2014年经济振兴效率仅缓慢增长，未能取得明显成效（王晓玲和方杏村，2017），且东北三省人口流失严重、人口资源匮乏问题，成为地区经济发展的主要障碍（沈冠辰和朱显平，2017）。总体来看，东北老工业基地振兴成效并不理想，因此国家在2016年开展新一轮东北等老工业基地振兴政策，支持老工业基地振兴。

为支持革命老区振兴发展，中共中央办公厅、国务院办公厅印发了《关于加大脱贫攻坚力度支持革命老区开发建设的指导意见》，对全国革命老区开发建设和脱贫攻坚给予政策援助。自党的十八大以来，在国家大力支持下，通过促进基础设施建设、公共服务提升、城镇化等途径，有效推动了革命老区的经济增长（龚斌磊等，2022）。同时加大对革命老区的转移支付和财政支农强度，提高了当地农业经济的发展和生产率的提高（张启正等，2022）。革命老区的支持政策取得了积极成效，为下一阶段全面促进革命老区高质量发展提供了经验。

对口援助政策始于20世纪50年代，由发达地区帮助欠发达地区，是我国区域协同发展机制的有效探索。对口援助政策经历了从对口支援到对口合作的发展历程，是解决区域发展不平衡，缩小区域发展差距的重要举措。对口援助政策已成为区域间开展跨边界合作与交流的有效形式（张天悦，2021），显著促进了被支援地区的经济发展和农民生活水平的提高（林繁和王谨，2021；徐明，2022）。对口援助政策对促进欠发达地区经济社会发展和缩小区域差距具有显著成效，应继续实施这一政策，促进区域协调发展。

以上是从区域发展总体战略、区域重大发展战略、城市群一体化和区域支持政策四个方面对区域协调发展水平进行的文献总结。可以看出，区域协调发展政策的实施在很大程度上促进了区域经济、社会、生态等方面的发展，取得了积极成效，有效缩小了区域发展差距，推动了区域协调发展，但现今仍存在部分区域内部发展差距在扩大、整体区域协调水平以及高质量发展水平处于较低发展阶段等问题，制约着我国区域协调发展水平的进一步提高。因此，各区域应加快破除体制机制障碍，建立跨区域协同机制，推进区域合作交流常态化，推动产业、市场、生态保护、创新一体化发展，实现区域协调发展和高质量发展。

本部分对区域协调发展政策的实施效果进行了总结和评述，可以看到，学术界对区域协调发展评价进行了大量的文献研究，但仍存在需要完善的地方。首先，从指标体系来看，现有文献多以一个指标或少数几个指标进行分析，不足以全面反映区域协调发展水平的状况，影响评价结果的质量。其次，从研究角度来看，现有文献只是针对单一区域发展政策进行评价，没有考虑其他区域发展政策的发展情况。最后，从研究区域来看，当前文献大多从一个或几个区域分析区域协调发展水平，不能代表全国整体区域的协调发展水平。

针对现有文献的不足，本书将对其进行完善。首先，在评价方法方面，本书在区域协调发展水平评价体系的基础上，综合采用层次分析法、熵权TOPSIS法等评价方法，客观科学评估新时代区域协调发展水平；在分析区域支持政策影响区域协调发展的理论机制的基础上，综合采用固定效应模型、双重差分模型等前沿计量模型，准确识别区域支持政策的实质成效与作用机制。其次，在指标体系方面，按照五大新发展理念和各项区域协调发展政策文件及已有相关研究进行指标体系构建，从区域经济发展差距、区域一体化水平、城乡协调发展、社会协调发展、资源环境协调发展五个方面进行分析，综合全面反映区域协调发展水平。再次，在研究角度方面，选取多个有代表性的区域发展政策进行分析：①区域总体战略成效，即四大板块区域协调发展成效；②区域发展重大战略成效，即京津冀协同发展、长江经济带、黄河流域生态保护与高质量发展、陆海统筹；③区域一体化发展成效，即四大重点城市群区域一体化评价；④区域支持政策成效，即老工业基地振兴、革命老区振兴、对口援疆。最后，在研究区域方面，从全国整体区域出发，按照由东到西、由南及北，"点、线、面"相结合的全方位进行区域协调发展评价。

第三章 新时代区域协调发展的现状、问题与评价

区域间的发展差距是我国长期以来需要解决的现实问题，实现区域协调发展不仅关乎我国经济的可持续发展，而且还关乎到我国的长治久安。党的十九大报告强调我国区域发展仍存在不均衡问题，为进一步缩小区域间差距，需要深刻了解和把握新时代我国区域发展的现实情况与问题所在，从而加快建立区域协调发展新机制。本章首先从现实基础和制度条件两个方面，剖析新时代实现区域协调发展面临的现实障碍和制度障碍。其次，具体阐述区域协调发展指标体系的构建原则，以两个障碍、五大新发展理念和相关区域发展政策文件为主要依据来选取各项满足条件的指标，进而构建符合我国区域协调发展现状和趋势的评价指标体系。最后，对新时代全国区域协调发展的各指标层进行分析，以便准确判断我国区域发展差距变化趋势及其背后的成因，为缩小中国区域发展差距、促进区域协调发展提供理论依据和思路。

第一节 新时代区域协调发展的现实基础与制度障碍

在中国特色社会主义进入新时代的历史方位下，我国经济已由高速增长阶段转向高质量发展阶段。构建优势互补的区域经济格局是推动实现我国经济高质量发展的新路径，其要求在坚持区域协调发展和区域重大战略的基础上兼顾效率和公平，在引导整体区域高质量发展的同时鼓励各区域的差异化、个性化发展，进而实现不同层次区域间的优势互补与协同发展（任保平和朱晓萌，2021）。为了顺应新时代的新发展和新要求，推动区域协调发展，本节将以新时代为背景，从现实基础和制度条件两个方面，阐释实现区域间协调发展所面临的发展障碍。

一、现实基础

（一）自然条件

自然条件是一个地域经历上千万年的天然非人为因素改造成形的基本情况，主要分为自然资源禀赋条件和地理区位条件两个方面。自然条件的差异，即区域之间自然资源禀赋条件与地理区位条件的不同，是各区域经济活动的类型差异和效率差距最初始和最直接的原因，从而影响区域之间的分工以及某一区域在整体经济中的地位，是影响区域协调发展的一个重要因素。

1. 自然资源禀赋条件

自然资源是指自然界中人类可以直接获得用于生产和生活的物质，如土地资源、矿产资源、水资源、海洋资源等，它是自然界赋予人类社会的天然财富，也是人类生存、经济发展与社会进步的重要保障。在工业社会初期之前，自然资源对整个经济社会的发展具有主导作用，其规模决定着生产规模进而影响着相关行业的劳动生产率；其构成影响着区域经济发展的方向，进而决定了区域整体在产业分工中的地位。

进入 21 世纪以来，伴随着我国各项制度创新发展和科学技术日新月异，自然资源的地位也发生了改变，其限制作用也随之显现，即许多自然资源丰富区域未必能依靠该优势进行有效的发展。具体而言：在我国工业化之初，一些资源型城市（诸如黑龙江鹤岗、辽宁抚顺）等通过大量开采自然资源兴起与繁荣，为我国社会主义现代化建设做出了重要贡献，但这些地区的经济发展对自然资源产生依赖，陷入了资源陷阱。随着丰富的自然资源被逐渐消耗殆尽，资源型城市的生态资源环境压力也随之增大，产业结构升级也面临重重困难，经济增长举步维艰甚至停滞不前，当初繁荣的经济景观也开始变得萧条，甚至不复存在。

2. 地理区位条件

地理区位条件主要是指某一地区的经济地理位置，是区域自然地理位置与具有经济意义的其他事物之间空间关系的集合体。例如，某一区域的地理区位条件指其拥有天然的港口，即其天然靠近海域（或内水）的自然地理条件与具有水陆联运设备以及条件的场所形成的集合体。一个地区的地理区位条件的优劣决定了该地区制造、储备、运输基础能力的高低，进而影响其对资本、劳动力、技术等资源要素的吸引力。

地理区位条件对于区域经济发展的推动或制约作用并不是独立存在的，其往往与国家大政方针及地缘政治经济形势结合在一起，共同对区域经济发展产生影响。自改革开放以来，我国通过实施对外开放战略，加速推进我国东部、东北各个地区的地理区位条件建设，深圳、上海、广东等地区凭借地理区位条件结合国家宏观政策迅速发展起来，并通过辐射作用带动周边地区发展。但是，同样具备相当条件的城市诸如汕头、珠海等地区，其发展却远不如深圳，如何高效利用地理区位条件是实现区域经济发展的一项难点。进入新时代以来，"一带一路"建设为我国中西部等地区构建了优越的地理区位条件，但共建"一带一路"各地区通过何种方式参与到建设中来，发挥地理区位条件的优势，是实现区域经济协调发展的重要一环。另外，我国大多数地区仍然不具备优越的地理区位条件。地理区位条件仍是新时代实现我国区域协调发展的现实障碍。

（二）历史和现实经济基础

自然条件虽然是人类生存、经济发展与社会进步的重要保障，是影响区域协调发展的一个重要因素，但随着科学技术的革新，人类社会取得了重大进步，经济发展也取得了新突破。在这样的背景下，人类活动对区域经济发展的影响是难以回避的，其在区域间的时间累积性与空间差异性是产生区域间发展差距的直接原因。

1. 历史积淀

纵观历史长河，汉朝以前北方黄河流域均为我国的政治经济中心，北方地区具有一定的经济积累。但是经过安史之乱等，北方经济基础遭到了严重打击，尽管随着时间推移得以恢复，但也不复当年盛况。另外，因战乱，汉族人民大量南迁，推动了长江流域及以南地区经济发展，进而形成了南强北弱的经济发展格局，东南沿海地区实现初步的经济积累。近现代以来，我国开放东南沿海城市，改变了东南沿海城市产业发展的格局，加速了这些地区的工业化发展，这也在一定程度上决定了我国成立之初"东南强、中西弱"的经济发展格局。中华人民共和国成立初期，东部地区凭借着地理位置优势、人才的聚集以及工业和交通运输业基础，实现东部地区率先发展，进一步强化了"东部强、中西弱"的经济发展格局。不同地区的经济累积具有区域差异性，其影响着区域经济发展方向和发展效率，是新时代实现区域协调发展的一项现实障碍。

2. 国家战略

中华人民共和国成立之初，我国实施区域均衡发展战略。为了改变极不均衡的经济发展布局，适应当时国际形势的变化，党中央提出了重点建设内陆的均衡战略思想，并将投资大量地向内陆倾斜（陈映，2004）。党的八大决议指出，继续把工业重点合理地移向内陆。三线建设期间，为了适应国际形势的新变化，党中央把国防安全摆在更为突出的位置，将工业基础进一步向内陆转移。这一时期的区域发展战略虽然促进了内陆地区经济发展，但是忽略了东部沿海地区的比较优势，并不利于国家总体的经济发展，是一种低效率、低水平的均衡。

改革开放以后，我国区域发展战略从均衡发展转变为非均衡发展战略。这一时期，和平与发展是时代主题，为了充分发挥东部沿海地区优越的自然地理条件、工业基础强的比较优势，党的十一届三中全会提出调整区域经济布局，将发展条件更为有利的东部沿海地区作为优先发展的重点区域的区域发展方针。在邓小平"两个大局"伟大构想的引领下，东部沿海地区率先开展经济体制改革，扩大对外开放水平。这一时期，东部沿海地区建设投资的项目比重超过内陆。随着改革开放的不断推进，东部沿海地区城市和产业快速的发展、人口快速的增长，但也加剧了东部沿海地区的资源环境压力。另外，尽管东部沿海地区也拉动了内陆地区的发展，但区域发展不平衡问题依旧突出，在此背景下，我国先后实施了西部大开发、促进中部崛起和东北地区等老工业基地振兴战略，并不断创新区域协调发展的思路和做法，取得了积极的成效，但缩小沿海与内陆的差距，实现区域协调发展的工作仍任重道远。

二、制度条件

自然条件、历史和现实的经济基础是我国实现区域协调发展的先天性障碍，而制度上的原因强化了区域发展不平衡不充分的格局。区域发展的先天条件不能选择，制度条件却是国家可以着力加以改善的。因此，本节的另一重点是梳理阻碍区域协调发展的制度条件，为解决阻碍区域协调发展的问题提供理论依据。

（一）产权制度建设的差异性

长期以来，我国实行社会主义市场经济，市场经济实质上是产权经济（洪银兴，2018），产权制度是否完善直接决定了区域协调发展的利益根本。首先，产权制度的完善程度决定了市场交易发生与否。以资本市场为例，资本市场是市场经济最活跃的组成部分，其交易活动具有高度复杂性，因此需要市场主体对市场行为进行提前预测。当产权制度较为完善时，市场主体的行为才具有最大限度的可预知性和相对稳定性（李雪静，2018），才能够有利于实现资本市场的最优配置，进而优化各种资源的组合，推动经济快速发展。相对于中西部地区，东部沿海地区拥有相对完善的产权保护制度，这一优势具体表现在经济主体通过资本市场推动经济增长中的作用（惠宁等，2021）。

其次，产权制度的完善程度决定了交易市场的交易成本。以碳排放权交易市场为例，碳排放权交易市场建设，是进入新时代以来我国应对气候变化工作的一大里程碑。国家根据环境承载力确定碳排放总量上限，并向参与交易的企业分配或出售配额，企业和投资者可以在市场上买卖配额，而超配额的企业必须购买超排部分的配额以完成履约。那么，减排成本较低的企业为获得碳交易收益而进行最大限度的减排，减排成本较高的企业为了控制减排成本则会选择购买配额来履约，从而使区域内部以最低的成本完成碳减排目标（沈洪涛和黄楠，2019），也会避免"公地悲剧"的上演。东部地区碳排放权交易市场先于西部地区建设，虽然能够为西部地区碳排放权交易市场的建设提供宝贵经验（刘承智等，2014），但也在一定程度上加剧了东西部地区之间的资源环境发展差距。

（二）区域协调机制不健全

自1984年开始，我国开始实施简政放权改革，各个区域开始逐渐成为独立的经济利益主体，而区域间利益的矛盾和冲突也日益凸显（时和兴，1994；陈婉玲和陈亦雨，2021）。地方政府惯用行政手段和经济手段，构筑区域壁垒，导致资本、劳动力、产权等市场存在着诸如行政分割、多轨运行、价格扭曲等问题，各类要素流动机制受到极大限制。资源要素的稀缺性意味着：若资源要素难以跨区域流动，仅在小范围内交易，那么发达的地区就会越发达，贫困地区就会越贫困，区域间发展差距也会越大。因此，需要建立一个平等对话、公平博弈、融合发展的利益协调机制。

进入新时代以来，我国涌现出多种区域协调形式，主要包括对口支援、对口合作、城市协调会、市长联席会以及同城化等（孙久文，2021b），而长三角地区联席会议制度最具有代表性。区域合作组织的顺利运行，增进了区域之间的交流与沟通，从而理顺区域间的各种经济关系，实现各个区域在商品、资本、技术等方面的优势互补，促进区域整体的投资与贸易的增长，进而形成相互协调、互利共赢、相互融合的区域发展格局，实现区域经济健康可持续发展。

我国区域协调机制仍存在一些问题，阻碍区域间合作发展。具体而言，首先，区域协调的法治环境并未形成。无论是国家层面，还是区域层面，均没有行政协议管理办法，而各省份也没有出台针对本地区签订区域行政协议的管理办法，如在长三角地区区域合作中，针对同等超标污染物排放企业，江、浙、沪三省市具有不同的处罚标准（吴伟达，2020）。其次，行政区与经济区的矛盾依然存在。在区域协调组织运行过程中，许多地方政府没有考虑区域整体利益，为了实现本地区利益最大化，不仅通过构建隐蔽障碍，实施市场封锁，而且盲目引入一些不利于区域整体利益的项目，重复建设相当严重，导致资源浪费。例如，在长三角地区合作过程中，各地市政府纷纷争夺小港口、小机场建设以及建设许多大同小异的开发区，导致了资源的严重浪费（何登辉和王克稳，2018）。

（三）城乡二元户籍制度

我国现阶段的户籍制度是以计划经济为背景建立起来的。1958年，我国颁布了《中华人民共和国户口登记条例》（以下简称《条例》），《条例》把我国人口分为非农业户口和农业户口，并严格控制农业户口与非农业户口之间的转换。这种户籍制度把户籍与就业、教育及社会保障紧密联系起来，加剧了城乡的对立，严重影响了城乡协调发展（仲德涛，2022）。进入新时代以来，我国部分地区已经开始尝试打破城乡二元户籍制度的限制,相继取消了农业户口和非农业户口的划分,并不同程度地放宽了农村人口落户城镇的政策。但是,户籍制度的改革仍停留在放开户籍层面,并未触及深层次的社会福利制度改革,而且各项相关配套制度改革滞后(邵帅和郝晋伟,2012)。随着我国经济社会发展和新型城镇化的推进,城乡人口流动的频率也越来越大,农村流动人口受限于户籍,不能够享受到与城镇居民均等化的基本公共服务(魏后凯,2016)。这不仅限制了农村人口向城市转移,更是阻碍了城乡生产要素资源的合理流动,不利于实现城乡协调发展,城乡二元户籍制度仍然是新时代实现区域协调发展的重要制度障碍。

第二节 区域协调发展指标体系的构建原则与理论依据

近年来,在一系列区域协调发展政策的指引下,我国区域发展差距逐渐缩小,区域间形成了良好的互动格局。但是在新时代背景下,区域协调发展仍面临许多挑战,如何深入推进区域协调发展是目前需要解决的关键问题。前面章节从现实基础和制度条件两个方面分析了新时代实现区域协调发展所面临的障碍,主要体现在区域发展差距仍然较大、产权制度建设的差异性和区域协调机制不健全等。因此,对新时代区域协调发展进行评价,深刻理解和认识长期影响和阻碍我国区域协调发展的因素,进而提出针对性的建议具有重要意义。本节首先阐明中国区域协调发展指标体系的构建原则;其次在五大新发展理念、相关理论政策、两大障碍和已有研究的基础上具体阐述各指标选取的依据,从而构建适合长期有效地追踪中国区域协调发展的评价指标体系。

一、指标体系的构建原则

为全面、科学、准确、直观反映我国区域协调发展水平及其变化趋势,进而得到针对区域协调发展更为完善的度量和评价方法。本部分参考关于区域协调发展评价的既有文献,通过分析和总结新时代区域协调发展的现状及面临的现实基础和制度障碍,同时以党的十九大提出的"创新、协调、绿色、开放、共享"五大新发展理念为理论指导,在区域协调发展的评价指标体系构建过程中遵循如下原则(姚鹏和叶振宇,2019;张超和钟昌标,2022):

第一,坚持前瞻性的原则。本书选取的指标综合反映当前新阶段及未来区域协调发展的新要求和趋势指向,同时也对各地区的经济协调发展情况有着跟踪观察功能与预测作用，可以在研究和实践中观察到各地区的政策趋势性、可预见性的新特点、社会主要矛盾变化趋势、政策执行成效等，以便于适时对当前地区政策执行的阶段成效做出反应。另外，数据结果还能够为各级地方政府在下阶段制定的有关政策措施提供参考依据。

第二，坚持问题导向性的原则。在选取指标时，本书综合考虑了当前区域协调发展的现实基础和制度条件，并围绕具体矛盾要点，选取可以反映存在问题的针对性、价值性指标，从而有效识别阻碍区域协调发展的主要因素，进而把政策制定重点放在解决最突出的问题矛盾上。

第三，坚持目标导向性原则。在构建区域协调发展的指标体系过程中，本书以新时代区域协调发展战略目标为主要导向，坚持五大新发展理念，并基于各项区域政策文件①的主要内容以及社会主要矛盾的主要变化来进行指标的选取，进而推动和引导被评价客体即各区域向正确目标方向发展。

第四，坚持可操作性的原则。在指标和方法选取时，基于数据的采集成本，本书注重指标的可观测性、可得性和可衡量性，同时充分考虑指标背后所具有的真实含义以及评价数据能否被采集，对各层级指标进行筛选。此外，选择可靠、科学的方法对数据进行测算，进而确保指数结果能够比较准确地反映各区域发展的现实，同时又能经得住推敲。

第五，坚持整体性与局部监测相结合的原则。区域发展的各内外部要素存在相互关联性，本书紧紧围绕缩小区域发展差距的现实依据，选择不仅能够反映区域综合协调发展水平的指标，而且还可以突出和监测区域间各指标层级的发展状况，从而使测算结果更能准确反映中国区域协调发展效果的动态变化。

二、指标体系构建的理论依据

区域协调发展评价一直是学者研究的重点和难点。长期以来，由于对区域协调发展的内涵有着不同的理解，不同学者对区域协调发展评价具体指标对象的选取存在差异（王继源，2019）。换而言之，学术界对于区域协调发展评价体系的构建尚未达成共识。早期，促进经济协调发展，逐步缩小地区差距是区域协调发展的总体要求，学者主要立足于经济角度来测算评价区域协调发展程度，认为衡量区域协调发展的根本标准是区域经济差距的缩小（范柏乃和张莹，2021）。随着经济社会的发展，区域协调的具体内涵从经济协调扩展到经济、生态、社会等全方位的协调，单一的衡量标准已经不足以全面反映区域发展状况。基于此，评

---

① 《关于贯彻落实区域发展战略促进区域协调发展的指导意见》《中共中央 国务院关于建立更加有效的区域协调发展新机制的意见》《中共中央 国务院关于建立健全城乡融合发展体制机制和政策体系的意见》等。

价目标的选取逐渐多元化，大部分学者紧扣区域协调发展内涵和社会主要矛盾的转变，从经济、社会、资源环境和民生等多维度构建指标体系进行综合评价（张佰瑞，2007；张可云和裴相烨，2019）。随后，党的十八届五中全会提出的五大新发展理念，指明了区域协调发展的总体思路、发展方向和着力点，学者认为在区域协调发展研究框架下将五大新发展理念作为理论指导，更有利于揭示和辨识区域发展存在的短板与问题（黄群慧等，2017；田光辉等，2018）。总体而言，随着区域协调发展内涵的不断丰富，仅从经济或者社会方面单独描述和测度中国区域协调发展水平的方式是不可取的，当前我们需要关注社会主要矛盾的新变化和新发展要求。此外，指标体系的衡量方法要体现全面协调发展的要义，并且需要更加准确直观地反映区域间的发展水平程度与差距，形成具有中国特色的区域协调发展指数。

　　自党的十八大以来，我国特色社会主义事业步入了新时代，同时，区域协调发展也步入了新时期（陈健和郭冠清，2020）。为了满足新时期的发展需要和解决新时期的社会主要矛盾，构建区域协调发展新格局必须以五大新发展理念为统领，以便指导各地区贯彻落实各项区域协调发展政策文件规划，从而加快推进区域协调发展（刘耀彬和郑维伟，2022）。新时代的区域协调发展包含三层含义：①从理念层来看，"创新、协调、绿色、开放、共享"的五大新发展理念成为指导区域协调发展的新理念。创新能够驱动区域均衡发展，侧重于解决发展动力问题；协调主要是解决发展中不平衡的问题，突出协调度的内涵；绿色、开放和共享能够推动区域向更高质量、更有效率、更加公平和更可持续的方向发展（田光辉等，2018）。②从战略目标层来看，中共中央、国务院发布的《中共中央　国务院关于建立更加有效的区域协调发展新机制的意见》强调"以人为本"，基本公共服务均等化、基础设施通达程度比较均衡和人民生活水平大体相当是实现区域协调发展的主要目标。此外，《关于贯彻落实区域发展战略促进区域协调发展的指导意见》① 也强调区域一体化、基本公共服务均等化、城乡协调发展、绿色发展等目标实现的重要性，这些目标与五大新发展理念不谋而合。③从实践层面来看，区域协调发展面临许多现实和制度障碍。具体来看，第一，区域协调制度的不健全导致区域间合作进度缓慢，阻碍了一体化的进程。第二，由于各区域间存在产权制度的差异化，进而导致中西部与东部发达地区的经济、资源环境发展

---

　　① 《关于贯彻落实区域发展战略促进区域协调发展的指导意见》强调：到 2020 年，区域协调发展新格局基本形成，区域发展差距进一步缩小，区域协调发展体制机制更加完善，区域开发秩序进一步规范，区域一体化发展、城乡协调发展和全国统一市场建设取得重大进展，基本公共服务均等化总体实现，社会发展和人民生活水平显著提高，区域性整体贫困问题得到解决，绿色循环低碳发展水平明显提升，生态环境质量持续改善，全国各地区人民共享全面建成小康社会成果。

新时代我国区域协调发展成效研究

差距拉大。第三，城乡二元户籍制度把户籍与就业、教育及社会保障紧密联系起来，限制农村流动人口共同享受均等化的公共服务，进而阻碍了城乡协调发展。综上，区域发展不均衡体现在生产力发展不足、资源利用不充分、社会保障发展水平不均衡以及生态文明建设的不充分等方面（许宪春等，2021）。因此，建立并完善区域协调发展体制机制有利于促进新时期各区域间的均衡发展。促进区域协调发展需要与政策中的目标层、实践层和五大新发展理念紧密相连，新发展理念是引领和推动区域协调发展的先导，在面临新环境和新要求的情况下，仅仅注重总量和速度增长而忽视经济、社会、资源和生态的协调发展，是一种非均衡的发展（李兰冰，2020；阎东彬等，2022）。因此，基于区域协调发展的理论基础与区域协调发展的现实情境，本章以区域协调发展的科学内涵和五大新发展理念为基本框架，同时结合新时代我国区域协调发展目标和区域发展监测评估预警体系①，围绕经济发展、社会稳定、生态建设和民生福祉等方面来构建区域协调发展评价指标体系。具体包括区域经济发展差距、区域一体化水平、城乡协调发展水平、社会协调发展水平和资源环境协调发展水平五个部分。接下来，本部分结合已有研究，具体阐述五大新发展理念与指标体系中五个理念层指标的内在联系。

第一，区域经济是稳定增长的重要力量，而创新是驱动区域经济发展的关键因素。区域经济发展差距与区域创新能力密切相关，创新能力决定地区的竞争能力，在缩小经济差距的进程中，实现地区经济增长的有效方式应与"创新"发展理念有机衔接，进而促进区域的协调发展（杨朝峰等，2015；何爱平和李清华，2022）。第二，区域一体化不仅是提高经济发展空间效率和实现区域协调发展的重要途径之一，也是构建现代化经济体系的重要支撑（张可，2020）。区域一体化实质上是破除行政壁垒，提高各地区间的开放合作水平，地区间联系的增强恰好可以体现五大新发展理念中的"开放"发展理念（刘志彪和陈柳，2018）。第三，要想实现区域协调发展，城乡协调发展是主要核心和前提条件（夏艳艳等，2022）。城镇化是推动城乡协调发展的主要动力，也是共享发展的重要支撑，因而促进城乡融合，需要"协调"发展和"共享"发展理念的共同作用。第四，"共享"发展理念的核心是以人民为中心，"协调"发展则注重解决区域的不平衡（郭冠清，2018）。构建共建共治共享的社会治理格局，是实现区域社会均衡发展的重要途径（李松龄，2018）。实现区域社会均衡全面发展，需要以人为本，完善社会保障体系和公共服务体系，进而让人民获得更多的幸福和

---

① 中共中央、国务院发布的《中共中央 国务院关于建立更加有效的区域协调发展新机制的意见》指出：建立区域发展监测评估预警体系，围绕缩小区域发展差距、区域一体化、资源环境协调等重点领域，建立区域协调发展评价指标体系，科学客观评价区域发展的协调性，为区域政策制定和调整提供参考。

安全保障。因此，社会协调发展（基本公共服务均等化）也体现"协调"和"共享"理念。第五，资源环境协调发展则体现"绿色"发展理念。在长期追求经济高速度增长的同时也带来了一系列"区域开发无度、区域生态环境恶化"等发展问题，造成区域内发展"一条腿长一条腿短"的现象，严重影响区域发展的协调性。"生态优先、绿色发展"理念作为发展共识存在，成为区域发展的新思路，这与资源环境协调发展不谋而合（李汝资等，2018）。综上所述，本书选取的指标体现了区域协调发展的内涵，也符合五大新发展理念和相应的政策发展目标，具有一定的代表性和真实可靠性。

三、指标体系的研究设计

在指标体系的设计过程中，本书紧紧围绕各项区域协调发展政策相关文件和规划纲要[①]、五大新发展理念以及已有研究来构建符合评价我国区域协调发展的指标体系。首先，基于区域协调发展的科学内涵和目标要求，同时结合既有研究对区域协调发展指数的评价指标进行系统梳理，进而提炼出区域经济发展差距、区域一体化、城乡协调发展、社会协调发展和资源环境协调发展这五个一级指标。其次，为全面、充分地反映一级指标代表的设计理念，根据数据的可得性，在区域经济发展差距、城乡协调发展和资源环境协调发展这三个一级指标下设五个二级指标，在区域一体化和社会协调发展这两个一级指标下设四个二级指标，共计23个二级指标。最后，关于三级指标的选取，每个二级指标对应1~3个三级指标，对应的指标体系共计29个三级指标（见表3-1）。

表3-1　区域协调发展指数评价指标体系

理念层	目标层	指标层	数据来源	指标类型
区域经济发展差距	人均地区生产总值差距	人均GDP的地区差距	历年《中国统计年鉴》、各地历年统计年鉴	−
	固定资产投资差距	固定资产投资占GDP比重的地区差距	历年《中国统计年鉴》、各地历年统计年鉴	−
	非农产业劳动生产率的差距	第二、第三产业增加值/第二、第三产业就业人员数	历年《中国统计年鉴》、各地历年统计年鉴、历年《中国工业统计年鉴》	−
	创新投入差距	研发支出占GDP比重的地区差距	历年《中国统计年鉴》、各地历年统计年鉴	−

---

① 国家发展和改革委员会发布的《关于贯彻落实区域发展战略促进区域协调发展的指导意见》；中共中央、国务院印发的《长江三角洲区域一体化发展规划纲要》《中共中央　国务院关于建立健全城乡融合发展体制机制和政策体系的意见》《中共中央　国务院关于建立更加有效的区域协调发展新机制的意见》等。

续表

理念层	目标层	指标层	数据来源	指标类型
区域经济发展差距	财政收入和财政支出差距	人均财政收入的地区差距	历年《中国统计年鉴》、各地历年统计年鉴	－
		人均财政支出的地区差距		
区域一体化	市场一体化	商品零售价格指数波动的一致性	中国经济信息网（简称中经网）统计数据库	－
	区域贸易流	货物周转量/GDP	历年《中国交通年鉴》	＋
	客运量	客运量/地区总人口	历年《中国统计年鉴》	＋
	交通一体化	高速公路和铁路的路网密度	历年《中国统计年鉴》、各地历年统计年鉴、历年《中国交通年鉴》	＋
城乡协调发展	城乡收入差距	城镇居民人均可支配收入/农村居民人均可支配收入	历年《中国统计年鉴》、各地历年统计年鉴	－
	城镇化水平	城镇人口/全部人口	历年《中国统计年鉴》、各地历年统计年鉴	＋
	城乡卫生水平差距	城市每千人人口卫生人员/（农村每千人人口乡镇卫生院卫生员+乡村医生和卫生员）	历年《中国统计年鉴》、各地历年统计年鉴、历年《中国农村统计年鉴》	－
	城乡基础设施差距	城市人均道路面积/农村人均道路面积	历年《中国统计年鉴》、历年《中国城乡建设统计年鉴》	－
	城乡教育差距	城市初中和小学生人均公共财政预算教育经费支出/农村初中和小学生人均公共财政预算教育经费支出	历年《中国教育经费统计年鉴》	－
社会协调发展（基本公共服务均等化）	教育水平	普通中学师生比值	各地教育考试院	－
		教育投入：公共财政教育支出/GDP	全国教育经费执行情况统计表	－
	就业机会	非农产业就业比重	历年《中国统计年鉴》、各地历年统计年鉴、历年《中国人口统计年鉴》	＋
	医疗水平	每万人卫生技术人员数	中经网	＋
		每万人医疗机构床位数	中经网	＋
	社会保障	城乡基本养老保险覆盖面	国家统计局网站	＋

理念层	目标层	指标层	数据来源	指标类型
资源环境 协调发展	能源消耗	单位 GDP 的能源消耗量	历年《中国统计年鉴》、各地 历年统计年鉴	－
	污染排放	单位 GDP 的二氧化硫排放量	历年《中国统计年鉴》、各地 历年统计年鉴、历年《中国人 口统计年鉴》	－
	污染治理	大气治理：$PM_{2.5}$ 年平均浓度	各省市环境统计公报	－
		污水处理：工业废水排放量	历年《中国环境统计年鉴》、 历年《中国环境年鉴》	
		环境治理投资：环境治理投资/GDP		＋
	资源利用	工业用地产出强度	历年《中国城市建设统计年鉴》	＋
	生态建设	人均城市绿地面积	中经网	＋
		森林覆盖率	中经网	＋

（一）区域经济发展差距

经济发展差距是衡量区域协调发展的主要指标，地区间经济差距较大是区域经济发展不平衡的重要体现（吕承超等，2021）。近年来，在国家各项区域发展政策的指引下，我国区域发展差距逐步减小，各区域也形成协同互补的发展格局。随着中国经济发展进入新旧动能转换的关键时期，区域发展的内外部环境正面临许多变化，区域经济发展差距仍在进一步扩大。如何更为全面、科学地衡量新时代下区域间的经济发展水平差距对于我们能具体了解各阶段区域发展的变化规律及其主要影响因素尤为重要。首先，部分学者认为人均地区生产总值能够更好地体现地区经济发展实力，区域协调发展就是人均 GDP 差距缩小的过程，因而人均 GDP 差距可以有效衡量区域经济发展水平差距（靖学青，2017；张文耀，2013）。其次，根据新古典经济增长理论，经济增长主要取决于资本的投入和技术的进步，一些学者认为资本积累是导致地区差距的主要原因（刘华军等，2018），另一些学者认为生产率的差异而非资本的投入也是导致地区经济差距的原因（朱子云，2015）。因此，参照吕承超和崔悦（2022）、李建伟（2020）的研究选取固定资产投资差距和非农产业劳动生产率差距来反映区域经济发展差距具有一定的代表性。此外，区域经济发展差距与区域创新能力密切相关，创新是驱动区域经济发展的关键因素（白俊红和王林东，2016），本部分参照闫佳敏和沈坤荣（2022）的文献选取创新投入差距作为区域经济发展差距的测度指标。最后，地区财政发展不平衡能间接加剧区域经济差距的扩大，经济发展水平决定一个地区的财政收入，财政政策的不同对经济稳定的影响存在差异，财政转移支付实现的二次分配是导致区域经济差距扩大的关键环节之一（李华等，2022；樊杰等，2022）。

综上所述，本书通过参考现有文献依次选择人均地区生产总值差距、固定资产投资差距、非农产业劳动生产率差距、创新投入差距和财政收支差距五个指标作为评价区域经济发展差距的二级指标。这五个二级指标既包括发展差距现状，也包括影响各区域发展水平的投入、发展效率及财政发展差异，由表及里，具有整体性。具体到各个指标：①利用人均 GDP 的地区差距来反映区域人均地区生产水平差距；②固定资产投资差距指标，利用各地固定资产投资占 GDP 比重来计算泰尔指数；③通过第二、第三产业增加值与第二、第三产业就业人员数的比来测算非农产业劳动生产率，并计算非农产业劳动生产率的差距；④发展动力要向创新转型，利用研发支出占 GDP 比重来测算各地的创新投入差距；⑤差异化的财政收支是区域经济差距扩大的原因之一，财政政策目标与区域协调发展要求存在一致性（周靖祥和何燕，2013；赵斌，2021）。人均财政收入和人均财政支出通常被用来衡量地区财力（董艳梅，2013；李丹等，2019）。因此，采用人均财政收入的地区差距和人均财政支出的地区差距来测算财政收支规模的差距。

（二）区域一体化

区域一体化是指两个或两个以上的地区，为谋求共同发展，通过构建合作框架促使区域内要素自由流动，缩小区域发展差异和形成一个区域发展联合体的过程（曾刚和王丰龙，2018）。区域一体化的推进，不仅需要通过打破市场的分割和行政区域壁垒来促进商品要素的自由流动，而且还需要破除体制机制障碍来推动全国统一市场的形成，进而为经济高质量发展提供动力。对于区域一体化指标的衡量，学者主要从贸易、市场统一性、要素流动等方面构建区域一体化指标（胡艳和张安伟，2020；李世奇和朱平芳，2017）。为科学、全面衡量新时代区域一体化发展水平以及反映阻碍实现区域一体化的主要原因，本书基于《长江三角洲区域一体化发展规划纲要》，从要素流动、市场一体化等方面设立二级指标来反映区域一体化水平。具体来看，第一，市场一体化是区域一体化的基础与核心，反映了经济发展打破行政区划限制的程度，因而可以有效刻画区域一体化的本质特征（李雪松和孙博文，2013）。第二，由于区域贸易合作能够解决国内发展问题及提高国际竞争力，进而推动区域一体化进程，因此，贸易测度指标能较好反映区域一体化发展的进程（黄群慧等，2017）。第三，要素的自由流动可以推进区域一体化进程，因而选取客运量反映区域一体化格局演化趋势具有一定的代表性（刘修岩等，2017）。第四，交通一体化是区域一体化的硬件基础，交通一体化发展能够提高区域联系紧密度，加速一体化进程，交通一体化水平越高，区域一体化效应越显著（刘志彪和孔令池，2019）。

综上所述，本书通过参考现有文献和相关政策文件依次选择市场一体化、区域贸易流、客运量和交通一体化四个指标作为评价区域一体化发展水平的二级指标。具体到各个指标：①商品价格的地域差异能够较好地反映地区间市场一体化水平，利用商品零售品价格指数波动的一致性来反映区域市场一体进展情况。②为反映商品流通情况，利用货运周转量与 GDP 的比值来反映区域贸易情况。③劳动力是重要的经济要素，而区域一体水平越高，人口的流动也越频繁。利用各地客运量与总人口的比值来反映客运量这一指标。④交通一体化是区域一体化的重要内容，通过计算各地公路和铁路的路网密度来反映该指标的变化情况。

（三）城乡协调发展

城乡协调发展是区域协调发展的重要内容。由于长期积累的城乡二元结构致使城市与乡村协调发展难度加大，城乡矛盾十分尖锐。乡村发展的短板成为城乡协调发展的制约瓶颈，但也蕴含着巨大的潜力。补齐短板，发挥比较优势，重点加大对乡村欠发达地区教育基础设施、教育人才、医疗环境、交通基础设施等公共服务的投入，对实现城乡统筹、城乡融合发展具有重要意义（夏艳艳等，2022）。为更全面、科学衡量新时代下城乡协调发展水平，本书参考《中共中央　国务院关于建立健全城乡融合发展体制机制和政策体系的意见》，从经济、社会保障和基础设施等方面设立二级指标来全面反映中国区域城乡协调发展水平。具体而言，第一，从经济层面来看，缩小城乡居民收入差距是城乡协调发展的目标之一，城乡收入差距越大，城乡协调发展水平越低，选取城乡收入差距可以较好衡量城乡协调发展水平（邹一南和韩保江，2021）。第二，根据经典二元经济结构理论，城镇化水平的提升对于打破城乡二元经济结构、缩小城乡发展差距具有积极作用（马强和王军，2018）。因此，选取城镇化作为城乡协调发展水平的测度指标具有一定的代表性（徐维祥等，2020）。第三，乡村发展的短板成为制约城乡协调发展的瓶颈，但也蕴含着巨大的潜力。补齐短板，发挥比较优势，重点加大对乡村欠发达地区教育基础设施、教育人才、医疗环境、交通基础设施等公共服务的投入，对实现城乡统筹、城乡融合发展一体化具有重要意义（夏艳艳等，2022）。因而，从社会方面来看，依次选取城乡卫生水平差距、城乡基础设施差距和城乡教育差距这些指标可以有效衡量城乡协调发展程度（张博胜和杨子生，2020）。

综上所述，本书通过参照现有文献和相关政策文件依次选择城乡收入差距、城镇化水平、城乡卫生水平差距、城乡基础设施差距和城乡教育差距五个指标作为评价城乡协调发展水平的二级指标。这五个二级指标涵盖经济发展、医疗卫生、教育和基础设施建设多个方面，可以较为全面地反映中国当前城乡协调发展水平情况。具体来说：①城乡收入差距，主要利用城镇居民人均可支配收入与农村居民人均可支配收入的比值来反映。在计算各区域城乡收入差距指标过程中，将根据该区域各省市自身的城镇及农村居民人口权重加权计算。②城镇化水平，即通过区域城镇人口与常住人口的比重来反映。③通过测算城市每千人人口卫生人员数与农村每千人人口卫生人员数的比值来反映城乡卫生水平差距。④城乡基础设施差距指标下设三级指标，参考叶璐和王济民（2021）的研究并根据数据的可获得性，以城市与农村人均道路面积比值对城乡基础设施差距进行测算。⑤城乡教育差距，利用城市初中和小学生人均公共财政预算教育经费支出与农村初中和小学生人均公共财政教育经费支出的比值来反映。

（四）社会协调发展

基本公共服务均等化总体实现，社会发展和人民生活水平显著提高，区域性整体贫困问题得到解决是《关于贯彻落实区域发展战略促进区域协调发展的指导意见》中的主要内容之一。基本公共服务均等化的实现有利于改善民生和解决社会矛盾等问题，对于促进社会公平、推动社会协调发展具有重要意义。为更全面、科学衡量新时代下社会协调发展水平，本书参照张可云和裴相烨（2019），同时结合《国家基本公共服务体系"十二五"规划》和《"十三五"推进基本公共服务均等化规划》的具体政策内容，从公共教育、就业、医疗卫生和社会保障方面设立二级指标来反映社会协调发展水平。具体来看，随着社会主要矛盾发生变化，人们对教育、就业、医疗等社会资源实现均等化的愿望日益强烈。然而，在推进经济社会发展过程中，社会发展不平衡不充分依旧凸显，欠发达地区仍面临就业压力大、教育水平不高、医疗体系落后、社会保障体系不完善等问题，进而阻碍社会的协调发展（张来明和李建伟，2021）。因而，本书参照张可云和裴相烨（2019）选取教育水平、就业机会、医疗水平和社会保障四个指标来具体衡量社会协调发展程度具有代表性。其中，①教育水平下设二个三级指标，教育质量通过普通中学师生比值来反映，而教育投入则利用公共财政教育支出占GDP的比重来体现；②通过非农产业就业比重来反映各地的就业机会；③医疗水平指标下设二个三级指标，一是每万人卫生技术人员数，二是每万人医疗机构床位数；④社会保障则利用城乡居民基本养老保险覆盖面来反映。

（五）资源环境协调发展

《中共中央　国务院关于建立更加有效的区域协调发展新机制的意见》指出

资源环境协调是健全区域发展保障机制的重要领域，资源环境与经济的协调发展是推进中国区域协调发展的重要环节。对于资源环境发展水平的衡量，学者主要从资源环境质量、资源环境治理、资源环境稳定性等方面构建资源环境发展指标（胡海青等，2021；蔡绍洪等，2022）。为更全面、科学衡量新时代下资源环境协调发展水平，本书参考《绿色发展指标体系》和《生态文明建设考核目标体系》，从资源利用、环境污染、环境治理和生态保护等方面设立具有代表性的二级指标来反映中国资源环境协调发展水平。具体来看，第一，随着经济的快速发展，能源消耗也在不断增加，能源过度消耗不仅导致能源危机问题的产生，而且会对环境质量产生负面影响（林伯强和徐斌，2020）。因而，选取能源消耗强度可以有效反映资源环境协调发展水平（林江彪等，2021）。第二，污染排放强度能够体现经济发展的环境效应，减污降碳协同推进有利于资源环境发展水平的提高（张般若和李自杰，2021）。因而，选取污染排放指标可以衡量资源环境协调发展程度（田成诗和陈雨，2021）。第三，一般情况下，环境治理水平越高，污染物排放量越少，环境质量越高，进而可以提升资源环境效率（郑洁等，2019）。因此，选取污染治理作为资源环境协调发展水平的测度指标具有代表性。第四，资源利用指标反映生产过程中自然资源的利用情况，推动资源能源节约高效利用能够促进可持续发展（朱婧等，2018）。因此，资源利用可以较好地衡量资源环境协调发展水平。第五，生态建设是资源环境协调发展的重要内容，大力推进生态文明建设有助于形成资源节约与环境保护的空间格局，从而促进经济社会与资源环境的协调发展。因此，根据生态系统的运行方式，选取生态建设指标衡量资源环境发展水平具有一定的研究意义（梁龙武等，2019；孙钰等，2020）。综上所述，在指标体系中，本部分设置了能源消耗、污染排放、污染治理、资源利用和生态建设五个指标作为评价资源环境协调发展水平的二级指标。①为提高经济发展的绿色水平，必须要降低能耗，利用单位GDP的能源消耗量来反映区域的能源消耗情况。②污染排放则利用单位GDP的二氧化硫排放量来衡量。③污染治理指标下设三个三级指标，分别为大气治理、污染处理和环境治理投资，来充分反映中国在大气治理、污水处理和环境治理投资方面的努力。为保证数据的连贯性，利用$PM_{2.5}$来衡量大气治理情况；污水处理利用工业废水排放量来体现；环境治理投资则通过环境治理投资占GDP的比重来反映。④资源利用指标下设一个三级指标：工业用地产出强度反映资源利用情况。⑤生态建设同样下设二个三级指标，用人均城市绿地面积和森林覆盖率来反映生态建设情况。

　　对于地级市指标体系中各层级指标的选取，我们根据数据的可获得性做出相应调整，总共筛选出五个一级指标、23个二级指标和29个三级指标。地级市指标体系的一级指标包括区域经济发展差距、区域一体化、城乡协调发展、社会协调发展和资源环境协调发展这五个指标，与省级指标体系一致。本部分针对地级市的指标体系与上述指标体系（省份）的不同之处做出如下说明：第一，由于地级市中卫生、教育和基础设施的数据存在缺失，本书参照孙平军等（2022）、吕萍和余思琪（2021）、邹一南和韩保江（2021）等文献，选取城乡收入差距、城镇化水平、城镇消费水平和居民生活水平作为评价城市群城乡协调发展水平的二级指标。其中，城乡收入差距和城镇化水平与省级的指标体系一致，而城镇消费水平用城镇居民人均消费/农村居民人均消费表示，居民生活水平用恩格尔系数反映。第二，对于交通一体化下的三级指标，用每万人所拥有的公路总里程数替代高速公路和铁路的路网密度。第三，对于社会保障下的三级指标城乡基本养老保险覆盖面用城镇职工参保人数/城镇人口替代。第四，将污染排放替换成碳排放，用单位 GDP 碳排放量反映碳排放程度。第五，对于污染治理下的三级指标，用污水处理厂集中处理率替代工业废水排放量。第六，关于生态建设下的三级指标，用生活垃圾无害化处理率代替森林覆盖率。

第三节　区域协调发展指数的测度方法

在上述构建的中国区域协调发展指标体系的基础上，本节首先利用熵权法计算得出各层级的指标权重；其次基于各指标权重对中国区域协调发展指数和各层级指标值进行详细测算；最后具体阐述数据来源和相应指标测算过程。

一、权重设定

应用综合评价法时，在评价模型确定的前提下，最关键的是确定各评价指标的权重。权重的确定方法有主观法、客观法、组合法，然而依靠主观的赋值方法，常常会因选取专家的不同而导致结果差异较大，使分析趋于不确定（宋建波和武春友，2010）。由于熵权法构建的综合评价模型具有高度有效性，而且权重都必须经过客观统计得出，所以这种方法能有效减少其他要素对客观性的干扰，使研究结论更加具有科学性和说服力。因此，本书采用该方法来确定各指标的权重。熵权法是依据指标变异度，用熵值求熵权。熵权法的具体计算步骤参考邹志红等（2005），具体如下：

（1）标准化处理。为了保证各个指标层的可加性，对各个指标值进行标准化去量纲处理，参照魏琦等（2018），本书采用极值法对各指标数据进行标准化处理，进而将指标值转换到［0，1］。正向指标标准化处理的公式如式（3-1）

所示：

$$y_k = \frac{x_k - x_{\min}}{x_{\max} - x_{\min}} \tag{3-1}$$

（k = 2012、2013、2014、2015、2016、2017、2018、2019、2020）

逆向指标标准化处理的公式如式（3-2）所示：

$$y_k = \frac{x_{\max} - x_k}{x_{\max} - x_{\min}} \tag{3-2}$$

（k = 2012、2013、2014、2015、2016、2017、2018、2019、2020）

其中，x_k 为当年指标数值，$x_{\max}$、$x_{\min}$ 分别为该指标数值中的最大值、最小值，y_k（$0 \le y_k \le 1$）为经过计算得出的标准化指标数值。在极差标准化法下，正、逆向指标均化为正向指标，y_k 为 0 代表最差，y_k 为 1 代表最好。

（2）求各指标的信息熵。信息熵是对系统无序性的度量，熵值越大，说明指标无序程度越大，对其影响的作用范围则越小，相反，信息熵值越小，对指标的影响作用值则越大（陈兆荣和雷勋平，2015）。信息熵用 E 表示，对于某一指标值 x_k，信息熵的形式表示为 $E(x_k)$，根据信息论中信息熵的概念求出各个评价指标的熵值，公式如式（3-3）所示：

$$E_l = -\ln(n)^{-1} \sum_{i=1}^{N} p_{kl} \ln p_{kl} \tag{3-3}$$

$$P_{kl} = Y_{kl} / \sum_{i=1}^{n} Y_{kl} \tag{3-4}$$

（3）确定三级指标的权重。根据信息熵的计算公式，计算出各个指标的信息熵为 E_1，E_2，…，E_k。通过信息熵计算各三级指标的权重如式（3-5）所示：

$$W_j = (1 - E_j) / (k - \sum_{j=1}^{k} E_j) \quad (j = 1, 2, \cdots, k) \tag{3-5}$$

二、指标合成

（一）二级指标权重的设定及二级指标值的测算

使用熵权法对三级指标权重进行评价得出二级指标的数值，设各三级指标权重为 w_{ijk}，各个二级指标权重为 w_{ij}（二级指标等于相对应三级指标权重加总的和即 $w_{ij} = \sum w_{ijk}$），其中 i 为一级指标；j 为第 i 个一级指标下的第 j 个二级指标；k 为第 i 个一级指标下第 j 个二级指标对应的第 k 个三级指标。三级指标是对原始数据进行严格的标准化处理得到的结果，通过计算得出二级指标值如式（3-6）所示：

$$j = \sum_{k=1}^{n} k \frac{w_{ijk}}{w_{ij}} \tag{3-6}$$

由于所有三级指标权重的总和为 1，即将总指标权重视为 1，三级指标的权重是指各三级指标所占总指标权重的比例，以此类推，在计算二级指标数值时，应计算三级指标占所在二级指标的比重，即 w_{ijk} 与 w_{ij} 之比。以 2020 年为例，三级指标人均财政收入的地区差距的权重为 0.02204、人均财政支出的地区差距的权重为 0.03109，将这两个三级指标对应的权重进行相加得出财政收入和财政支出差距的权重为 0.05313，然后分别测算人均财政收入的地区差距权重（人均财政支出的地区差距权重）与财政收入和财政支出差距的权重的比值为 0.41483、0.58517（0.02204/0.05313、0.03109/0.05313），最后把经过标准化的人均财政收入的地区差距数据值 0.13716 乘以权重 0.41483 得到的值 0.05690，与标准化后的人均财政支出的地区差距数据值 0 乘以权重 0.58517 得到的值 0 相加得到财政收入和财政支出差距值为 0.05690。

　　（二）一级指标权重的设定及一级指标值的测算

　　设各个一级指标权重为 w_i，一级指标的权重等于相对应二级指标权重加总的和（$w_i = \sum w_{ij}$），通过计算得出一级指标值如式（3-7）所示：

$$i = \sum_{j=1}^{m} j \frac{w_{ij}}{w_i} \tag{3-7}$$

　　在计算一级指标数值时，应计算二级指标占所在一级指标的比重，即 w_{ij} 与 w_i 之比。以 2020 年为例，在经过式（3-6）计算得出二级指标值的基础上继续进行阐述说明，二级指标人均地区生产总值差距的权重为 0.01736、固定资产投资差距的权重为 0.04394、非农产业劳动生产率差距的权重为 0.01839、创新投入差距的权重为 0.02632、财政收入和财政支出差距权重为 0.05313，将这些二级指标的权重进行相加得到区域经济发展差距的权重为 0.15914，然后分别测算出人均地区生产总值差距权重、固定资产投资差距权重、非农产业劳动生产率差距权重、创新投入差距权重、财政收入和财政支出差距权重与区域经济发展差距的权重的比值分别为 0.10909、0.27611、0.11556、0.16539、0.33386（0.01736/0.15914、0.04394/0.15914、0.01839/0.15914、0.02632/0.15914、0.05313/0.15914），最后把人均地区生产总值差距值 0.33846、固定资产投资差距值 0.80052、非农产业劳动生产率的差距值 0.34504、创新投入差距值 0.02106、财政收入和财政支出差距值 0.05690 与其对应的比值相乘得到的结果（0.03692、0.22103、0.03987、0.00348、0.01900）再相加，得出区域经济发展差距值为 0.32030。

　　（三）总体指标值的测算

　　使用指数逐级加权汇总的方式进行综合评价得出总体指标的值。指数加权分析法的基本公式如式（3-8）所示：

综合指数 $S = \sum i \times W_i$ （3-8）

其中，i 是经过测算后的一级指标值，该值乘以相应的一级指标权重 W_i 可得到一个分指标的分值，W_i 为第 i 个一级指标的权重值；分别计算出各项分指标的分值后再进行加总就得到区域协调发展指标的综合指数。综合指数值介于 [0，1]，其值越小，表明区域协调发展水平越低，其值越大，表明区域协调发展水平越高。

三、指标测算的数据说明

本部分指标体系测算所使用数据均为国家和各省、市统计局或职能部门公开发布的权威数据，省份数据涵盖 2012~2020 年，地级市数据涵盖 2012~2019 年。由于许多城市并未公布 2020 年及最新年份的统计年鉴，进而导致城市群中 2019 年之后的数据缺失很多，因而根据数据的可获得性，本书最终对城市群的研究只分析到 2019 年。主要数据来源是：历年《中国统计年鉴》《中国科技统计年鉴》《中国环境统计年鉴》《中国劳动统计年鉴》《中国交通统计年鉴》《中国教育经费统计年鉴》《中国工业统计年鉴》《中国人口统计年鉴》《中国城乡建设统计年鉴》《中国城市建设统计年鉴》，以及国家统计局、民政部、教育部、教育考试院、中经网等官方发布的统计公报及其他相关数据。此外，本书的研究对象具有多层次性，不仅对新时代下全国区域协调发展的整体状况进行评价分析，而且也重点揭示四大板块、京津冀地区、长江经济带、黄河流域和城市群的区域发展效果及变化规律。其中，选择省级行政区域数据作为载体，对全国、四大板块、京津冀地区、长江经济带、黄河流域进行研究分析。对于城市群而言，选择对应的地级市数据进行研究分析。

在使用过程中，基于以往学者的研究，根据计算需要对数据进行平减、加权。具体来看，对于指标体系中的人均地区生产总值（GDP）地区差距、第二产业增加值、第三产业增加值、研发支出、人均财政收入、人均财政支出、城市初中和小学生人均公共财政预算教育经费支出、农村初中和小学生人均公共财政预算教育经费支出、公共财政教育支出和环境治理投资等指标，用 GDP 平减指数（2012 年为基期）对应指标进行平减。对于城镇居民人均可支配收入、农村居民人均可支配收入等指标，本书利用居民消费价格指数（2012 年为基期）进行平减；对于固定资产投资指标，本书利用固定资产价格指数（2012 年为基期）进行平减。此外，基于数据的缺失及可获得性，在计算省级行政区域的指标时，不包含西藏、台湾。同时，在计算各城市的指标时，不包括香港、澳门。

第四节　新时代我国区域协调发展效果综合评价

由于我国长期存在着发展不均衡的问题，地区间发展的不协调、不充分抑制了我国经济的可持续发展，因此促进区域协调发展成为缩小地区发展差距的重要支撑性策略。自党的十八大以来，我国经济发展步入了崭新阶段。为进一步深入推动区域协调发展，中央出台并落实了一批推动地区协调发展的政策性文件，区域间形成良好互动的经济发展格局，区域均衡性得到进一步加强。现阶段，我国正处于转型发展的攻坚时期，经济高质量发展成为新时代发展的必然要求。面临新发展格局，我国区域发展差距能否得到有效缓解还有待考究。本节将对新阶段全国区域协调发展的各指标层进行分析，以便准确判断我国地区发展的动态演变差距，探究促进区域协调发展的动力源以及抑制其不平衡发展的背后成因，进而为提出科学有效的政策意见提供现实依据。

一、历程梳理及问题提出

不同研究对我国区域战略的划分阶段各不相同，结合相关文献和党中央领导集体在不同时期的思想体现，本书将我国区域发展战略大致分为五个阶段（刘耀彬和郑维伟，2022）：①1949～1978年，国家实施区域均衡发展战略，在中国当时极不平衡的发展现实情况下，整体上促进工农业的发展，同时也进一步缩小了东西部地区的发展差距，但区域均衡发展战略忽视了地区资源禀赋及基础条件的差异。以同步发展的平均主义为主导思想虽然在一定程度上缩小了区域发展差距，但沿海等发展基础良好的地区错失发展机遇（邓祥征等，2021）。②1979～1991年，国家实施区域非均衡发展战略，在这一阶段中国开始实施改革开放政策，优先促进东部地区的发展以带动内陆经济的发展即先富带动后富成为战略重点。非均衡发展战略推动优先发展起来的地区如东部沿海地区成为我国经济高速发展的主要动力引擎，而且也促进东部地区成为增长极，对中西部地区起着辐射示范作用，从而形成局部带动整体发展的优势局面（陈伟雄和杨婷，2019）。区域非均衡战略极大地提高我国经济发展的整体水平，但是东部地区的发展速度依然领先于中西部地区，地区间的发展差距仍然比较突出。③1992～1998年，我国进入非均衡协调发展阶段。由于资源分布的不均衡，非均衡战略是提高资源配置效率的重要手段，但是区域协调发展也要同时兼顾。因此，国家开始从对单一效率的追求转变为对公平和效率兼顾的重视。缩小地区差距，促进地区协调发展成为此阶段的核心（刘耀彬和郑维伟，2022）。④1999~2011年，缩小东部与中西部、沿海与内陆差距，促进各区域协调发展成为这个时期的新发展战略规划。在此阶段，西部大开发已成为促进中西部地区经济发展的一项重大举措。同时，东北老工业基地振兴、中部崛起、东部率先发展等重大战略的实施，四大板块的区域发展空间布局逐步形成，欠发达区域的发展条件也得到较大的改善（邓睦军和龚勤林，2018）。⑤2012年至今，我国逐渐形成以高质量发展为核心，以五大新发展理念为引领的区域协调发展全面深化阶段。京津冀协同发展、长三角一体化、黄河流域生态保护与高质量发展、长江经济带发展和粤港澳大湾区建设等成为促进区域协调发展的新方向。通过一系列的区域协调发展政策，我国形成了国内外市场联动和东西南北协调发展的格局（刘秉镰等，2019）。

总体而言，虽然我国在推进区域协调发展进程中取得了一定成效，但我国发展中不平衡、不协调、不可持续问题依然存在，因而破解区域发展的不平衡不充分以及破除存在的现实困境和制度障碍是促进区域协调发展的重要突破口。具体而言，从现实困境层面来看，东部沿海地区与中西部内陆地区仍然存在较大的发展差距，而北方地区在经济增长、科技创新和产业发展等方面也明显落后于南方地区（庞丹等，2022）。城乡二元结构突出，城乡要素的空间非均衡要素单向流动加剧（林靖宇等，2020）；就制度障碍而言，由于区域政策体系仍存在不完善、不健全问题，区域协调发展陷入制度障碍困境。例如，区域协调机制的不健全阻碍了区域间的合作，行政壁垒限制了生产要素区际的自由流动，从而加剧市场分割；产权制度建立的差异性进一步拉大东西部地区的差距等（张学良和林永然，2019）。此外，城乡户籍制度的差异化进一步导致新的"二元社会"问题，导致社会的不协调发展（孙斌栋和郑燕，2014）。综上所述，深入挖掘影响区域发展的主要因素，对推动新时代区域协调发展具有重要的理论参考和政策借鉴意义。

二、我国区域协调发展指数年度评价

本部分从各指标层级对我国区域①协调发展水平进行具体考察，从发展现状寻找阻碍区域协调发展的原因，进而为在新时代背景下区域协调发展的谋划布局提供新思路，推动经济的可持续和稳定发展。

---

① 根据数据可得性，本书因此并未将西藏、香港、澳门、台湾纳入分析，即选用河北、山西、辽宁、吉林、黑龙江、江苏、浙江、安徽、福建、江西、山东、河南、湖北、湖南、广东、海南、四川、贵州、云南、陕西、甘肃、青海、内蒙古、广西、宁夏、新疆、北京、天津、上海、重庆，共计30个省份。

（一）我国区域协调发展指数总体评价

对区域协调发展指标进行综合评价，评价结果如图3-1所示。从区域协调发展指数来看，2012~2020年中国区域协调发展指数值从2012年的0.39上升到2020年的0.63，区域协调发展指数整体呈现稳步上升的良好态势。具体而言，从理念层来看，城乡协调发展、社会协调发展、资源环境协调发展是推动区域协调发展的主力军，而区域经济发展差距指数呈现缩小趋势，区域一体化指数整体上呈现向好趋势，也起着重要的推动作用（见图3-2至图3-6）。此外，2015年成为区域协调发展总指数的转折点，接下来本部分将分为两个阶段讨论其趋势变化和发生转折的具体原因。

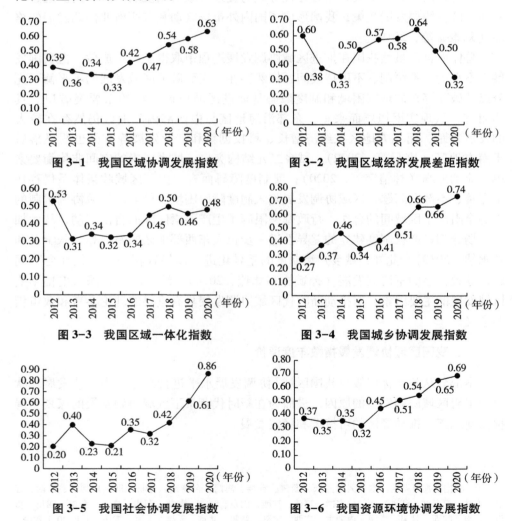

图 3-1　我国区域协调发展指数　　　　图 3-2　我国区域经济发展差距指数

图 3-3　我国区域一体化指数　　　　图 3-4　我国城乡协调发展指数

图 3-5　我国社会协调发展指数　　　　图 3-6　我国资源环境协调发展指数

2012~2015 年，区域协调发展指数出现短暂的下降趋势，这与区域一体化指数和资源环境协调发展指数密切相关。从图 3-3 来看，区域一体化指数呈现波动下降的趋势，这是由于地区之间存在竞争行为，地方保护主义盛行。为了保护本地企业，各地政府实施区域市场封锁，提高外地企业进入本地的门槛，进而导致国内市场分割程度加深，这在一定程度上阻碍了区域的一体化，进而影响区域经济发展差距（李朝鲜，2020）。从资源环境协调发展指数（见图 3-6）来看，长期以来，由于各省份主要重视经济的增长，以牺牲环境为代价发展经济，导致能源的不断消耗和"三废"排放量的上升，环境保护政策的实施效果并不显著，环境压力依然没有得到有效缓解（杨清等，2019）。

2015~2020 年，我国区域协调发展指数逐年上升，这表明区域协调发展战略取得显著成效，随着区域均衡发展的不断深化，国家政策发挥了至关重要的作用，特别是中央财政转移支付和税收优惠政策、国家经济布局和产业政策、对口支援和帮扶协作政策等，使得区域之间比较优势更加明确，区域分工合作的深度和广度进一步加强，城乡发展差距在逐渐缩小，基本公共服务均等化取得长足进步，社会协调发展水平得到进一步提高，绿色低碳发展成效开始凸显。

综上所述，我国区域协调发展已经取得了丰硕的阶段性效果，但同时也发现我国区域发展的不平衡和不充分并未得到完全解决，仍然存在区域一体化程度较低，各地区没有建立整体性和常态化的开放交流与合作的分工模式，城乡收入差距扩大等问题。基于此，在未来一个阶段，地区统筹协调发展必须坚持以战略目标为主要导向，通过不断推进体制机制变革，发挥城乡、社会和资源环境协调发展的作用来着力破解制约区域协调发展的难题。同时推进区域间全方位、多元化的深化改革发展，进一步增强协调发展机制的长效性，提高区域经济发展水平，同时推动地区间的协同互补，提高区域经济布局的一体化。此外，扩大基本公共服务的普及程度，让城市带动农村的发展，进而为全体人民实现共同富裕、建设社会主义现代化国家创造良好条件。接下来本部分将通过我国区域协调发展指标体系的二级指数来具体分析影响中国区域协调发展水平的深层原因。

（二）我国区域经济发展差距指数评价及分析

对区域经济发展差距指标进行综合评价，评价结果如图 3-2 所示。区域经济发展差距指数经过先下降后上升再下降的波动发展过程，这说明近年来我国区域协调发展战略的实施取得了较为显著的成效，但整体上各区域的经济发展水平仍不稳定。为了更加全面理解我国区域经济发展差距指数的变化情况，接下来本书具体分析影响区域经济发展差距波动的背后成因，尤其是重点讨论区域经济发展差距在 2015~2018 年出现上升的原因。

在 2012~2014 年和 2018~2020 年这两个阶段，区域经济发展差距逐渐缩小，指标具有稳中向好的特点。然而在 2015~2018 年，区域经济发展差距指数出现短暂上升趋势，区域经济差距扩大的原因在于人均地区生产水平差距、固定资产投资差距和非农产业劳动生产率的差距增大。具体而言，从人均地区生产总值差距指数来看（见图 3-7），我国人均 GDP 差距在 2015~2018 年出现短暂的上升趋势，而各区域内部的分化是导致其扩大的一个重要原因。在面临全球经济增速放缓和国内经济转型的情况下，我国投资大幅度呈现减速的趋势。我国北方是以重化工为主导的经济结构，其发展过度依赖投资并且缺乏转型韧性。在面临投资不足的困境时，北方经济增长速度会急剧下降且难以恢复，南北区域经济增速的差距逐渐拉大，区域内部出现经济分化现象，我国区域差距也因此逐渐缓慢扩大（张红梅等，2019）。从固定资产投资差距来看（见图 3-8），我国固定资产投资差距在不断扩大。不同地区间固定资产投资的差异是导致区域经济发展差距扩大的主要原因之一（王小鲁和樊纲，2004；熊凯军，2022）。其中，显著的地区内部差异与地区间重叠现象是造成区域间固定资产投资额总体差距的重要原因，因此，应深化要素市场改革，完善市场经济体制，构建区域协调合作体系，明晰产权，明确分工，消除资源配置扭曲，通过促进要素的自由流动，进一步优化资源配置来加强区域协作，全面提升地区内部经济社会发展水平（吕承超和崔悦，2022）。从图 3-9 来看，非农产业劳动生产率差距指数在 2016 年后出现上升趋势，这说明随着城镇化的不断推进，农业劳动生产率并没有完全向非农业劳动生产率转移。这可能与乡村振兴等战略有关，新农村的建设和农业基础设施的不断投入促进了农业劳动生产率的提高。如图 3-10 所示，创新投入差距指数在整体上呈现下降的趋势，大约下降 97%，这说明各地区重视科技能力水平的提高，随着科研创新的支持投入力度不断提升和溢出效应，区域之间经济发展差距不断缩小。从图 3-11 可以看出，财政收入和财政支出差距在 2014~2016 年呈上升趋势，这也是我国区域经济发展差距上升的主要原因之一。财政收支扩大会通过收入分配不均、支出能力差异、政府投资偏向等多方面因素加剧区域经济发展差距，使发达地区获得更多发展资源和机会，而欠发达地区则面临更加严峻的发展困境。

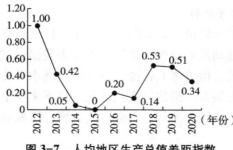

图 3-7　人均地区生产总值差距指数

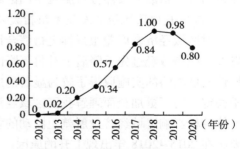

图 3-8　固定资产投资差距指数

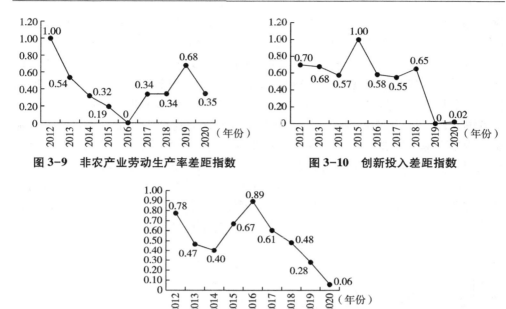

图 3-9　非农产业劳动生产率差距指数　　　图 3-10　创新投入差距指数

图 3-11　财政收入和财政支出差距指数

　　综上所述，其余阶段区域经济发展差距呈现逐年缩小趋势，虽然出现某段时间差距扩大的趋势，但并没有影响区域经济发展差距总体水平稳中求进的缩小势头。中国的区域经济发展也正朝着高质量、可持续的方向协调发展。

　　（三）我国区域一体化指数评价及分析

　　自党的十八大以来，区域一体化是推动区域协调发展的重要战略目标，随着区域一体化进程的不断推进，经济圈内交通基础设施的互联互通，大城市带动中小城市发展的示范效应等越来越凸显。为进一步深入探究影响区域一体化进程的主要原因，本部分对区域一体化指标进行综合评价，评价结果如图 3-3 所示。区域一体化指数在 2013~2020 年呈现波动上升的趋势，这表明自党的十八大以来区域间合作不断加强，区域分工局面也逐渐形成，进而加快区域一体化进程。需要注意的是，由于对指标进行标准化计算，因此各二级指标有 0 和 1 值。从构成区域一体化指数的五个二级指标来看，市场一体化指数和客运量指数（人口流动）是阻碍区域一体化的主要因素，进而导致区域一体化指数呈现波动的趋势。具体来看，如图 3-12 和图 3-13 所示，市场一体化指数呈现波动下降趋势，而客运量指数是逐年下降。这说明近年来受国内外环境的影响，各地面临较大的发展压力。地区间存在一定程度的地方保护等行为，当经济增速放缓的时候，区域之间市场分割程度加重，各地区优先发展并扶持当地企业，导致市场一体化指数缓慢下降，而人口流动下降的原因，可能是由于中国经济进入了一个新的发展阶段，经济从高速增长转向中高速、高质量增长，对劳动者综合能力与素质的要求越来越高，这就造成一部分人口不适应目前的经济增长方式，很多工作与人口匹配程度较低（姚鹏和叶振宇，2019）。就区域贸易流指数而言，如图 3-14 所示区域间贸易流呈上升趋势，这与中国区域和省际贸易成本下降密切相关（盛斌和毛其淋，2011）。随着共建"一带一路"倡议和区域协调发展战略的推进，物流交通成本下降。发展区域间贸易可以促进不同地区、不同部门之间的相互合作，促进统一市场的形成（陈朴等，2021）。此外，从图 3-15 可以看出，当前区域交通一体化指数取得了一定成效，在我国高速公路网络和高铁公路网络的日益发达、综合交通运输体系逐步完善、加快协同发展、强调区域设施互联互通的前提保障下，必将为未来区域一体化水平均衡发展打下坚实的基础。

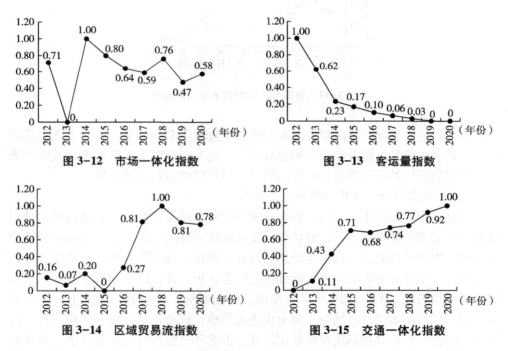

图 3-12　市场一体化指数

图 3-13　客运量指数

图 3-14　区域贸易流指数

图 3-15　交通一体化指数

综上所述，我国经济区域一体化的建设还有很长的一段路要走，市场一体化的波动幅度仍然较大，因此，各区域应利用自身的优势与其他地区形成长期有效的全面互利合作，形成健全完善的区域一体化合理结构布局。同时立足于我国基本国情，深刻剖析当前阶段存在的问题，探索一条适宜的区域一体化发展之路，促进我国经济良性发展。

（四）我国区域城乡协调发展指数评价及分析

缩小城乡发展差距和提高人民生活水平是促进城乡融合发展的目标（邹一南和赵俊豪，2017；张爱婷等，2022）。为了更好地了解我国区域城乡协调发展指数的变化趋势，对城乡协调发展指标进行综合评价，评价结果如图3-4所示。中国城乡协调发展指数呈现稳步上升趋势，这与城乡融合发展政策、乡村振兴战略和新型城镇化战略密切相关，说明国家对乡村和欠发达地区投入力度的加大也在一定程度上促进了区域城乡协调度的提升。党的十九大报告强调，推进新型城镇化，实施乡村振兴"双轮驱动"战略，是促进城乡协调发展的重要举措，体现了城乡协调发展对促进共同繁荣的重要性，而城乡收入差距、城镇化水平、城乡卫生水平差距和城乡基础设施差距是推动城乡协调发展的关键因素。

具体来看，"十三五"是各地区基础设施通达性快速推进的时期，城乡间收入差距指数呈现逐年缩小的趋势如图3-16所示，这说明我国收入分配格局出现向好的势头，这与新型城乡关系的建立和城镇化水平的提高密切相关。城镇化的建设推动大量农村人口流入城市，促进转移的农民劳动力的市民化进程，进而共享城市改革的成果（马强和王军，2018）。从图3-17可以看出，城镇化水平指数出现持续上升的态势。2012年我国城镇化率为53%，到2020年上升为64%，上升幅度明显。城镇化不仅为农村剩余劳动人口提供就业机会，改善产业结构，而且还可以推进农业现代化进程，进一步缩小了城乡发展差距。因此，各地区尤其是欠发达地区需要加快各地区城镇化的建设，充分发挥其作用和功能，确保农民转移劳动力能够享受市民化权益。据图3-18显示，城乡卫生水平差距指数在2012~2017年相对比较平稳，2018年之后差距迅速拉大，这说明欠发达地区及乡村很难吸引到更多的执业医师等，因而导致城乡卫生的服务质量存在很大的差别（魏后凯等，2020）。图3-19中的城乡基础设施差距指数呈现大幅下降的趋势，说明乡村地区的基础设施通达程度日趋均衡，其基础设施水平逐步得到提高和完善。此外，虽然城乡教育差距呈现波动变化的趋势（见图3-20），但其对于城乡协调发展水平指数没有显著影响。这是由于近年来由于城乡收入差距缩小、政府对农村基础设施建设和医疗卫生投入的增加对城乡协调发展水平贡献程度更大。为进一步缩小城乡发展差距，不仅要促进农村人口移民和对外就业，还应把农村基础公共服务建设放在首要位置，继续加大乡村振兴战略力度，尤其是完善城乡统一的医疗卫生制度和共同发展服务体系，进一步提高农村卫生水平。此外，以城带乡，完善城乡社会服务保障体系，推动新型信息化、城镇化与农村现代化同步发展，保证城乡居民都能得到公共服务均等化的基本服务，从而达到城乡基本公共服务的普遍性。

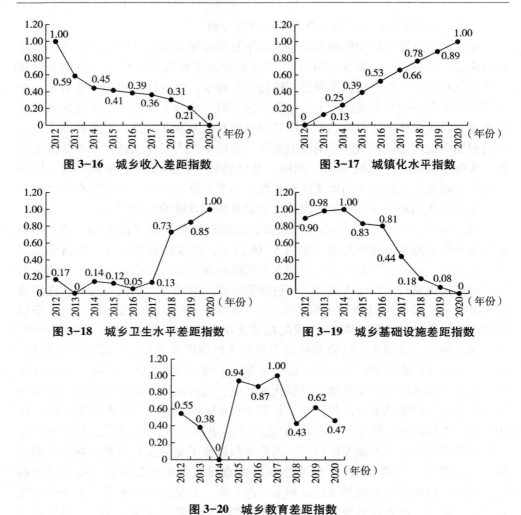

图 3-16　城乡收入差距指数

图 3-17　城镇化水平指数

图 3-18　城乡卫生水平差距指数

图 3-19　城乡基础设施差距指数

图 3-20　城乡教育差距指数

（五）我国社会协调发展指数评价及分析

对社会协调发展指标进行综合评价，我国社会协调发展指数呈现出稳步上升的趋势如图 3-5 所示，社会协调发展指数上升幅度较大，2020 年的社会协调发展指数远高于 2012 年，说明社会协调发展是促进区域协调发展的关键力量之一。社会协调发展水平的提高取决于各地区对区域战略统筹机制和规划等的深入推进，自党的十八大以来，中央政府高度重视社会均衡发展，为缩小社会发展差距，各级政府加大力度对教育、医疗进行投资。同时增加优质社会服务供给，扩大配置范围，不断保障和改善民生，进一步推动共同富裕的建设，让人民在社会协调发展中能够获得更多的幸福感和安全感。

社会协调发展是由教育水平、就业机会、医疗水平和社会保障这四个二级指标构成的。具体而言，从图3-21至图3-24可以看出，医疗水平和社会保障是拉动社会协调发展水平上升的主要因素。每万人拥有的卫生技术人员数从2012年的51.2人增长到2020年的78.1人，每万人拥有的医疗机构床位数从2012年的43.0张增长到2020年的65.1张，医疗卫生在提高人民生活质量、促进劳动力再生产中具备不可磨灭的作用，因此，要高度重视医疗卫生服务与经济社会的协调发展，促进医疗质量和经济效益有机结合。然而就业机会同样呈现出了一定范围的波动，这在很大程度上受国内外经济环境变化的影响，一些企业尤其是民营企业受到很大的冲击，经营效益出现严重下降，进而导致就业出现波动。在社会保障方面，中国社会保障体系建设水平日趋完善，城乡基本养老保险覆盖面稳固提升，极大增强了人民群众的认同感，也增强了社会协调发展的后劲。从教育水平指数看，教育水平虽然在2013~2015年出现了波动，但总体上逐步提高。随着中国高等教育的不断普及，普通高中师生比明显上升，各地区接受高等教育的资源投入差距明显缩小，但由于区域间公共财政教育支出的不平衡，导致了教育水平的波动变化。

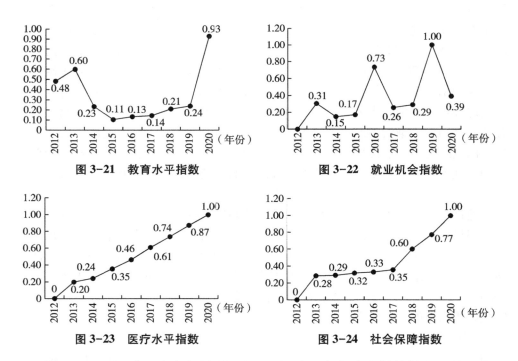

图3-21 教育水平指数   图3-22 就业机会指数

图3-23 医疗水平指数   图3-24 社会保障指数

综上所述，区域间社会发展差距在逐渐缩小，但仍存在结构性失业和教育基础设施投入不足等问题。因此，政府应该培育和发展当地特色产业，拓宽就业渠道，健全就业保障机制。对中小民营企业给予更多的优惠政策，鼓励更多人才积极创业，进而带动就业。此外，增加教育财政的支出，推进产教融合和教育资源配置均衡，进而在新发展阶段为各地区提供更多的高层次人才。

（六）我国区域资源环境协调发展指数评价及分析

对资源环境协调发展指标进行综合评价，评价结果如图 3-6 所示。中国区域资源环境协调发展指数呈现稳步上升的态势，说明近年来环境质量明显好转，这归因于中央和地方政府对环境质量的重视。随着环境治理力度的提高和经济发展理念的转变，我国逐渐形成共享共治的环境体系。党的十九大报告①体现了我国对建设美丽中国的强烈决心，为实现生态文明和经济协调发展作出重大部署。

近年来，我国生态文明建设已取得了很大突破，各领域的生态环境协同保障和综合整治作用也开始凸显。具体而言，从图 3-25 可以看出，虽然能源消耗指数呈现上升趋势，并且 2017～2020 年出现飞速上升态势，但是实际上数据的差距并不大。具体来看，2017 年单位能源消耗量为 0.74 吨/万元，2020 年单位能源消耗量上升为 0.78 吨/万元，虽然单位能源消耗量逐年增加的幅度不大，佢整体上我国经济发展对能源等资源的依赖程度并未得到根本性改观。长期以来，我国经济增长严重依赖于巨大的能源供应和能源消费。尤其是在 2017～2020 年，由于新冠疫情的出现，我国经济面临下行的压力，经济发展对能源的依赖也随之增加（李繁荣，2020）。因而，过度依赖能源消耗来发展经济的现状亟待扭转和解决。从图 3-26 可以看出，在中央和各地的合力治理的推动下，二氧化硫排放指数呈现明显下降态势。从污染治理指数看（见图 3-27），污染治理的有效实施对资源环境协调发展水平的影响不容忽视，虽然出现了一定的波动，但治理效果显著，从构成污染治理的三个三级指标来看，近年来 $PM_{2.5}$ 排放逐渐降低，工业废水的处理能力呈上升趋势，环境质量得到一定程度的改善；然而，环境治理投资额表现不足，成为影响污染治理成效波动的关键因素，因此我国应加大对环境治理投资的扶持力度。从图 3-28 可以看出，资源利用指数逐年下降，这与工业增加值逐年减少有关。说明粗放低效的土地利用效率导致资源利用效率下降。从生态建设指数来看，在区域协调新发展阶段，我国在生态建设上取得了长足的发展，并始终处于稳固提升态势（见图 3-29）。2012～2020 年，人均城市绿地面积与森林覆盖率上升幅度较大，人均城市绿地面积提高 30.4%，森林覆盖率提高了 16.6%。这说明各地方政府以森林和绿化生态治理为抓手，积极引导和促进各项绿化政策措施的科学落实。

---

① 党的十九大报告指出，践行绿水青山就是金山银山的理念，贯彻山水林田湖草是生命共同体的思想，积极推动生态环境多元化共治模式，形成绿色低碳的生产生活方式，共同打造绿色发展底色，探索经济发展和生态环境保护优势互补、相得益彰的崭新时代。

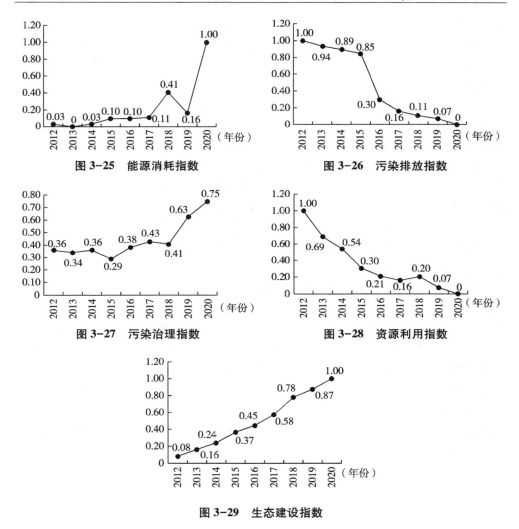

图 3-25　能源消耗指数

图 3-26　污染排放指数

图 3-27　污染治理指数

图 3-28　资源利用指数

图 3-29　生态建设指数

　　综上所述，我国生态环境得到很大的改善，这归因于各项区域协调发展和环境治理政策得到很好的贯彻落实，但现阶段仍存在能源消耗量大、资源利用效率低下等问题。因此，应该转变原有粗放的经济发展模式，大力发展绿色可循环经济，推动各地区调整产业结构并加强引导企业进行技术创新以提高资源利用率。此外，继续加大对生态环境的保护力度，健全并完善资源节约和环境保护的政策和法律。

三、小结

　　进入新时代，我国区域协调发展迈向更高质量、公平和效率的方向和水平。

在可持续发展背景下，一系列的区域协调发展政策推动区域实现经济—社会—生态效益最大化，进一步缩小地区差距。具体而言，从五大理念层指标来看：首先，区域经济发展差距逐渐缩小，区域一体化水平呈现稳步上升趋势，这与行政壁垒被逐渐打破，各地区实现优势互补和互利共赢密切相关。其次，城乡协调发展指数、社会协调发展指数呈现上升趋势，这说明区域协调发展需要坚持"以人为本"，通过共同富裕、乡村振兴战略和新型城镇化战略实现城乡均衡协调发展新格局。此外，完善基本公共服务均等化也是促进区域社会协调发展的重要机制。最后，资源环境协调发展水平上升态势明显，这体现了生态环境保护优先成为政府、企业和公众的既有认知。政府积极贯彻落实各项生态文明建设战略，进而推动"美丽中国"的建设。虽然在区域协调发展战略的不断推进下，我国取得一定成果，但现在构建的区域协调发展新格局仍面临许多挑战。

综上所述，本章认为加快构建区域协调发展的新格局需要注意三个方面的问题：第一，区域差距的治理需要经历漫长的过程，我国正处于转型发展的关键时期，行政壁垒、地方保护仍是阻碍区域协调发展进程的主要因素，以市场和区域一体化为核心是加速要素自由流动和资源优化配置的关键条件（李兰冰，2020）。第二，加强"一带一路"建设，通过促进国内外双循环来推动区域协调发展。此外，针对不同地区实施差异化的区域政策，加快城市群和都市圈的建立，进而推动区域在水陆空方面实现一体化发展网络（孙久文和张皓，2021；廖祖君和侯宏凯，2021）。第三，城乡发展仍然存在较大差距，因此需要加强对欠发达地区、农村和重点群体的基本公共服务投入，同时积极推进城市基本公共服务普及和资源共享，以进一步改善民众生活水平和服务质量，并完善城乡人才队伍的建设，从而实现共同富裕（孔祥智和谢东东，2022）。

第四章　区域协调发展总体战略成效

我国区域发展总体战略把西部大开发战略放在优先位置，提升西部地区经济发展水平；推动东北地区振兴发展，同时促进中部地区崛起，提升中部地区在区域发展格局中的战略地位；支持东部地区在产业转型、体制创新、一体化发展等方面率先突破，更好地辐射带动其他地区的发展。自党的十八大以来，各地发挥比较优势，走合理分工、优化发展的路子，构建高质量发展的新动力源，在发展中促进相对平衡。区域总体战略成效显著，东部地区经济转型升级加快、中部地区呈现崛起态势、西南地区成为中国经济增长的新高地、东北地区经济增速出现恢复性回升，已形成"西部开发、东北振兴、中部崛起、东部率先"的"四大板块"格局，区域协调发展不断迈出新步伐。基于此，本章在梳理各区域内部协调发展战略历程的基础上，采用区域经济学的分析方法，具体分析各个板块的区域协调发展情况和战略实施效果，指出各板块发展的优势与不足，为新时代构建区域协调发展新格局提供现实参考。

第一节　优先推进西部大开发

西部地区①发展基础薄弱、生态环境恶劣，是推进我国区域协调发展进程的重点和难点。自中华人民共和国成立之初，我国为了促进西部地区发展实施了一系列政策，为西部地区发展奠定了基础。1999年，我国正式提出了西部大开发战略，在党中央的正确领导下，西部地区社会经济发展取得了重大历史成果，为实现我国区域协调发展打牢根基。但是，西部地区发展不平衡、不充分的问题依旧严峻，东西部地区发展差距仍然存在。因此，深入探究西部大开发历程，分析

---

① 西部地区包括重庆市、四川省、贵州省、云南省、广西壮族自治区、陕西省、甘肃省、青海省、宁夏回族自治区、新疆维吾尔自治区、内蒙古自治区。

西部地区区域协调发展进程变化及内在影响因素，对于促进西部地区区域协调发展，缩小西部地区区域间发展差距，从而提高西部地区发展水平、推动我国区域协调发展进程具有重要的理论与实践意义。

一、西部大开发历程梳理及问题提出

（一）第一阶段：1949～1999 年

1949～1999 年，我国为解决东西部经济社会发展不协调的问题，通过实施第一个五年计划，初步改变了西部地区没有工业的历史局面。20 世纪 60～70 年代，我国实行"三线建设"，在西部建立起了一批工业基地，并初步形成了铁路交通网络，带动了攀枝花、十堰、六盘水等一批城市的崛起。这一阶段的西部开发政策，对于西部地区的产业发展具有一定推动作用，但总体上缺乏连续性，且以计划体制下的投资转移为主（杨旭等，2022），政策实施力度小，并没有从根本上改变西部地区薄弱的发展基础。

（二）第二阶段：2000～2009 年

改革开放后，东部地区依靠发展基础、地理优势以及国家支持政策，实现了经济高速发展，东西部地区差距越来越大。为缩小东西部地区发展差距，促进区域协调发展，实现人民共同富裕目标。1999 年，在西北五省区国有企业改革和发展座谈会上，江泽民同志提出要把西部地区发展作为党和国家的一项重大战略任务。2000 年 1 月，党中央、国务院批准了西部大开发战略设想，同时成立西部地区开发领导小组，由此，西部大开发正式拉开序幕①。2000 年 10 月通过的《中共中央关于制定国民经济和社会发展第十个五年计划的建议》（以下简称《建议》）中强调，要加强西部地区基础设施以及生态建设；《建议》中还指出要推进西部地区产业结构调整，发展西部地区特色产业，为西部地区发展打好经济基础。随后，又相继发布《"十五"西部开发总体规划》《国务院关于进一步推进西部大开发的若干意见》等一系列政策文件，对西部大开发战略的总体布局、战略任务以及目的进行了详细阐释（杨旭等，2022）。

这一阶段，西部地区基础设施建设、生态环境建设取得显著成效，西部地区相对落后的社会经济发展状况有所改善，但东西部地区发展水平差距仍逐渐扩大，基础设施落后，生态环境脆弱以及产业结构单一等制约西部地区发展的问题依然没有得到根本解决。

（三）2010 年至今

这一时期，世界经济格局发生深刻变化，西部地区发展面临新的机遇与挑

---

① 参见 http://news.cctv.com/lm/792/41/56663.html。

战，其进入加速发展阶段。2010年发布的《中共中央　国务院关于深入实施西部大开发战略的若干意见》中强调：一是要大力发展西部地区特色产业，改善西部地区发展环境；二是要改变依靠单一产业的发展模式，提高科技创新水平；三是保障和改善人民生活水平；四是对不同发展水平的地区因地制宜地规划发展路线，同时加大对贫困地区的扶持力度（杨庆育，2016）。2013年，共建"一带一路"倡议的提出，使得西部地区加强了与各地区间的协作。2019年印发《西部陆海新通道总体规划》、2021年印发《"十四五"推进西部陆海新通道高质量建设实施方案》，均强调要加强西部地区交通基础设施建设，充分发挥西部地区连接"一带"和"一路"的纽带作用，加强西部地区与其他地区的协作与交流，缩小西部地区同东部间的差距，这对于推进我国区域协调发展具有重要意义。

这一阶段，我国经济发展进入新时代，西部大开发战略更加注重西部地区对外开放与人民生活水平的提高，同时对于西部地区基础设施以及生态环境建设提出了更高的要求，更加强调产业转型与绿色发展。然而，东西部地区发展差距依然存在，故仍需继续推动西部地区区域协调发展进程。

综上所述，西部大开发战略切实促进了西部地区经济快速发展，但相较于东部地区，西部仍属于经济欠发达地区，具体而言：首先，西部地区产业结构较为单一，依赖于资源开发产业，技术水平较为落后，难以推进西部地区经济高质量发展；其次，科学技术、教育以及人才引进投入不足，致使西部地区区域一体化以及社会协调发展进程受到阻碍；最后，生态环境仍十分脆弱，基础设施建设仍有待加强。基于此，深入剖析西部大开发过程中的变化趋势与内在问题，对于解决阻碍西部地区区域协调发展进程中的问题，从而推进我国区域协调发展，具有十分重要的理论参考与政策借鉴意义。

二、西部地区区域协调发展成效

（一）西部地区区域协调发展指数总体评价

西部地区区域协调发展指数呈逐年平稳上升趋势，但在2017~2020年增长速率缓慢，如图4-1所示，2020年西部地区区域协调发展指数为0.58，仅比2017年增长了0.05。根据图4-4、图4-5以及图4-6可知，西部地区城乡协调发展、社会协调发展以及资源环境协调发展指数基本呈逐年上升趋势，是推动西部地区区域协调发展进程的重要因素；并且，由图4-3可知，2013~2017年西部地区区域一体化指数明显增长，2017年为0.76，较2013年增长了0.55，对西部地区区域协调发展进程起到重要的推动作用。西部地区区域一体化指数在2017~2020年下降明显，这是阻碍西部地区区域协调发展的主要原因，且西部地区经济发展差距在2017~2020年也有所扩大，导致西部区域协调发展缓慢。由图4-2可知，西部地区2020年区域经济发展差距指数较 2017 年扩大了 0.03，这主要是由于西部地区经济基础薄弱，中央对西部地区实施的一系列扶持政策并不能有效发挥作用（靳春平和廖涛，2006）。

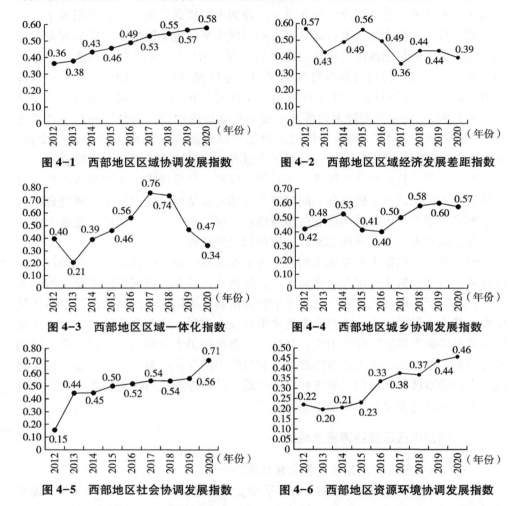

图 4-1　西部地区区域协调发展指数　　图 4-2　西部地区区域经济发展差距指数

图 4-3　西部地区区域一体化指数　　图 4-4　西部地区城乡协调发展指数

图 4-5　西部地区社会协调发展指数　　图 4-6　西部地区资源环境协调发展指数

综上所述，西部地区城乡协调发展、社会协调发展以及资源环境协调发展进程始终在平稳推进，对西部地区区域协调发展起到了积极影响，但近年来该地区经济发展差距的扩大以及区域一体化指数的回落，使其区域协调发展速率有所放缓。为深入了解西部地区区域协调发展具体的情况，本节接下来将根据一级指标、二级指标变动趋势，同时结合西部地区发展的实际情况，开展进一步分析。

（二）西部地区区域经济发展差距指数评价及分析

如图 4-2 所示，西部地区区域经济发展差距指数基本处于下降趋势，但在 2013~2015 年以及 2017~2020 年有所扩大，这两个时期分别增长了 0.07 和

0.03。由图4-7至图4-11可知，西部地区人均地区生产总值差距、非农业劳动生产率差距、财政收入和财政支出差距是促使西部地区区域经济发展差距缩小的主要原因。但在2013~2015年以及2017~2020年，西部地区非农业劳动生产率差距、财政收入和财政支出差距有扩大趋势，并且地区固定资产投资差距以及创新投入差距指数过高，使西部地区经济发展差距增大。此外，2019~2020年西部地区非农业劳动生产率差距有所扩大，这是由西部地区第二、第三产业增加值与第二、第三产业就业人员数比例下降所致。西部地区的经济增长主要靠基础设施建设投资实现，但地区间固定资产投资、研发支出所占GDP比重差距不断扩大，因而西部地区应加大对欠发达地区的扶持力度，实现区域内部经济协调发展（杨庆育，2016）。

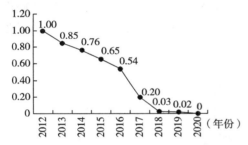

图4-7 西部地区人均地区生产总值差距指数

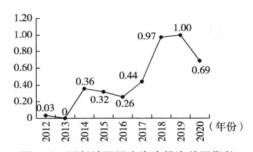

图4-8 西部地区固定资产投资差距指数

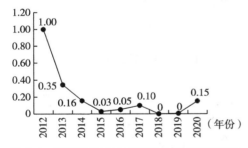

图4-9 西部地区非农业劳动生产率差距指数

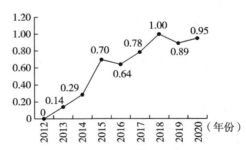

图4-10 西部地区创新投入差距指数

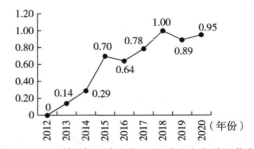

图4-11 西部地区财政收入和财政支出差距指数

（三）西部地区区域一体化指数评价及分析

如图4-3所示，2012~2013年西部地区区域一体化指数从0.40下降至0.21，而2013~2017年西部地区区域一体化指数出现极大增长，上升至0.76，较2013年增长了261.90%，2018~2020年又呈明显下降态势，由0.74下降至0.34。西部地区市场一体化、区域贸易流以及客运量指数在2012~2013年均呈明显下降态势，使该地区区域一体化指数在2012~2013年明显下降。由图4-12至图4-15可知，2013~2014年西部地区区域一体化进程明显加快，主要是由于市场一体化以及交通一体化进程的加快。但是西部地区市场经济发展仍不成熟，尤其是2018~2020年，西部地区市场一体化以及区域贸易流指数下降明显，对西部区域一体化进程产生负面影响。西部地区交通一体化指数在2012~2020年呈显著上升趋势，这主要得益于西部大开发战略极大程度上推动了西部地区基础设施建设，使得西部地区高速公路路网密度以及铁路路网密度逐年增加，推动了西部地区交通一体化的进程。

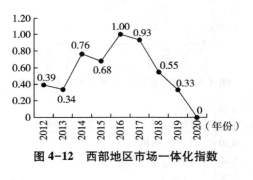

图4-12 西部地区市场一体化指数

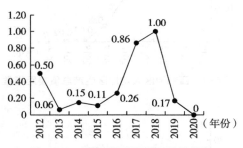

图4-13 西部地区区域贸易流指数

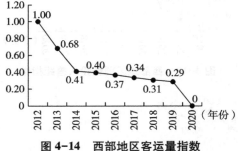

图4-14 西部地区客运量指数

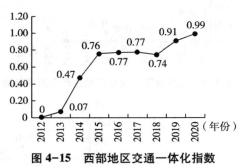

图4-15 西部地区交通一体化指数

根据上述分析，影响西部地区区域一体化进程的主要因素在于西部地区市场一体化程度以及区域贸易流的变化情况，尽管交通一体化进程对于西部地区区域一体化具有一定的推动作用，但效果并不明显，这说明推动西部地区市场经济发展不仅仅依靠基础设施投资，而且也需要良好的市场经营环境。

（四）西部地区城乡协调发展指数评价及分析

西部地区城乡协调发展指数在 2012~2020 年变化并不明显，总体呈平稳上升态势，但 2014~2016 年西部地区城乡协调发展指数有所下降（见图 4-4）。根据图 4-16 至图 4-20，2014~2016 年，西部地区城乡收入差距以及基础设施差距指数下降幅度较小，而城镇化水平、城乡卫生水平差距以及教育水平差距指数却呈上升趋势，尤其是城乡教育水平差距指数显著扩大。在西部大开发战略实施进程中，政府更重视基础设施建设，对于缩小城乡基础设施差距、收入差距以及推进城镇化进程具有显著作用。对于教育科技以及医疗卫生投入等软环境建设，却有所忽视，并且西部地区教育科技以及卫生财政支出具有城镇偏向性（王艺明和蔡翔，2010），从而导致西部地区城乡卫生水平差距以及城乡教育水平差距逐年扩大。

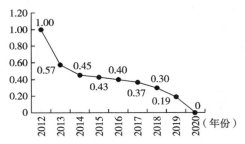

图 4-16　西部地区城乡收入差距指数

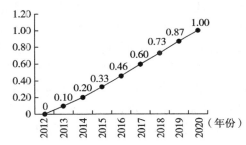

图 4-17　西部地区城镇化水平指数

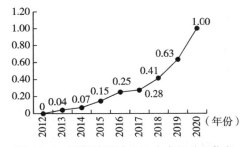

图 4-18　西部地区城乡卫生水平差距指数

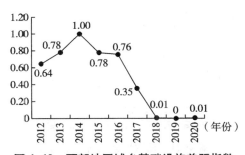

图 4-19　西部地区城乡基础设施差距指数

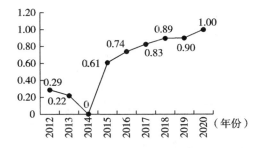

图 4-20　西部地区城乡教育水平差距指数

西部大开发战略的实施，使西部地区城镇化水平不断提高、农村人均可支配收入逐年上升以及城乡基础设施建设差距逐年下降，有效推进着西部地区城乡协调发展进程，却忽视了西部地区软环境建设，尤其是农村地区教育以及医疗建设。因此，加快西部地区农村教育以及医疗卫生财政投入，缩小其与城市间的差距，是促进西部地区城乡协调发展，进而实现区域协调发展的重要一环。

（五）西部地区社会协调发展指数评价及分析

由图4－5可知，西部地区社会协调发展指数（基本公共服务均等化指数）呈逐年上升趋势。2012～2013年以及2019～2020年增长明显，2013年西部地区社会协调发展指数为0.44，较2012年增长了0.29，2020年为0.71，较2019年增长了0.15，但2013～2019年增长幅度较小。就业水平、医疗水平、教育水平以及社会保障是影响社会协调发展进程的重要因素，如图4－21至图4－24所示，2012～2013年、2019～2020年西部地区就业水平、社会保障以及教育水平指数显著上升，说明西部地区公共服务均等化进程取得一定成效。西部地区教育总体水平仍然较低，并且在2013～2019年始终呈下降态势，这说明西部地区还需继续推进公共服务均等化进程。同时如前文所述，西部大开发主要依靠基础设施建设来推进西部地区经济发展，而西部地区的教育、科技等软环境建设并没有得到显著发展，这在很大程度上阻碍着西部地区社会协调发展进程。

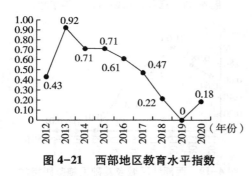

图4－21　西部地区教育水平指数

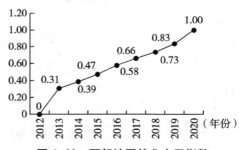

图4－22　西部地区就业水平指数

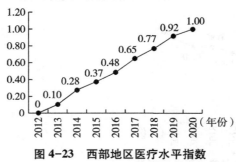

图4－23　西部地区医疗水平指数

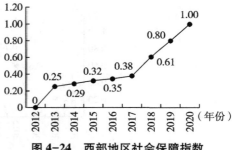

图4－24　西部地区社会保障指数

西部地区就业水平、医疗水平以及社会保障的提高在很大程度上推进着西部地区社会协调发展进程，但西部地区教育水平并没有因西部大开发战略的实施而得到显著改善，西部地区教育水平仍呈逐年下降态势，因而西部地区仍需推动教育水平的提升，进而实现公共服务均等化。

　　（六）西部地区资源环境协调发展指数评价及分析

　　如图 4-6 所示，西部地区资源环境协调发展指数总体上呈逐年增加趋势，2012~2013 年以及 2017~2018 年有所下降，但下降幅度极其微小。污染治理水平的提升以及生态环境建设的加强是推进西部地区资源环境协调发展的重要原因，改善生态环境是西部大开发需要解决的一项重大课题，通过实施退耕还林还草、封山绿化等措施，起到了保护西部地区生态环境的作用（肖金成等，2018），如图 4-26、图 4-27 以及图 4-29 所示，西部地区污染排放量逐年下降，污染治理、生态环境建设指数整体呈逐年上升态势。但西部地区能源消耗量却逐年上升，资源利用效率下降明显，由图 4-25 可知，2017~2018 年西部地区能源消耗指数出现大幅度上升，这可能是由于西部地区以能源开发产业以及相关产业为主，且从事能源产业的人员多为低水平劳动者（邵帅和齐中英，2008），其对于能源产业技术进步、资源利用效率水平提高作用并不显著。因此，随着西部地区能源产业规模的扩大，西部地区资源利用效率明显下降（见图 4-28），能源消耗量逐年上升。

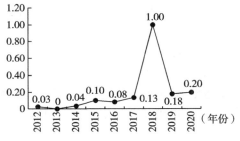

图 4-25　西部地区能源消耗指数

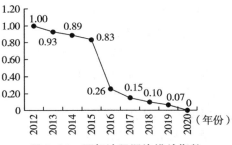

图 4-26　西部地区污染排放指数

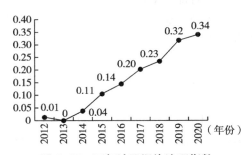

图 4-27　西部地区污染治理指数

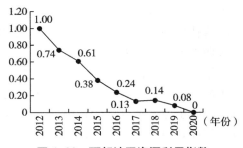

图 4-28　西部地区资源利用指数

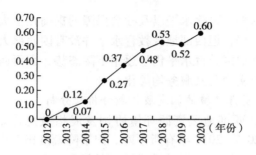

图 4-29　西部地区生态建设指数

综上所述，西部大开发战略对于西部地区生态环境建设极为重视，显著推进了西部地区资源环境协调发展进程，但西部地区资源利用效率不高，能源消耗量过大，这是该地区科学技术水平有待提升落后所致，说明政府应继续加大对西部地区的研发支出投资，通过提高绿色创新水平来提高资源利用效率和降低环境的污染排放，进而为推进西部地区区域协调发展贡献力量。

三、小结

总体而言，西部大开发战略在很大程度上促进了西部地区协调发展，缩小了西部地区经济发展差距，对于西部地区区域一体化、城乡协调发展、社会协调发展以及资源环境协调发展起到了显著推动作用，但西部地区经济基础薄弱、市场经济发展不成熟以及软环境建设欠缺等问题仍然存在，致使西部地区区域协调发展进程受到一定阻碍。基于此，本节提出以下三点建议：

第一，继续加强西部地区基础设施建设，推进现代基础设施一体化进程。应采取"分类"推进思路，充分考虑西部欠发达地区的需求，同时发挥较发达地区的引领带动作用。此外，加强对西部地区的信息化建设，利用现代信息技术来弥补区位劣势（魏后凯等，2020）。

第二，加强西部地区农村基础设施建设，同时加大对西部农村人力资本的投入力度。充分发挥政府的宏观调控职能，对于经济发展薄弱的地区，给予更大力度的帮扶措施，避免因人才、资金、技术等要素过于集中在经济较为发达地区而造成西部地区经济差距扩大。

第三，淘汰落后产业，提高资源利用效率，减少能源消耗。西部地区发展依赖于能源开发以及相关产业，造成能源浪费、人力资本挤出以及环境污染等问题，阻碍了西部地区资源环境协调发展进程。因此，应淘汰落后产业，使资金、技术等要素向更为先进、利润更高的产业流动，同时大力引进科学技术，替换传统、高污染技术。

第二节 全面振兴东北地区

全面振兴东北地区①既是推动中国工业现代化转型的战略重心，又是东北地区自身发展和民生改善的要求，也是促进区域协调发展，实现中华民族伟大复兴中国梦的重要一环。自党的十八大以来，党中央、国务院意识到东北地区经济社会发展形势依然紧迫，针对东北地区经济发展现状，提出了新一轮东北振兴战略。这是对上一轮东北振兴战略的调整、改造和完善，有利于增强防范化解各类风险能力，推进区域经济实现良性互动、协调发展，开启全面建设社会主义现代化国家新征程。

一、东北地区的发展历程梳理及问题提出

自改革开放以来，东北地区的经济社会发展速度逐渐放缓，农业经济发展滞缓、工业生产举步维艰，经济转型困难。我国高度重视东北地区经济社会发展形势，希望通过一轮又一轮有效的振兴战略，解决我国东北地区在市场经济的冲击下所面临的结构性、体制性矛盾，进而助推东北地区走出发展困境，全面振兴东北地区。

我国东北振兴战略大致分为三个阶段：第一阶段为20世纪80年代至党的十六大召开前，即东北振兴战略思想萌芽阶段。在改革开放之前，东北地区将本地区的各类资源源源不断地输往全国各地。经过多年的发展，东北地区同时面临着石油等资源枯竭、工业设备破损陈旧、下岗失业人员明显增加等一系列问题。自"七五"计划开始，党中央开始对东北地区的政策进行调整和完善，并在国家第七、第八、第九个五年计划里提出关于东北发展的意见，通过国有企业改造、产业结构调整、农业产业化等手段，有力促进了东北地区经济社会发展。

第二阶段以党的十六大的召开为标志，到党的十八大为止，即东北振兴战略正式实施阶段。21世纪之初，党中央针对东北地区结构性、体制性矛盾进行了调整与改造，虽初有成效，但东北地区的经济发展情况依然不乐观。为了重振有着中华人民共和国"长子"之称的东北地区，党的十六大提出了东北地区等老工业基地振兴战略，该战略以生存为导向，重点放在解决民生保障等问题上。具体而言，国家从财税政策、重点项目、基础设施规划等方面着手，通过出台一系列政策来大力支持东北地区的调整与改造工作，从而推动东北地区经济复苏。

---

① 东北地区包括黑龙江省、吉林省、辽宁省。

党的十八大至今是振兴东北地区战略的第三阶段，即全面振兴东北地区。由于东北地区长期存在固有的体制性、结构性矛盾，加上我国经济发展进入高质量发展阶段，"三期叠加"使得东北地区经济下行压力持续增大。党的十八大以后，党中央提出了新一轮的东北振兴战略，这些战略不仅着力于转型发展问题，而且对经济发展、社会进步、生态文明建设等方面也做出了全面部署和安排。另外，新一轮东北振兴战略更加强调通过改革的手段，发挥地方和企业主体作用，并希望通过创新体制机制、推进结构调整、培育新动能等方式，为全面振兴东北地区注入强有力的驱动力，这是对上一轮东北振兴战略的革新、改造和完善，是新时代推动区域协调发展的重要力量。

总体而言，全面振兴东北地区战略的实施，在一定程度上改善了东北地区的发展态势，但东北地区的主要经济指标仍然低于全国平均水平，体制性、结构性矛盾仍是制约其加快发展的重要因素。具体而言，第一，国有企业活力不足，非公有制经济发展缓慢（陈耀，2017）；第二，由于长时间轻视轻工业和第三产业的发展，导致产业结构失衡，难以从根本上促进经济高质量发展（刘让群等，2021）；第三，东北地区一直供应着全国的石油、煤炭等资源，导致许多城市资源枯竭，陷入经济转型困境（石琳，2019）。基于此，深入挖掘全面振兴东北地区这一过程中存在的问题与成就，对推动新时代区域协调发展具有重要的理论参考和政策借鉴意义。

二、东北地区区域协调发展成效

（一）东北地区区域协调发展指数总体评价

对东北地区的区域协调发展指标进行综合评价，评价结果如图 4-30 所示。从区域协调发展指数来看，自党的十八大以来，东北地区的区域协调发展指数整体呈现出稳步上升趋势，仅在 2013 年有所回落，但回落幅度较小。由图 4-31 至图 4-35 可知，2013 年区域协调发展指数回落主要是由区域间经济发展差距增加和资源环境协调发展指数下降造成的，这是因为东北地区存在许多资源枯竭型城市，一方面其资源环境发展较差，另一方面资源枯竭城市经济转型困难，导致与其他城市间的经济发展差距逐渐增加。截至 2020 年，东北地区的资源环境协调发展指数仅为 0.41，这说明提高资源环境利用效率，缩小东北地区区域间经济发展差距，实现人与自然和谐共生，是实现东北地区区域协调发展的关键一环。通过图 4-32 至图 4-34 可以发现，加速区域一体化进程以及推进城乡、社会协调发展是实现东北地区近二十年区域协调发展指数稳定增长的重要力量。但是，我国要在新时代全面振兴东北地区，仍需关注东北地区在资源环境、区域一体化等方面存在的问题，通过思想解放、环境重塑、结构转型、体制再造，建立全面振兴的长效机制。

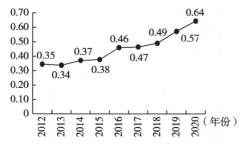

图 4-30 东北地区区域协调发展指数

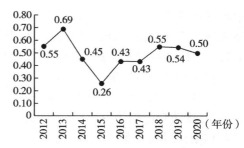

图 4-31 东北地区区域经济发展差距指数

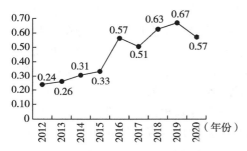

图 4-32 东北地区区域一体化指数

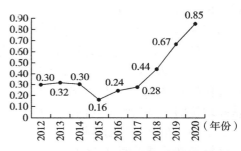

图 4-33 东北地区城乡协调发展指数

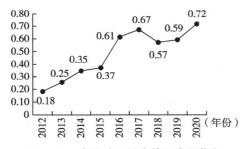

图 4-34 东北地区社会协调发展指数

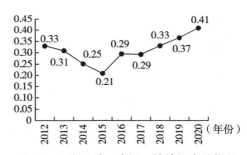

图 4-35 东北地区资源环境协调发展指数

东北地区区域协调发展指数这一总指标是由区域经济发展差距指数、区域一体化指数、城乡协调发展指数、社会协调发展指数以及资源环境协调发展指数五个一级指标通过熵权法计算所得。为深入了解东北地区区域协调发展真实具体的情况,本节接下来将根据一级指标、二级指标变动情况结合东北地区发展的实际,开展进一步分析。

(二) 东北地区区域经济发展差距指数评价及分析

2012~2020 年东北地区区域经济发展差距指数变化趋势图如图 4-31 所示。东北地区区域经济发展差距指数整体呈现出下降趋势,由图 4-36、图 4-38 和图 4-40 可知,人均地区生产总值差距、非农产业劳动生产率差距以及财政收入和财政支出差距这三个方面的缩小是实现东北地区区域经济发展差距指数下降的中坚力量。东北地区区域经济发展差距指数仅从 2012 年的 0.55 下降到 2020 年的 0.50，下降幅度较小，这说明要消除区域内部经济差距，实现全面振兴，东北地区仍有很长的一段路要走。另外，2012~2020 年，区域经济发展差距指数分别在 2012~2013 年和 2015~2018 年两个时间段出现差距升高的趋势。从图 4-37 和图 4-39 的波动变化趋势中发现，造成该指数两次反弹的主要原因是固定资产投资差距和创新投入差距的扩大。结合东北地区固定资产投资的项目和资金来源结构的实际可知，东北地区的投资高度依赖国家投资、中央项目建设以及地方政府投资，虽然这可以短期振兴东北地区经济，但也导致投资的不可持续性，进而使东北地区固定资产投资结构效应难以发挥，加大区域经济发展差距（杨东亮和赵振全，2015）。另外，东北地区有一大批高水平的重点高校和科研机构，专利产出占全社会的 50% 以上（杨荫凯和刘羽，2016），但东北地区中小企业多为大型企业提供配套服务，难以有多余资本对科研成果给予配套的研发投入。此外，处于垄断地位的大型企业，其创新投入的不足进一步导致相关成果难以在本地区产业化，加剧了东北地区创新投入的差距，而科教资源优势难以转化为生产力，增大了区域经济发展差距（李政和于凡修，2017）。

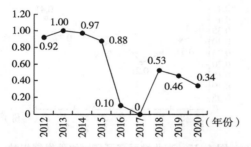

图 4-36　东北地区人均地区生产总值差距指数

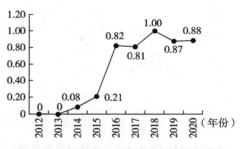

图 4-37　东北地区固定资产投资差距指数

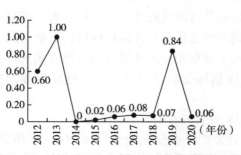

图 4-38　东北地区非农产业劳动生产率差距指数

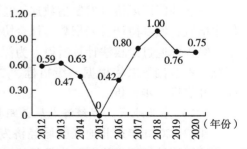

图 4-39　东北地区创新投入差距指数

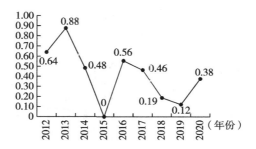

图 4-40 东北地区财政收入和财政支出差距指数

（三）东北地区区域一体化指数评价及分析

2012~2020 年东北地区区域一体化指数变化趋势如图 4-32 所示，从中可知，东北地区区域一体化指数整体呈现出增长趋势，相对于 2012 年，2020 年东北地区的区域一体化指数显著增加，这说明东北地区正朝着一体化发展，这有利于推动区域协调发展，实现东北地区的全面振兴。由图 4-41 和图 4-44 可知，东北地区的市场一体化和交通的一体化发展是实现东北地区区域一体化的重要方面。区域一体化指数仅从 2012 年的 0.24 上升到 2020 年的 0.57，上升幅度较小，这说明东北地区区域一体化程度较低，如何加速东北地区一体化发展，为实现全面振兴东北地区提供支撑与保障，是东北地区当下要面临的重要问题（沈颂东等，2020）。根据图 4-32 的变化趋势可知，区域一体化指数分别在 2016~2017 年和 2019~2020 年两个时间段出现了下降趋势。结合图 4-41 可知，区域一体化指数在 2016~2017 年出现下降趋势，主要是由于东北地区市场一体化指数下降幅度较大。市场一体化指数波动主要来源于本书对于数据的标准化处理，即为了保证各个指标层的可加性，对各个指标值进行标准化去量纲处理，这虽然增加了数据的可比性，但是其波动也会相应增大。结合图 4-42 和图 4-43 的波动变化趋势，区域贸易流和客运量的减少是东北地区在 2019~2020 年出现逆区域一体化现象

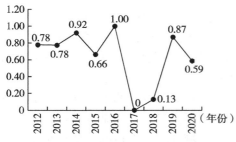

图 4-41 东北地区市场一体化指数

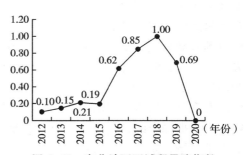

图 4-42 东北地区区域贸易流指数

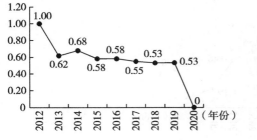

图 4-43　东北地区客运量指数

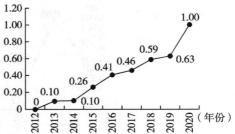

图 4-44　东北地区交通一体化指数

的主要原因。具体而言，自 2020 年初以来：一方面，无论是客运还是物流都受到了很大的影响，这直接降低了东北地区的区域贸易流和客运量（张斐然，2022）；另一方面，小微企业是最基本的、最具活力和创造力的市场主体（文丰安，2014），其存活率在 2019~2020 年两年里大幅度下降，这间接影响了东北地区的贸易流，进而影响东北地区的区域一体化（廖理等，2021）。

（四）东北地区城乡协调发展指数评价及分析

2012~2020 年东北地区城乡协调发展指数变化趋势如图 4-33 所示，该图表明东北地区城乡协调发展指数整体呈现出上升趋势。根据图 4-45 至图 4-49 的变化趋势可知，城乡收入差距、城乡基础设施差距和城乡教育差距的缩小和东北地区城镇化水平的提高，共同助力了东北地区城乡协调发展。城乡协调发展指数虽然从 2012 年的 0.30 上升到 2020 年的 0.85，上升幅度较大，但东北地区城乡之间在医疗卫生方面还存在较大的差距，这说明实现全面振兴东北地区，推进中华民族的伟大复兴，需要进一步加强东北地区城乡医疗卫生建设。图 4-33 还展示了东北地区城乡协调发展指数在 2014~2015 年出现小幅度下降趋势。从二级指标的波动变化趋势中发现，造成该指数出现小幅度下降趋势的主要原因是东北地区城乡卫生水平差距和城乡教育水平差距的上升（见图 4-47 和图 4-49）。其中，城乡卫生水平差距由城市每千人人口卫生人员与农村每千人口乡镇卫生院卫生员和乡村医生及卫生员之比表示；城乡教育水平差距由城市初中和小学生人均公共财政预算教育经费支出与农村初中和小学生人均公共财政预算教育经费支出之比表示。然而，教育经费的缺失使得农村地区的师资力量薄弱（孙文中和孙玉杰，2019）。因此，东北地区城乡卫生水平差距和城乡教育水平差距的上升说明东北地区实现城乡协调发展的短板为乡村的医疗卫生和义务教育两个方面人力资源的缺乏。根据国家统计局公布的第六、第七两次全国人口普查的结果显示，在过去的近十年里，东北三省人口净减少千万余人，县域地区是人口的主要流出地。这就意味着加快县域社会经济发展，推进县域地区城镇化，带动农村全面发展，进一步防止人口流失是推动东北地区城乡协调发展、实现东北振兴的关键（魏后凯等，2022）。

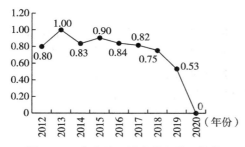

图 4-45 东北地区城乡收入差距指数

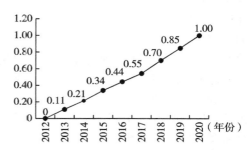

图 4-46 东北地区城镇化水平指数

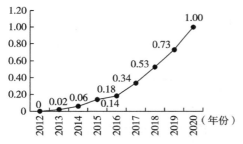

图 4-47 东北地区城乡卫生水平差距指数

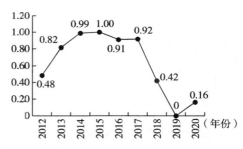

图 4-48 东北地区城乡基础设施差距指数

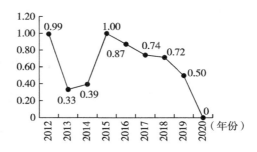

图 4-49 东北地区城乡教育差距指数

（五）东北地区社会协调发展指数评价及分析

2012~2020 年东北地区社会协调发展指数（基本公共服务均等化指数）变化趋势如图 4-34 所示。东北地区社会协调发展指数整体呈现出上升趋势，从图 4-51、图 4-52 和图 4-53 可知，东北地区为实现社会协调发展主要从增加就业机会、提升医疗水平以及增强社会保障能力三个方面发力。虽然东北地区社会协调发展指数由 2012 年的 0.18 上升至 2020 年的 0.72，有较大的涨幅，但

2016~2019 年，东北地区社会协调发展指数增长趋势较为缓慢，甚至出现下降趋势。结合图 4-50 的波动变化趋势，东北地区的教育水平大幅下降是造成社会协调发展指数在 2013~2019 年增长缓慢甚至下降的主要原因。自 2016 年之后，东北地区教育水平有大幅的下降，这与东北地区当时的社会经济发展状况具有较高的一致性。随着我国经济发展进入新常态，如何稳经济、稳增长是东北地区各级政府的一个重要目标，使东北地区在民生方面的财政资源投入力度有所降低。由于东北地区经济增速低于全国平均水平，其教育投入水平的下降幅度也很大，这成为制约东北地区社会协调发展的一大短板（刘玉萍和李裕良，2022）。另外，东北地区面临着低生育率和人才外流的"双重"问题，同样制约着东北地区社会协调发展程度（魏后凯等，2022）。

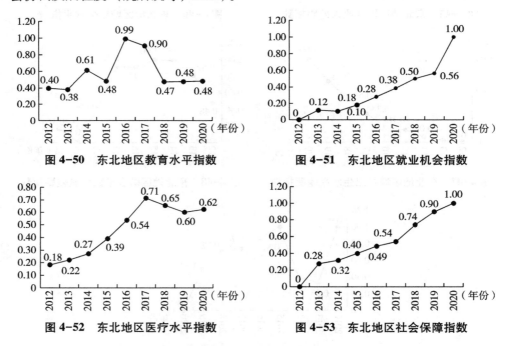

图 4-50　东北地区教育水平指数

图 4-51　东北地区就业机会指数

图 4-52　东北地区医疗水平指数

图 4-53　东北地区社会保障指数

（六）东北地区资源环境协调发展指数评价及分析

本部分主要分析 2012~2020 年东北地区资源环境协调发展指数变化趋势（见图 4-35），该指数整体呈现波动上升的趋势，并从 2012 年的 0.33 上升至 2020 年的 0.41，虽然该指数仍然较小，但依旧能看到东北地区为实现区域协调发展，创建人与自然和谐共生的美丽中国，在资源环境建设方面作出很大努力。从图 4-55、图 4-56 和图 4-58 可知，东北地区为实现资源环境协调发展，主要从控制污染排放、加大污染治理以及生态环境建设三个方面开展工作。另外，2012~2020 年，资源环境协调发展指数增长趋势在 2012~2015 年出现了下降趋势。从图4-56和图4-57的波动变化趋势中发现，导致该指数下降的主要原因是污染治理强度和资源利用效率下降。污染治理强度和资源利用效率下降说明相应产业结构的产值效率较低，产业结构调整不明显（王格等，2017）具体表现为：第一，产业结构固化、同质化；第二，过度依赖资源密集型产业（刘德权和邢玉升，2016）。这是全面振兴东北地区所面临的体制机制问题、产业结构与经济结构问题在中观层次上的一种映射（许欣，2017）。

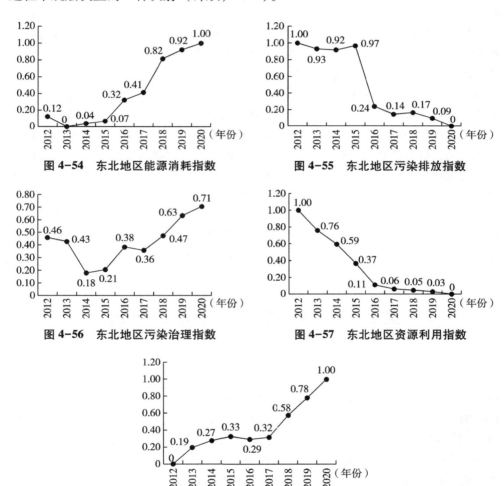

图 4-54　东北地区能源消耗指数

图 4-55　东北地区污染排放指数

图 4-56　东北地区污染治理指数

图 4-57　东北地区资源利用指数

图 4-58　东北地区生态建设指数

三、小结

自改革开放以来，党和国家高度关注东北地区的发展，并为之出台了一轮又一轮的振兴政策。本书通过梳理东北振兴战略的发展历程，探索东北振兴战略实施过程中的经验，发现规律，为高质量实现东北地区全面振兴提供理论启示与政策建议，从而有效破解"新东北现象"，全面振兴东北地区。

本节通过对东北地区区域协调发展效果进行综合评价分析发现，东北地区区域协调发展指数呈现稳定增长趋势，全面振兴东北地区战略实施效果较好。为实现全面振兴东北地区，本节提供以下几点建议：第一，加快东北地区投资管理体制改革，用好用活民营资本力量，为东北经济注入持久的市场动力。进一步深化投资管理体制改革，加快构建以市场为主导的投资内生增长机制和投资自我约束机制（朱华雄等，2021）；同时，进一步放宽民营资本的市场准入领域，积极创新金融和财政工具，推动民营资本和社会资本与东北地区全面振兴结合起来，探索投资管理体制的"东北模式"。第二，发挥好政府有形之手，合理有序引导东北地区产业结构升级。结合东北地区区域发展的实际，加强东北地区省际合作，联合制定科学合理的区域产业发展政策，有效引导资本、劳动力等要素向高精尖产业流动，推进产业结构转型升级。第三，增强民生性财政支出。适当增强民生性财政支出的规模，合理调整民生性财政支出结构，提高民生性支出效率。在缓解财政收支矛盾的同时，着力保障东北地区医疗卫生、义务教育等民生性支出需求（张冬玲等，2020）。第四，完善人才引进计划。积极设立人才引进项目，搭建多元化人才引进载体，进而为不同层次人才引进需求提供精准服务。另外，还应健全人才激励、保障机制，提升人才的幸福感和归属感。

第三节　大力促进中部地区崛起

中部崛起战略是我国区域经济协调发展战略的重要组成部分，是根据中国特色社会主义理论所确立的高瞻远瞩、统揽全局、面向未来的重大决策。自中部崛起战略实施以来，中部地区①的发展已经取得了重大成就，"三基地、一枢纽"②的地位逐渐巩固，与东部地区经济发展差距逐渐缩小，人民生活质量逐渐改善。然而，由于中部地区特殊的地理自然环境，造成了中部地区投资硬件与软件环境建设滞后，又因为发展起步较晚，导致中部地区内部的发展仍然处于不平衡不充分的状态。我国正处于全面建成社会主义现代化强国的关键时期，继续推进中部崛起战略，将有利于我国进一步推进现代化建设，扩大内需，优化国民经

---

① 中部地区包括河南省、湖北省、湖南省、安徽省、江西省、山西省。

② 全国重要粮食生产基地、能源原材料基地、现代装备制造及高技术产业基地和综合交通运输枢纽。

济结构，从而实现区域协调发展。

一、中部地区历程梳理及问题提出

促进中部地区崛起，是党中央、国务院继鼓励东部地区率先发展，实施西部大开发、振兴东北地区老工业基地等战略后，从我国现代化建设全局出发作出的又一重大决策，是落实促进区域协调发展总体战略的重大任务。

我国中部崛起计划分为三个阶段：第一阶段：2004～2006年，初步谋划阶段。自改革开放以来，中部地区虽然取得了良好的发展，但发展的速度、水平、质量与东部地区相差较远，西部地区由于西部大开发战略的实施也得以快速发展，因此出现了"中部塌陷""不东不西，不是东西"等说法。为尽快改变中部地区的现状，2004年《政府工作报告》中首次提出促进中部地区崛起，并在2005年《政府工作报告》和2006年相关会议中对中部崛起做出进一步的安排与部署，如2005年《政府工作报告》研究制定促进中部地区崛起的规划和措施，在粮食、能源、装备制造等方面作出重要部署，继续巩固"三基地、一枢纽"的地位。随后，2006年2月，国务院常务会议要求中部地区充分发挥地理位置优势和产业发展优势，转变经济发展动力。总体来看，这个阶段党中央已初步将中部地区崛起作为我国的重大战略部署。

第二阶段：2006～2009年，推动阶段。2006年4月，中共中央、国务院印发《中共中央　国务院关于促进中部地区崛起的若干意见》，规定了中部崛起的相关任务和基本目标，提出将中部地区建设成为全国重要的粮食生产基地、能源原材料基地、现代装备制造及高技术产业基地和综合交通枢纽（喻新安等，2014），这标志着中部崛起战略已基本形成。为进一步推动中部崛起，我国于2007年设立中部地区崛起工作办公室，并在2008年印发了《促进中部地区崛起工作部际联席会议制度》。此阶段中部崛起战略取得了实质性的进展，中部地区的经济实力明显增强，产业结构优化升级效果显著（喻新安等，2014），同时也标志着中部地区迈入了新的发展阶段。

第三阶段：2009年至今，持续发展阶段。上一阶段中部崛起战略已经基本形成，但仍需进一步完善，因此我国于2009年9月出台了《促进中部地区崛起规划》，2012年8月出台了《国务院关于大力实施促进中部地区崛起战略的若干意见》，2019年5月中共中央总书记习近平召开推动中部地区崛起工作座谈会，进一步对中部地区如何崛起、怎样崛起做出细致的规划与安排，其中着重推动中部地区科技创新是本次座谈会最重要的论断。在此阶段，中部崛起战略的实施成功增强了中部地区的综合实力，2005～2020年，中部地区城镇化率从36.5%提高到58%，同时解决了大量贫困人口的脱贫问题。

总体而言，中部崛起战略的实施促进了中部地区经济快速发展，但相对于全国而言，中部地区仍然处于欠发达阶段，基础差、底子薄、发展潜力弱仍旧成为制约其加快发展的重要因素。具体而言：第一，人口增速过快但收入增速较慢。中部地区是我国农村人口最密集的区域，同时中部地区发展起步较晚，普及相关知识的时间也就相对较晚，制约着农民收入的增加、农村经济的发展（侯胜鹏，2014）。第二，部分地区经济结构转型慢。中部地区地理位置特殊，高原平原交错，高原地区交通等基础设施落后，硬件设备与软件设备建设滞后，进而使得投资难度较大。部分地区由于缺乏资金，被迫继续维持落后、低效的产业运转，难以完成经济结构转型升级。第三，物流产业较弱。国家政策和企业制度的不完善、具有较强竞争力的国外物流产业的迅速进入、处于弱竞争地位的国内物流企业的闭门造车等多方因素共同制约了中部地区物流产业的发展（孙德林等，2019）。基于此，细致评价中部崛起战略过程中的成就与问题，将有利于中部地区快速融入双循环新发展格局中。

二、中部地区区域协调发展成效

（一）中部地区区域协调发展指数对比评价

区域协调发展指数是由区域经济发展差距、区域一体化、城乡协调发展、社会协调发展、资源环境协调发展五个一级指标通过熵权法计算所得。如图4-59所示，该指数从2012年的0.36上升至2020年的0.63，但其中却存在多次的回落，主要原因在于中部地区面临着开放度不足、缺乏城市群带动等问题，进而导致其发展存在不稳定的特征。随着中部崛起战略的完善和相关政策的成熟，中部地区的区域协调发展指数长期呈现出波动上升的趋势。由图4-60至图4-64可以看出，中部地区的区域协调发展指数波动是由于一级指标的波动造成的。其中，2012~2013年的回落是主要由于这个时期社会协调发展体系尚未成熟造成的；而2014~2015年的区域协调发展指数下降是因为区域一体化指数的大幅度下降和城乡协调发展指数的下降；此外，在下降阶段中，2017~2018年区域协调发展指数的下降幅度最大，主要原因在于区域一体化和社会协调发展指数的下降。综上所述，新时期我国坚持中部崛起战略应以完善发展区域一体化和社会协调发展为主要目标，通过增强城乡区域发展协同性，主动融入重大区域发展战略来缩小地区内部经济发展差距，从而更快、更好地实现中部崛起。为深入了解中部地区区域协调发展具体情况，本节接下来将根据一级指标、二级指标变动情况结合中部地区发展的实际开展进一步分析。

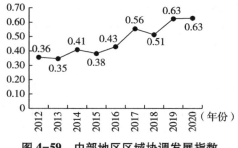

图 4-59 中部地区区域协调发展指数

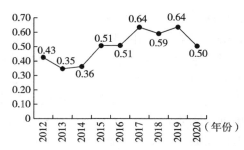

图 4-60 中部地区区域经济发展差距指数

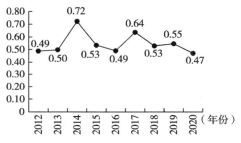

图 4-61 中部地区区域一体化指数

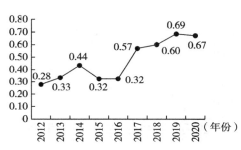

图 4-62 中部地区城乡协调发展指数

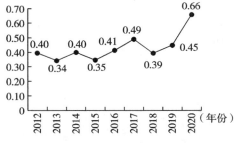

图 4-63 中部地区社会协调发展指数

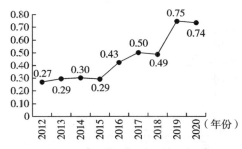

图 4-64 中部地区资源环境协调发展指数

（二）中部地区区域经济发展差距指数对比评价及分析

区域经济发展差距指数由二级指标人均地区生产总值差距、固定资产投资差距、非农产业劳动生产率的差距、创新投入差距和财政收入与财政支出差距构成（见图 4-65 至图 4-69）。如图 4-60 所示，中部地区的区域经济发展差距在波动中逐渐扩大，为进一步支持中部地区的发展，2012 年我国出台了《国务院关于大力实施促进中部地区崛起战略的若干意见》，这为推动中部地区经济社会又好又快发展，缩小各地区之间的经济发展差距作出了重要部署，也使得中部地区的区域经济发展差距得以缩小，即从 2012 年的 0.43 降低至 2013 年的 0.35。由于中部地区资源相对有限，使其将有限的财力、物力、人力集中到部分城市，导致人均地区生产总值差距、固定资产投资差距和创新投入差距的进一步扩大（见图 4-65、图 4-66 和图 4-68）。因此，2013～2019 年，中部地区的区域经济发展差距无法继续缩小，而是呈现扩大的趋势，并从 2013 年的 0.35 上升到 2019 年的 0.64。为改善中部地区的经济布局，2019 年习近平总书记在中部地区崛起工作座谈会中指出，"中部地区要在供给侧改革上下更多功夫，推动高质量发展，实施创新驱动战略"。这为中部地区的发展提供了新的方向和指导方针，因此中部地区发展水平差距、非农产业劳动生产率的差距在 2019 年迅速缩小，进而使区域经济发展差距从 2019 年的 0.64 下降至 2020 年的 0.50。

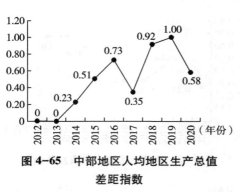

图 4-65　中部地区人均地区生产总值
差距指数

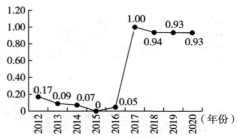

图 4-66　中部地区固定资产投资
差距指数

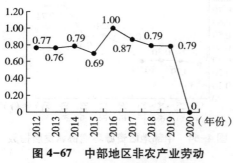

图 4-67　中部地区非农产业劳动
生产率的差距指数

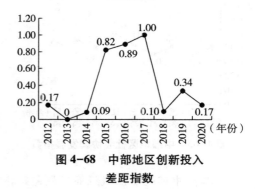

图 4-68　中部地区创新投入
差距指数

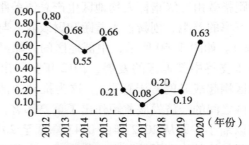

图 4-69　中部地区财政收入与财政支出差距指数

（三）中部地区区域一体化指数对比评价及分析

区域一体化指数由市场一体化、区域贸易流、客运量、交通一体化等二级指标构成。如图 4-61 所示，中部地区的区域一体化指数发展存在较大的波动，并且与 2012 年相比，2020 年的区域一体化指数稍有回落，这表明中部地区的区域一体化并没有因中部地区崛起战略的实施而得到足够的重视，原因主要分为以下三个方面：第一，如图 4-72 所示，客运量快速下降，其原因是公路客运量统计口径发生变化，且其所造成的误差难以消除，进而影响中部地区区域一体化指数；第二，商品零售价格指数是由需求和供给同时决定的，从需求方面来讲，产品受到经济水平和替代品的影响较大，供给方面，由于成本的存在，再加上需求的不确定性，无法准确地生产居民所需物品的数量，所以导致商品零售价格指数具有波动性；第三，如图 4-70 和图 4-71 所示，市场一体化和区域贸易流存在较大的波动，具体来看，在 2012 年我国进入中国特色社会主义新时代，产业转型升级正处于关键时期。但是新经济与实体经济的融合度不高，制约了新兴产业的发展，传统产业无法实现转型升级，进而阻碍了产业结构的优化升级（任保平和朱晓萌，2021），导致了部分企业的破产，使得企业产出不稳定，造成了市场一体化、区域贸易流的不稳定。如图 4-73 所示，自 2016 年以来，中部地区的交通一体化水平取得了突飞猛进的发展，这与我国出台并实施的《中原城市群发展规

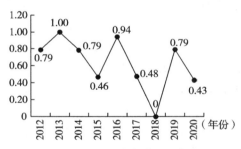

图 4-70 中部地区市场一体化指数

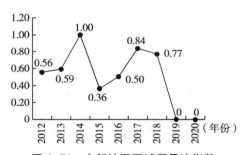

图 4-71 中部地区区域贸易流指数

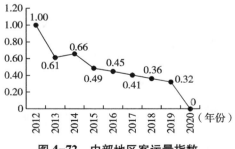

图 4-72 中部地区客运量指数

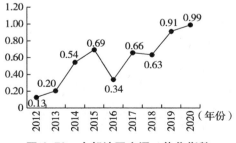

图 4-73 中部地区交通一体化指数

划》》（以下简称《规划》）密切相关，《规划》中要求中部地区全面建成"米"字形高速铁路网，进而推动交通网络化。同时，中部地区持续增加交通基础设施投资额，并合理规划当地铁路、高速公路建设，通过推动高速公路多路连通来促进中部地区交通一体化，这也是维持中部地区区域一体化稳定发展的重要因素。

（四）中部地区城乡协调发展指数对比评价及分析

城乡协调发展指数由城乡收入差距、城镇化水平、城乡卫生水平差距、城乡基础设施差距和城乡教育差距等二级指标构成（见图 4-74 至图 4-78）。可以看出，中部地区城乡协调发展指数呈现"上升—下降—上升"的波动上升趋势，这说明促进城乡和区域协调发展，形成协同发展新格局是促进中部地区崛起的题中应有之义；同时，为构建城乡协同发展新格局，促进城乡融合发展，各省份也颁布了相关的政策，如安徽省颁布《关于坚持高质量发展奋力在中部崛起中闯出新路的实施意见》等。2014～2016 年城乡协调发展指数下降幅度较大，分析图 4-76 至图 4-78 可知，下降的主要原因在于城乡卫生差距、城乡基础设施差距和城乡教育差距的扩大。其中，城乡卫生差距扩大的主要原因在于缺乏激励政策与鼓励措施，具备医学能力的人才在乡镇不能获得与付出同等的回报，进而导致其无法吸引高素质人才和相对应的卫生投资，从而造成中部地区农村卫生机构服务设施差、医务人员专业素质不高和服务水平低（李卫平和周海沙，2006），导致城乡医疗卫生差距越来越大。城乡基础设施差距从 2016 年开始出现大幅度缩小的趋势，这与 2016 年我国颁布《促进中部地区崛起"十三五"规划》密切相关，其中"统筹规划城乡基础设施"等政策提高农村基础设施水平，进一步缩小城乡基础设施差距。城乡教育差距上升的原因在于农村经费、资源不足，农村教师待遇水平低，并且普遍缺乏培训与晋升的机会，使得农村教师不断流失、教师数量严重不足（许宪春等，2019），这导致城乡师资力量过于悬殊。此外，师资力量的悬殊进一步导致学生数量的差距，最终导致公共财政预算教育经费支出的差距，长此以往，便形成恶性循环，造成城乡教育差距逐渐拉大。

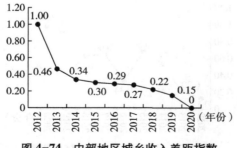

图 4-74　中部地区城乡收入差距指数

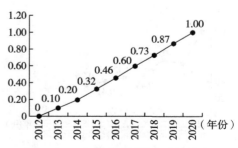

图 4-75　中部地区城镇化水平指数

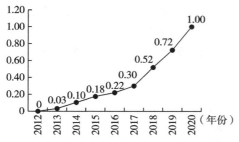

图 4-76 中部地区城乡卫生水平差距指数

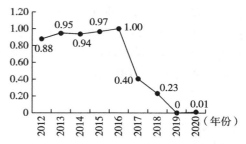

图 4-77 中部地区城乡基础设施差距指数

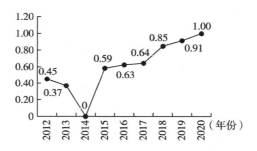

图 4-78 中部地区城乡教育差距指数

（五）中部地区社会协调发展指数对比评价及分析

社会协调发展指数（基本公共服务均等化指数）由二级指标教育水平、就业机会、医疗水平和社会保障组成。中部地区的社会协调发展指数一直处于波动上升的态势，从图4-80至图4-82可以看出，就业机会的增加、医疗水平的提高以及社会保障程度的加深是促进社会协调发展的主要原因。具体而言，就业机会的增加一方面得益于城市工业化的快速发展，另一方面得益于新型农村经营主体的出现以及推广，从而为更多农民提供了就业机会。自党的十八大以来，中部地区医疗体系已全面建成，医疗事业已成熟发展，使得每万人卫生技术人员数、每万人医疗机构床位数全面上升，更好地保障居民生活，为全力建设社会主义现代化强国打下坚实基础。此外，自中部崛起战略实施以来，各地政府以及党中央都将如何建立健全城乡基本养老保险制度当作首要目标之一，因此社会保障水平呈现持续上升的趋势。中部地区社会协调发展指数一直处于波动状态，这表明该指标在中部地区目前处于不稳定、不成熟的现状，而这种不稳定来源于教育水平的反复波动。如图4-79所示，教育水平指数整体处于下降的态势，仅在2016~2017年有小幅度上升。具体来看，一方面，普通高中老师增速小于高中学生增速，从而导致普通高中师生比的下降。随着新高考改革的持续推进，普通高中部分学科缺编严重，增加编制计划也难以招聘到教师，造成现有教师负担重。同时，高等学校在高中紧缺学科教师的供给上数量不足，培养速度跟不上课程改革、高考改革的步伐（朱小梅，2021）。另一方面，为了发展经济，中部地区将更多的注意力投入到经济转型、结构转型中，压缩了可投入公共财政教育的比例，进而造成公共财政教育支出与 GDP 比值的下降。

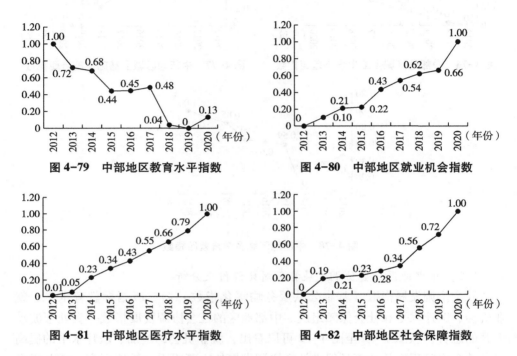

图 4-79　中部地区教育水平指数　　　　图 4-80　中部地区就业机会指数

图 4-81　中部地区医疗水平指数　　　　图 4-82　中部地区社会保障指数

（六）中部地区资源环境协调发展指数对比评价及分析

资源环境协调发展指数主要由能源消耗、污染排放、污染治理、资源利用和生态建设等二级指标组成。资源环境协调发展指数呈现波动中上升的态势（见图 4-64）。中部地区的资源环境协调发展指数从 2012 年的 0.27 上升至 2020 年的 0.74。通过分析图 4-84、图 4-85 及图 4-87 可知，污染排放逐渐减少、污染治理上升以及生态环境逐年变好，三者互相配合促进中部地区资源环境协调发展水平不断上升。这表明自中部崛起战略实施以来，中部地区各地政府坚持贯彻"绿水青山就是金山银山"的发展理念，贯彻落实低碳城市试点、资源型经济转型综改区、国家循环经济示范城市、节能减排财政政策综合示范等工作，进一步改善中部地区生态环境，提升资源环境协调发展水平。不可忽略的是在 2014～2015 年、2017～2018 年、2019～2020 年资源环境协调发展指数出现过小幅度的下降，其原因可能在于能源消耗在 2020 年的快速上升、污染治理的波动以及资源利用的持续下降（见图 4-83、图 4-85、图 4-86）。随着中部崛起战略和国家产业转移政策的深入推进，中部地区的城市承接了大量来自东部地区的工业企业，工业用地以外延扩张为主，利用较为粗放（邓楚雄等，2021），同时土地资源缺乏合理规划，导致资源利用率下降明显；能源消耗上升的主要原因是中部地区发展时间较晚，为快速发展当地经济，工业企业多为能源消耗型，同时中部地区技术水平相对落后，区域创新水平不足，这使工业企业在生产中造成部分能源浪费，如石油、煤炭等。此外，由于东部沿海地区的环境规制水平较高，大部分污染企业转移至中部地区，从而导致中部地区污染治理难度上升（宋德勇等，2021），因此其指数存在波动。

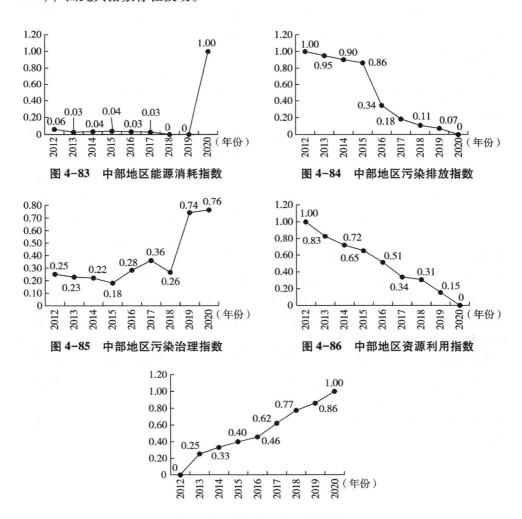

图 4-83　中部地区能源消耗指数　　　　图 4-84　中部地区污染排放指数

图 4-85　中部地区污染治理指数　　　　图 4-86　中部地区资源利用指数

图 4-87　中部地区生态建设指数

三、小结

中部崛起战略的成功实施，将有利于国民经济转型发展，在构建新发展格局中贡献新力量。本节对中部地区发展历程以及存在的问题进行详细梳理，同时通过构建区域协调发展指数，细致地评价了中部崛起战略的实施效果。本节发现中部崛起战略的成功实施，促进了中部地区当地的发展，主要反映在城乡建设、环境治理、社会保障等方面，但其中也存在一些问题：第一，中部地区基础设施建设较差，主要体现在交通、通信等设施的不完善，进而造成道路堵塞、物流不通畅等问题。这将无法在增强城乡区域协调发展中开辟新路径，不利于城乡协调的进一步发展。第二，民生性财政投入较少。政府将更多的资金和人力投入到经济发展中，而非教育、卫生方面，这就导致无论是城市还是乡镇，居民无法获得更高质量的生活保障，从而影响中部地区新发展格局的构建。第三，市场体制不成熟。由于中部地区政府干预较多，审批程序复杂，企业面临转型升级困境，从而难以产生较强的外部竞争力。

针对以上问题，为继续推进中部崛起战略，本书提出以下建议：第一，积极推进中部地区结构转型，目前中部地区企业主要以劳动密集型企业为主。创新是企业转型升级成功的关键因素，所以政府和企业应加大对企业的创新投入，促进企业向产业链中高端迈进，进而推动中部地区经济结构转型。第二，创新投融资体制，中部地区无论是企业还是各级政府，其用于建设的可支配资金较少，融资渠道也较少，难以进一步开展医疗、教育、卫生、交通等基础设施建设。因此，政府应在中央政策允许的合理范围内，加快中部地区投融资体制改革，通过 PPP 等新型合作方式，加快中部地区基础设施建设，从而推动中部地区区域协调发展。第三，提高土地、能源等资源的利用率。中部地区面积占我国陆地面积的 10.7%，拥有大量的土地资源，但资源利用率却直线下降。因此，为提升资源利用效率，一方面，政府应加速集体经营性建设用地入市，加快土地流转①，增加工业土地供给；同时，通过土地流转加速实现产业化、机械化，提高土地利用效率。另一方面，政府应给予企业相关政策优惠，如增大科技成果税收返回比例，同时加强政府监督，推动企业通过更新或改造工厂生产以及污水等处理设备、提高技术人员的劳动素质等方式实现转型升级，降低能耗、增加工业的单位产出。

---

① 集体经营性建设用地入市文件中规定转让土地时需开发土地至一定的标准。

第四节　积极支持东部地区率先发展

促进中国东部地区[①]率先发展，是中央根据国家实际和市场的自身规则，为调整区域经济布局所做出的重大战略部署。改革开放至今，尤其是自党的十八大以来，东部地区率先发展战略得到了进一步支持，我国东部地区运用其本身得天独厚的地域资源优势，积极采用发展对外贸易、吸纳人力资源等手段，加快培育世界级经济集群、打造对外开放新优势，使其生产总值的平均增幅常年位居全国四大地区之首。东部地区以不足全国10%的面积，接近40%左右的人口，创造了全国经济总量的半壁江山[②]。因此，在我国新旧动能转换以及建设社会主义现代化强国建设的关键时期，东部地区如何发展、怎样发展，这将直接影响到我国最后的经济走向。

一、东部地区历程梳理及问题提出

我国东部地区率先发展战略主要经历了以下三个发展阶段：

第一阶段（1978～2005年），逐级开放引导东部地区优先发展阶段。首先，此时的国际主题已经转变为"和平与发展"，"三线建设"转移到国家战略后方基地的工业可返回地理条件优越的东部沿海发展；此外，东部沿海地区还可以利用区位优势发展新的工业企业。其次，1978年我国正式实施"对内改革、对外开放"的政策，并提出优先支持东部地区发展，带动西部发展的战略措施。至此，东部率先发展的战略初步形成。

第二阶段（2006～2011年），鼓励东部地区率先发展。2006年"十一五"规划中首次提出东部地区率先发展战略，东部地区率先发展虽然是与其他三大区域发展战略相并列的区域发展战略，但国家并没有为此制定专门的区域发展规划或区域发展政策（覃成林等，2020），其战略安排主要聚焦在战略转型上。

第三阶段（2012年至今），支持东部地区率先发展。2012年中国经济发展进入一个全新的转折时期，即进入低增长、高质量发展的转折点，并且此时中国经济增长的外部环境，总体判断为全球经济已经陷入长期低迷和衰退时期，在这一时代背景下，我国于2015年出台了《中共中央　国务院关于深化体制机制

---

① 东部地区包括河北省、北京市、天津市、山东省、江苏省、上海市、浙江省、福建省、广东省、海南省。

② 数据年份为2017年。

改革加快实施创新驱动发展战略的若干意见》，于 2016 年发布了《国家创新驱动发展战略纲要》，这就要求东部地区着重推动地区创新发展，进而带动其他地区发展。

自改革开放以来，东部地区的综合实力得到了突飞猛进的发展，但也存在部分问题。首先，我国土地政策为城乡二元化，大量的集体建设用地不能参与土地市场的正常流转，从而导致东部地区工业用地紧张，严重制约了东部地区的发展；其次，东部地区经济模式最大的特点在于资源投入型，即经济发展必须要大量依靠矿产、石油等资源，这必然会造成"高投入，低回报"的情况出现，在这种模式下进行发展，东部地区不仅会浪费大量的资源，而且面临严重的环境污染问题；最后，"先富带后富"以及为全国发展提供服务和示范效应都不明显，东部地区属于中国经济社会发展过程中先富起来的地区应带动后富地区实施共同富裕。但是由于在"效率优先，兼顾公平"等政策指导下，先富地区缺乏带动后富地区的体制、机制，因此"先富带后富"的效应实际上不明显。同时，从产业发展、技术创新、制度改革等方面为全国提供借鉴、示范效应的效果不显著。基于此，积极探索东部地区率先发展战略发展过程中的成就与问题，对新时代我国实现高质量发展具有理论意义与现实价值。

二、东部地区区域协调发展成效

（一）东部地区区域协调发展指数对比评价

从图 4-88 可知，东部地区的区域协调发展指数处于波动上升的态势，其中区域协调发展指数从 2012 年的 0.31 下降到 2013 年的 0.30，2013~2020 年区域协调发展指数从 0.30 上升到 0.60。2013 年我国经济发展进入新常态，在此背景下东部地区 GDP 的增长速度放缓，发展方式转向质量效率型，同时调整经济结构，将发展动力转向创新驱动，进而实现了区域一体化的发展、城镇化和工业化的建设，并最终促进区域协调发展指数的上升。2014~2015 年区域协调发展指数存在小幅度的下降，原因主要在于环境恶化以及区域经济发展差距的增大。东部地区区域协调发展指数是由区域经济发展差距、区域一体化、城乡协调发展、社会协调发展、资源环境协调发展（见图 4-89 至图 4-93）五个一级指标通过熵权法计算所得。其中，社会协调发展和区域经济发展存在一定的波动，因而总指标区域协调发展指数也随之波动。整体而言，区域协同发展指数呈现缓慢的上升趋势，区域一体化、城乡协调发展、环境协调发展则是促进其上升的中坚力量。为深入了解东部地区区域协调发展真实具体的情况，本节接下来将根据一级指标、二级指标变动情况结合东部地区发展的实际，开展进一步分析。

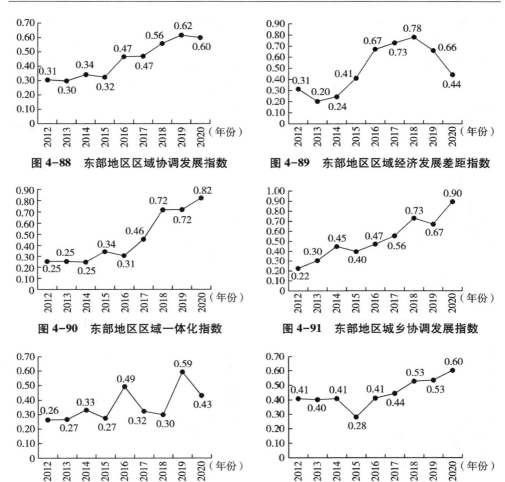

图 4-88　东部地区区域协调发展指数

图 4-89　东部地区区域经济发展差距指数

图 4-90　东部地区区域一体化指数

图 4-91　东部地区城乡协调发展指数

图 4-92　东部地区社会协调发展指数

图 4-93　东部地区资源环境协调发展指数

（二）东部地区区域经济发展差距指数对比评价及分析

区域经济发展差距指数由二级指标人均地区生产总值差距、固定资产投资差距、非农产业劳动生产率的差距、创新投入差距和财政收入与财政支出差距构成。东部地区的区域经济发展指数差距呈逐渐上升趋势（见图4-89），从2012年的0.31上升到2020年的0.44，总体呈现"缩小—扩大—缩小"的趋势。通过分析图4-95、图4-96和图4-97可知，造成区域经济发展差距上升的主要原因在于固定资产投资差距、非农产业劳动生产率差距和创新投入差距的扩大。东部地区拥有我国多个经济圈，如京津冀经济圈、长三角经济圈、粤港澳经济圈，经济圈虽然快速地促进了东部地区的整体经济发展，但物力、财力、人力的拥有者更希望将这些有限的资源投入到一、二线城市，从而获得更多的回报（唐珏岚，2008）。因此，少数城市占据着绝大多数的资源，进而加大了固定资产投资、创新投入、非农产业劳动生产率等方面的差距。同时，也反映出自2018年以来，东部地区的区域经济发展差距逐渐缩小，其原因在于东部地区人均地区生产总值差距、财政收入和财政支出差距的逐渐缩小（见图4-94、图4-98）。为进一步缩小东部地区的区域经济发展差距，我国于2018年出台了《国家发展改革委关于实施2018

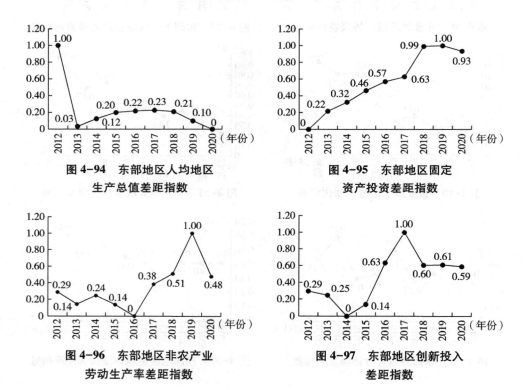

图 4-94　东部地区人均地区
生产总值差距指数

图 4-95　东部地区固定
资产投资差距指数

图 4-96　东部地区非农产业
劳动生产率差距指数

图 4-97　东部地区创新投入
差距指数

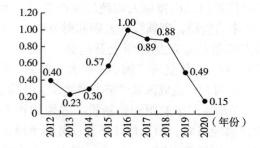

图 4-98　东部地区财政收入和财政支出差距指数

年推进新型城镇化建设重点任务的通知》，该通知指出要确保财政支出稳定增长，如投入公共基础设施服务建设。公共基础设施的建设缩短了区域间流通的时间，有利于发挥一、二线城市溢出效应，进而缩小了区域间经济发展差距。

（三）东部地区区域一体化指数对比评价及分析

区域一体化指数由市场一体化、区域贸易流、客运量、交通一体化这四个二级指标构成。东部地区的区域一体化指数呈现波动上升的趋势（见图4-90）。其指数从2012年的0.25上升到2020年的0.82，仅在2016年下降至0.31。具体来看，通过分析图4-99可知，市场一体化波动较大，原因在于其二级指标商品零售价格指数波动会对消费者的心理产生一定的冲击，促使商品零售价格指数波动产生聚集，尤其在当商品零售价格指数的上升程度较大时，更容易出现价格大起大落的情况，这也是造成区域一体化指数在2016年下跌的主要原因（罗秉鑫，2017）。从图4-100可以看出，区域贸易流呈现持续上升的态势，这说明东部地区的贸易量和贸易比重均为全国前列（贾伟和秦富，2012），同时东部沿海地区交通发达，其生产的货物可送至全国各地，加快了东部地区贸易流的增长。由图4-102可知，交通一体化水平在2015～2016年的下降也是区域一体化指数回落的原因，而该指数经过短暂下降后，在2017年指数得到快速回升，原因在2017年的交通运输十大任务中提出推进京津冀交通一体化率先突破、加快长江经济带综合立体交通走廊建设等具体举措。另外，2012～2014年与2018～2019年的区域一体化指数保持不变，并没有呈现上升的趋势。进一步分析图4-99至图4-102可知，其指数保持不变的主要原因在于客运量指标的持续下降。自2012年以来，东部地区多个省份客运量指标的统计口径的变化是客运量逐年下降的关键因素。2014年东部地区网约车快速兴起，随着资本的涌入，网约车数量大量增加，其公路客运量大幅度上升（崔航等，2017），从而使得2014年总体客运量指标由快速下降转为缓慢下降；但2019年后客运量又出现明显下降，这是由于受到新冠疫情的冲击，区域流动性减弱，导致客运量显著下降。

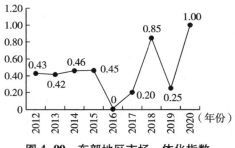

图4-99　东部地区市场一体化指数

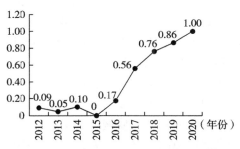

图4-100　东部地区区域贸易流指数

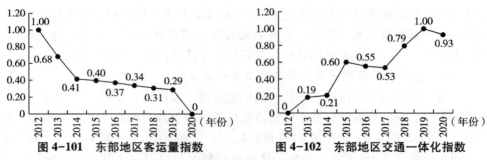

图 4-101　东部地区客运量指数　　　　图 4-102　东部地区交通一体化指数

（四）东部地区城乡协调发展指数对比评价及分析

城乡协调发展指数由城乡收入差距、城镇化水平、城乡卫生水平差距、城乡基础设施差距和城乡教育差距这五个二级指标构成。从图 4-91 可知，城乡协调发展指数在波动中趋于上升。城乡协调发展指数从 2012 年的 0.22 上升至 2020年的 0.90，主要原因在于城乡收入差距的缩小（见图 4-103）、城镇化水平的提高（见图 4-104）、城乡教育差距的缩小（见图 4-107）。东部地区城乡收入差距逐渐缩小，主要原因有以下几点：第一，东部地区的市场化程度较高，拥有完备的市场化机制，使东部地区的经济发展逐渐加快，为缩小城乡发展差距打下坚实的基础；第二，城市收入差距的缩小得益于东部地区各级政府的大力支持，如安徽省出台最低工资标准、农业补贴等积极福利措施，同时大力发展农村的基础设施等（高文武等，2018）；第三，由于东部地区居民生活节奏相对较快，有利于电商的发展，进而为农民回乡就业、创业提供便利，增加了农民的收入（贺业红，2020）。城镇化则是我国现代化的必由之路，也是解决农业农村农民问题的重要途径。由图 4-104 可知，东部地区城镇化水平一直呈现稳定上升的趋势：一方面是由于我国为大力推动城镇化的发展颁布众多政策，如《国家新型城镇化规划（2014—2020 年）》等；另一方面是在东部地区综合竞争实力强、城乡体系发展健全，是中国现阶段经济发达地区（徐维祥等，2020）。东部地区的城乡协调发展指数大部分处于上升的趋势，但也存在下降的情况，在 2015 年及 2019 年分别下降至 0.40、0.67，主要原因为城乡卫生水平差距的扩大（见图 4-105）、城乡基础设施差距的下降（见图 4-106）以及城乡教育差距的波动（见图 4-107）。其中，城乡卫生水平差距扩大的主要原因在于东部地区城市和农村卫生技术人员的不公平性并未得到改善（肖海翔和吴丽，2014），这种不公平性主要反映在城乡医生、卫生员的收入、福利等，这就导致农村医生、卫生员数量的逐渐减少以及城镇医生的进一步增多。徐维祥等（2020）认为东部地区的乡村振兴落后于新型城镇化的发展，使城市的交通等基础设施建设显著优于农村，这阻碍了城乡协调发展指数的上升。此外，由图 4-107 分析可知，东部地区的教育水平差距在波动中逐渐缩小，其中缩小的原因在于东部地区在加大对教育事业的投入，提高公共财政预算教育经费支出的同时，将更多的资源投入到农村教育中。波动的原因在于城乡教育差距是由多方面引起的，如公共财政体制不健全、教育资源配置不合理等制度性的因素（周满生，2006）。

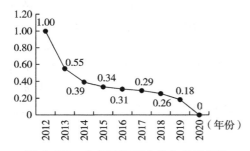

图 4-103　东部地区城乡收入差距指数

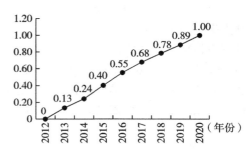

图 4-104　东部地区城镇化水平指数

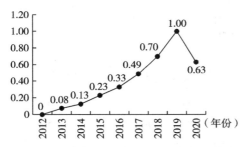

图 4-105　东部地区城乡卫生水平差距指数

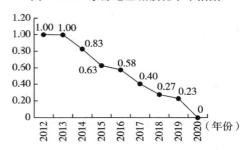

图 4-106　东部地区城乡基础设施差距指数

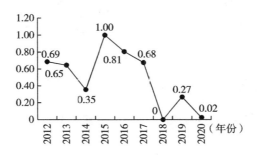

图 4-107　东部地区城乡教育差距指数

（五）东部地区社会协调发展指数对比评价及分析

社会协调发展指数（基本公共服务均等化指数）由教育水平、就业机会、医疗水平和社会保障组成。总体来说，东部地区的社会协调发展指数在波动中上升。如图 4-92 所示，协调发展指数从 2012 年的 0.26 上升至 2020 年的 0.43。社会协调发展指数上升的原因在于就业机会（见图 4-109）和医疗水平（见图 4-110）的提高，但其指数也存在一定的波动。为进一步探究导致就业和教育水平波动的深层原因，本节进一步从就业机会和教育水平的原始数据进行分析，其中就业机会的原始数据从 2016 年的 0.71 下降至 2017 年的 0.08，从 2019 年的 1.00 下降至 2020 年的 0.12，其波动幅度较小；教育水平的三级指标普通中学师生比从 2012 年的 0.170 下降至 2020 年的 0.157（见图 4-108 和图 4-112）；公共财政教育支出与 GDP 的比值从 2012 年的 0.25 上升至 2019 年的 0.27（见图 4-113），其三级指标并无较大波动，非农产业就业比重存在一定波动（见图 4-114）。从图 4-111 可以看出社会保障指标一直处于下降的趋势，其二级指标为城乡基本养老保险覆盖面，可能的原因在于东部地区流动性人口较多，中西部地区的人才大量流入东部地区，但流动人口的基本养老保险的登记地址并不在东部地区，那么

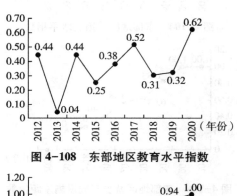

图 4-108　东部地区教育水平指数　　　　图 4-109　东部地区就业机会指数

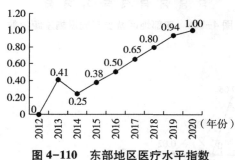

图 4-110　东部地区医疗水平指数　　　　图 4-111　东部地区社会保障指数

图 4-112　东部地区普通中学师生比　　图 4-113　东部地区公共财政教育支出/GDP

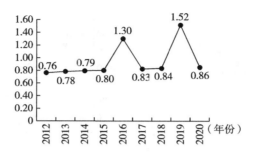

图 4-114 东部地区非农产业就业比重

就东部地区而言，人口数量的增长速度要大于养老保险人数的增长速度，从而导致社会保障指标的下降。

（六）东部地区资源环境协调发展指数对比评价及分析

资源环境协调发展指数主要由能源消耗、污染排放、污染治理、资源利用和生态建设等二级指标组成（见图 4-115 至图 4-119）。如图 4-93 所示，东部地区的资源环境协调发展指数总体呈现上升的趋势。东部地区的资源环境协调发展指数在 2012~2014 年基本没有变化，但在 2015 年该指数呈现短暂的下降，从 0.41 下降至 0.28，随后保持持续上升的态势，从 2015 年的 0.28 上升至 2020 年的 0.60。污染排放逐渐下降（见图 4-116）、污染治理水平的提高（见图 4-117）以及生态建设的逐渐完善（见图 4-119）是资源环境协调发展指数上升的关键因素。2015 年是我国"十二五"的结束之年，同时也是"十三五"的开始之年，全面建成小康社会进入决定性冲刺阶段，同时也是我国生态保护红线划定做实之年，2015 年 1 月开始施行的新《环境保护法》首次将环境保护与官员晋升挂钩，这也是东部地区资源环境协调发展从 2015 年开始快速上升的主要原因之一；东部地区作为我国最发达的区域，其工业化和城镇化得到了快速发展，但这势必将消耗大量的能源，能源负荷较重。同时，由于东部地区依然存在存量大、刚性强的传统高耗能企业，这进一步加剧了东部地区的能源消耗。资源利用持续下降的

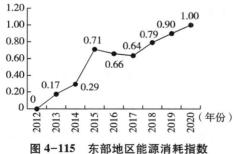

图 4-115 东部地区能源消耗指数

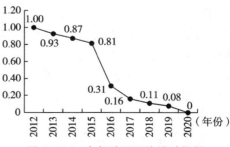

图 4-116 东部地区污染排放指数

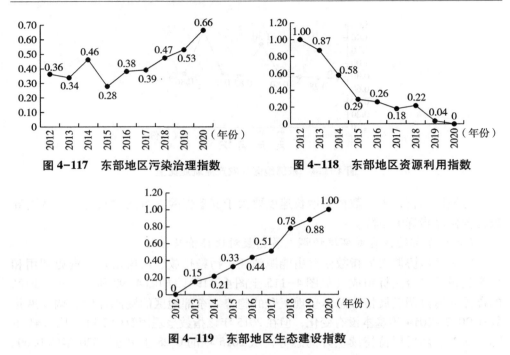

图 4-117　东部地区污染治理指数

图 4-118　东部地区资源利用指数

图 4-119　东部地区生态建设指数

原因在于东部地区工业的粗放型生产模式，即减少创新研发和设备更新成本、加大资源的投入，同时工业企业过于追求生产总量的提升，进而忽视了资源利用效率的提升。

三、小结

积极支持东部地区率先发展，充分发挥东部地区的"领头羊"作用，能更快将我国建成富强、民主、文明、和谐、美丽的社会主义现代化强国，但东部地区也存在以下两点问题：第一，对外部能源依赖较大。东部地区在全力推进经济发展的同时，也消耗掉大量的能源。为解决能源不足的问题，我国实行了"南水北调""西电东送""北煤南运"等举措，这在一定程度上虽然弥补了东部地区资源短缺的问题，但却造成了其他方面的问题，如环境污染、能源资源在运输过程中的浪费和社会成本、经济成本的提高等（朱敏，2020）。第二，区域经济发展差距扩大。东部地区将更多的人力、物力投入到尖端创新行业的发展，却忽视了城乡差距的扩大造成了如农村的基础设施水平逐年下降、固定资产投资差距逐年扩大等问题。

本节为继续支持东部率先发展提出以下政策建议：第一，率先增强东部地区的创新能力：一方面，通过创新降低能源消耗，减少对外部能源的依赖；另一方面，通过创新提高资源利用率，积极促进经济结构的调整和增长模式转变。第二，加大对农村的财政投入，增强农村在道路、通信、医疗、教育等方面的基础设施建设，实现城乡居民服务均等化，从而缩小城乡差距。第三，完善东部地区社会保障的制度设计：一是降低当地养老保险制度的收费标准和缴费门槛，提升流动人口的参保能力；二是简化参保人员的参保流程，为流动人口参保提供便利。

第五节　四大板块横向比较

自 1999 年中央经济工作会议召开以来，中国区域发展逐渐形成了以四大板块为主体的区域发展总体战略，这对于形成良性的区域协调发展机制、构建健康的区域经济发展格局、实现共同富裕发挥了重要作用。进入新时代以来，东部地区积极推动产业转型升级，继续发挥引领作用；中部地区作为经济增长新高地，有序承接东部地区转移产业；西部地区深入贯彻实施西部大开发战略，大力发展基础设施建设，推进基本公共服务均等化；东北老工业基地深化国有企业改革，支持和引导民营企业发展，加大科研创新投入，打造"衰落"地区振兴新典范。但是，我国仍然存在区域间经济发展差距较大、生态环境恶化、城乡发展差距依旧明显、社会保障制度亟待完善等问题。基于此，厘清新时代四大板块发展现状、问题、差距显得尤为重要，这有利于充分发挥各板块的比较优势，不断优化区域经济结构，增强协调性，从而形成"协调东中西，统筹南北方"的高质量发展布局，向社会主义现代化新征程不断迈进。

一、四大板块区域协调发展现状及问题提出

（一）中国四大板块区域协调发展现状

进入新时代以来，我国区域协调发展取得了巨大成就，呈现良好态势，主要表现为区域经济发展速度不断加快、产业结构不断优化升级、协调发展水平不断提升等方面。

1. 四大板块经济增长速度较快

2012~2021 年我国整体经济形势表现出良好的增长态势，四大板块都保持着较高的经济增长率（见图 4-120）。2012~2021 年我国西部地区的年均增长率为 8.07%，在四大板块中居于领先地位。其次是中部地区，其年均增长率达到了 7.44%，东部地区和东北地区的年均增长了分别为 7.18% 和 5.46%。从总体上

看，四大板块均保持一个显著的正增长状态，其中，西部地区、中部地区和东部地区的 GDP 年均率均高于全国同期年均增长率 6.69%，但东北地区经济增长率低于全国平均水平，体制性、结构性矛盾仍是制约其加快发展的重要因素。具体而言，东北地区长时间轻视轻工业和第三产业的发展，导致产业结构失衡，难以从根本上促进经济高质量发展（刘让群等，2021）。

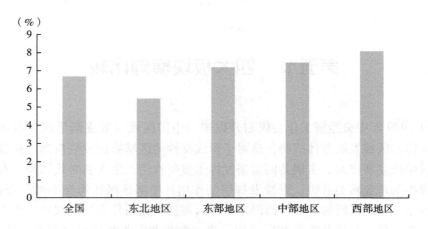

图 4-120   2012~2021 年全国和"四大板块"GDP 年平均增长率比较

2. 产业结构不断优化

自党的十八大以来，我国三大产业总体发展速度比较快，产业结构不断优化。2012~2021 年东部地区保持"三二一"的产业结构模式，其他三大板块在此期间均完成了从"二三一"向"三二一"的结构模式转变，这说明三大产业结构得到不断调整和完善（吴利学，2021）。进入新时代以来，劳动力市场供给减少，资本投放速度放缓，粗放的经济发展方式动能减弱，以互联网技术为代表的高新技术产业成为经济增长的新引擎，第三产业对国民经济的影响超过第二产业（种国双等，2020）。具体来看，自 2012 年以来，四大板块第三产业比重不断上升，第二产业比重不断下降，第一产业比重维持在较低的水平。其中，东部地区第三产业一直维持在最高的比重上（见图 4-121），中部地区由第二产业主导向第三产业主导的转变发生在 2016 年（见图 4-122），而西部地区和东北地区这种转变发生在 2015 年初（见图 4-123 和图 4-124）。由此可见，西部地区和东北地区的产业结构优化比中部地区略早。从横向上来看，尽管四大板块最终均达到了"三二一"的产业结构，但是东部地区的产业结构要优于其他三大板块，主要表现在更高的第三产业比重和更低比重且稳定的第一产业（见图 4-121）。

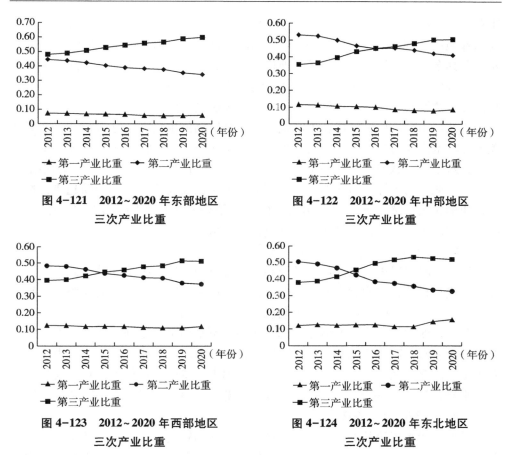

图 4-121 2012～2020 年东部地区
三次产业比重

图 4-122 2012～2020 年中部地区
三次产业比重

图 4-123 2012～2020 年西部地区
三次产业比重

图 4-124 2012～2020 年东北地区
三次产业比重

3. 区域协调发展指数不断提高

区域协调发展指数是由区域经济发展差距、区域一体化、城乡协调发展、社会协调发展和资源环境协调发展五个一级指标测算得出。为深入探究区域协调发展水平的演变规律，本部分分析了 2012 年、2016 年和 2020 年我国四大板块区域协调发展指数的变化，进而重点揭示四大板块的发展效果及存在的时空差异。由计算结果可知，随着时间的推移，四大板块的区域发展协调度均呈现出逐步上升的趋势。这说明，我国四大板块战略格局切实推动了各区域的协调发展进程，但其效果或由于区位因素及政策导向的影响呈现出不同效果。

具体而言，东部地区协调度上升幅度最大，达到了 97.05%，但其 2020 年协调度却稍逊于东北及中部地区。其原因可能在于：东部地区初始协调度水平相对较低。改革开放初期，我国的区域发展重点转变为鼓励东部沿海地区率先发展，促使该区域诞生了诸如上海、深圳及广州等经济增长极点。这些经济增长极点在推动我国经济飞速增长的同时，也造成区域间发展差距扩大。这种差距不仅存在于东、中、西等板块之间，也不利于东部地区内部的协调态势；提升最小的板块为西部地区，其上升幅度仅为59.68%。截至2020年，西部地区协调度为0.581，相较于其余三个板块，仍处于较差地位。其原因或许在于：第一，西部地区幅员辽阔，难以实现区域间统一大市场的构建；第二，西部地区产业结构较为单一，且依赖于资源开发产业，致使西部产业协同发展进程受到阻碍。

东北与中部地区区域协调度涨幅较大且其协调值也较高，这或得益于两者涵盖的区域范围相对较小，且各省市间要素禀赋相近，使其2012年区域协调度就处于相对较高的状态，但这并不意味着两区域在推进高质量协调发展进程中毫无缺陷。因此，为更深入对比四大板块间地区域协调发展情况及其变动趋势，探索各板块的比较优势，下文将利用指标体系并结合各板块发展的实际进行深入分析，以期对进一步推进区域协调发展提供理论依据。

（二）中国四大板块区域协调发展问题

进入新时代以来，在经济、社会和生态等方面，四大板块区域协调发展成果突出、成效显著，但同时也暴露出经济社会发展差距明显、基本公共服务水平地区差异显著、区域间协调发展的体制机制不完善等问题。

首先，四大板块经济发展差距仍然明显，不平衡不充分问题依然存在。从绝对值总量来看，2021年GDP排名前十位的省份中，东部地区有6位，中部地区有3位，西部地区仅有1位，东北地区未居前十榜单中。从居民人均可支配收入角度来看，2019年东部、东北、中部与西部地区居民人均可支配收入分别为39438元、27370元、26025元和23986元。

其次，四大板块基本公共服务供给非均衡性问题突出。板块间社会保障水平差距较大，因而应完善全国统一的社会保险公共服务平台，落实地方政府支出责任，实施全国统筹以解决基金结构性矛盾。

最后，地方政府缺乏合作对话的积极性，区域合作机制仍需完善。进入21世纪以来，我国划分了四大板块区域并逐渐配套和完善区域发展战略，但是地方层次的协调合作机制仍不完善，区域协调组织松散（崔琳，2022）。主要表现在：一是地方保护主义严重，缺乏公平的市场竞争环境和经济秩序；二是以邻为壑的地方本位主义导致区域产业分工和定位同质化严重；三是区域规划类型和层次繁多，缺乏有效的衔接和协调。

二、四大板块区域协调发展效果横向比较

区域协调发展的总指标是由区域经济发展差距、区域一体化、城乡协调发展、社会协调发展、资源环境协调发展五个一级指标通过熵权法综合测算得到。如图4-125所示，2012~2020年，四大板块区域协调发展差距水平总体上都呈现上升趋势，但四大板块区域间协调发展差距呈现先扩大再缩小趋势。四大板块区域间协调发展差距在 2013~2015 年有所扩大，2015~2020 年逐渐缩小，截至 2020 年，四大板块区域协调发展水平大体相当。2013~2015 年区域间协调发展差距扩大主要是因为东北地区的区域协调发展水平出现大幅下降现象。国家在 2003~2014 年实施了第一轮振兴东北老工业基地战略，主要采取投资拉动的方式，东北地区经济取得了较快发展，但投资依赖程度高，结构性、体制性问题依然突出（毛牧然，2017）。自 2014 年以来，东北地区出现了经济增速下滑明显等"新东北现象"。针对"新东北现象"，国家在 2016 年印发《中共中央　国务院关于全面振兴东北地区等老工业基地的若干意见》，开启了新一轮东北等老工业基地振兴战略，新一轮东北振兴从体制机制、产业结构、技术创新等方面进行调整，推动了东北地区整体的发展（聂洪光和陈永庆，2018），进而缩小了与其他区域的发展差距。为深入了解四大板块之间区域协调发展差距的具体情况，本节接下来将利用一级指标和二级指标进一步进行分析评价，深入地探究并对比四大板块之间的区域协调发展情况。

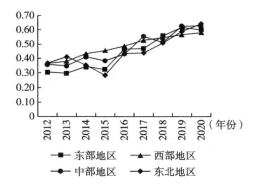

图 4-125　四大板块区域协调发展指数

区域经济发展差距指数由人均地区生产总值差距、固定资产投资差距、非农产业劳动生产率的差距、创新投入差距、财政收入和财政支出的差距五个二级指标计算所得。如图 4-126 所示，2020 年四大板块经济发展差距指数从高到低依次为中部地区、东北地区、东部地区和西部地区。具体而言，其中东部地区经济发展差距在 2012~2018 年迅速扩大，从 2012 年的 0.31 扩大到 2018 年的 0.78；中部经济发展差距在 2012~2018 年的扩大幅度相对东部地区较低，但也从 2012 年的 0.43 增长到 2018 年的 0.59；然而东北地区和西部地区的经济发展差距虽然在 2012~2018 年出现了一定的波动，但从整体来看呈现缩小的趋势。总体而言，一方面是因为自党的十八大以来，东北振兴、中部崛起、西部大开发等政策的有效实施，政府鼓励支持企业投资转移，使中西部地区的经济发展差距逐渐缩小；另一方面是因为中西部地区经济发展水平不断提升并且逐渐趋于平衡，加上社会需求结构出现变化，使中西部地区的资源优势得以凸显，从而拉动了当地经济增长。然而，东部地区这个时期正处在产业结构的转型时期，地区内部的各省份之间经济增速也不相同，导致东部地区的经济发展差距逐步扩大，在转型完成后东部地区的区域优势将会逐渐发挥出来。除此之外，由于东部一些地区出现产能过剩的情况，随着宏观经济环境变化，开始面临经济增长减速的困境，从而使东部地区整体经济发展水平不平衡。2018～2020年四大板块的经济发展差距均呈现出缩小的趋势，其中东部地区的下降趋势最为明显。这充分说明我国实施四大板块的区域协调发展总体战略和政策已经取得了一定的成效，并呈现出了良好的局面。总而言之，为了促进我国四大板块区域经济的稳定发展，东部地区需要不断加强基础设施建设，坚持改革开放、吸引外资；中部地区积极引进技术和人才，对劳动密集型产业进行转型；西部地区进一步调整经济结构和劳动力结构间的匹配程度，推动产业升级；东北地区应该深化国有企业改革，大力发展民营经济，为市场发展注入新鲜活力。

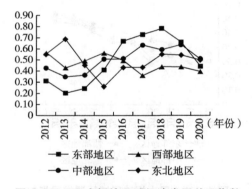

图 4-126 四大板块区域经济发展差距指数

从二级指标的分析来看，人均地区生产总值差距、非农劳动生产率的差距和固定资产投资差距迅速上升是东部地区经济发展差距扩大的主要原因。东部地区拥有京津冀经济圈、长三角经济圈、粤港澳经济圈在内的多个经济圈，对提升区域整体经济实力发挥了重要作用。地区差异决定着要素流动走向，资本、技术和人力资本等生产要素将不断从欠发达地区流向发达地区（齐晶晶等，2009）。根据区域非均衡发展理论，综合发展水平高的城市将更多地吸引资源和要素集聚，而发展水平较差的城市要素相对贫乏。因此，较为发达的几个城市或者城市群拥有更为丰富的生产要素，加大了东部地区在人均生产总值、非农劳动生产率和固定资产投资等方面的差距。

四大板块区域一体化指数评价结果如图 4-127 所示，总体上表现出上升的态势。具体而言，东部和东北地区的区域一体化水平从 2012~2020 年表现出稳步上升趋势，其中东部地区区域一体化在 2016~2018 年上升幅度较大；中部地区的区域一体化在 2012~2020 年围绕 0.5 上下波动；西部地区区域一体化在经历了 2012~2018 年的上升后，于 2018 年开始下降。2012 年，我国四大板块区域一体化水平由高到低为中部地区、西部地区、东部地区和东北地区。我国于 2012 年出台的《国务院关于城市优先发展公共交通的指导意见》，明确提出"突出公共交通在城市总体规划中的地位和作用"和"提高一体化水平，统筹基础设施建设"。四大板块城市间不断加强基础交通、信息建设网络的畅通，在市场、交通、信息等方面交流密切，交通一体化水平的提高减少了商品流通时间，降低了运输成本，促进了区域贸易流发展。由于四大板块在区域发展中各有侧重战略，到 2020 年，四大板块区域一体化水平从高到低依次为东部地区、东北地区、中部地区和西部地区，东部和东北地区区域一体化上升幅度较大，而中部和西部地区在 2012~2020 年则略有下降，东中西互动、优势互补、相互促进、共同发展的新格局正在日益明晰。其中，西部地区的区域一体化下降较其他三大板块更为明显，受国际贸易环境恶化和国内疫情的影响，西部地区区域贸易流的波动降低了其区域一体化水平，以 2018 年为转折点总体呈现出先上升后下降的变化趋势。西部地区区域一体化水平的下降拉大了板块间的差距，2012~2018 年交通一体化和区域贸易流的迅速发展促进了东部地区、中部地区和东北地区区域一体化水平的提高并且缩小了与西部地区的差距。

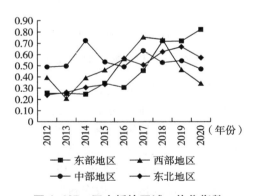

图 4-127　四大板块区域一体化指数

　　城乡协调发展指数是由城乡收入差距、城镇化水平、城乡卫生水平差距、城乡基础设施差距和城乡教育差距五个二级指标综合测算所得。如图 4-128 所示，2020 年四大板块城乡协调发展水平由高到低依次为东部地区、东北地区、中部地区和西部地区。不可忽视的是 2014~2018 年东北地区城乡协调发展水平常年落后于其他三大板块，且 2012～2015 年东北地区该指标呈现下降的态势。虽然自改革开放以来，重工业的发展对东北地区经济的腾飞起到了至关重要的作用，但由于过分的依靠重工业，导致东北地区能源出现衰竭，进入产业发展瓶颈期，为维持经济的正常发展，东北地区将更多的人力、财力等资源投入到工业领域，进而忽略了农村的发展，致使农村地区建设迟缓、农民收入较低且增长受限、农村产业和运作模式单一（梁凯膺和刘瑜，2013），造成了东北地区城乡协调发展水平逐渐下降，且与其他板块的差距逐渐增大。相较而言，2012～2014 年其余三个板块城乡协调发展指数均呈现不同程度的上升，原因在于东、中部地区政府通过颁布各项政策缩小城乡收入差距来提升城乡协调发展水平；西部地区该指标提高的原因在于政府重视农村基础设施、大力发展城镇化水平。2015 年各个地区的城乡协调发展指数均有所下降，一个可能的原因是我国经济进入新常态，宏观经济增速放缓导致相关政策未能及时调整，进而使得城乡经济发展不均衡加剧，特别是农村地区资源和政策支持不足，未能同步提升与城市相应的公共服务和基础设施水平。

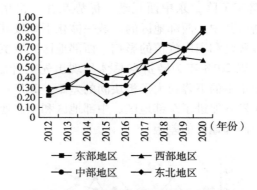

图 4-128　四大板块城乡协调发展指数

为改善东北地区城乡发展不协调的问题，我国于 2016 年颁布《中共中央国务院关于全面振兴东北地区等老工业基地的若干意见》，要求东北地区积极转变经济发展方式并实施结构性改革，同时保障和改善民生，坚持规划先行，科学推进新农村建设，这使得东北地区城乡协调发展指标不断上升且与其他板块之间的差距逐渐缩小。但是自 2019 年开始，中部地区和西部地区城乡协调发展指标出现下降趋势，原因在于中、西部地区以发展农村整体经济水平为主要目标，却忽视了农村卫生、教育等软实力的综合发展，致使城乡卫生水平差距和城乡教育差距的进一步扩大（吴晓蓉和田晓苗，2020）。东部地区和东北地区借助改革和开放，为当地农村教育水平高速发展注入了持久动力，城乡教育水平差距逐渐缩小，从而显著提高了城乡协调发展水平，进而使其与中、西部地区的城乡协调水平差距逐渐扩大。

社会协调发展指数（基本公共服务均等化指数）是由教育水平、就业机会、医疗水平和社会保障四个二级指标综合评价所得。如图 4-129 所示，2012～2020年西部地区、中部地区和东北地区社会协调发展水平总体上呈现出较为稳定的增长趋势，但东部地区社会协调发展水平波动较大，增幅较小，并且随着时间的推移，东北地区与西部地区的社会协调发展水平明显优于东部地区与中部地区的社会协调发展水平。其中，在 2016～2018 年四大板块社会协调发展水平差距最为明显，主要表现为东北地区较高的社会协调发展水平和东部地区较低的社会协调发展水平。从二级指标来看，东北地区就业机会的提升和东部地区社会保障水平的下滑是造成这种差距的主要原因。对东北地区而言，进入 21 世纪以来，在《国务院关于进一步实施东北地区等老工业基地振兴战略的若干意见》的指引下，东北地区着力解决民生难题，尤其是将就业问题摆在政府工作中更加突出的位置，并积极采取措施鼓励大众创业，依靠创业带动就业，从而推动了东北地区社会协调发展水平的上升。同时，对东部地区而言，在我国现行的户籍制度下，由于基本公共服务是以户籍人口而不是常住人口为参照标准，在人口净流入较大的东部地区，加剧了公共资源与人口需求之间不匹配、不协调的矛盾，进一步导致城乡基本养老保险的覆盖面难以持续扩大，阻碍东部地区社会协调发展水平的提高。2019～2020 年，西部地区、中部地区和东北地区社会协调发展水平迅速上升。与此同时，东部地区社会协调发展水平却急剧下降，从而扩大了四大板块间社会协调发展水平的差距。从二级指标来看，东部地区的就业机会在 2020 年出现下降趋势，原因可能在于东部地区作为主要的人口流入地区，且非农产业就业比重显著高于其他地区，受新冠疫情与贸易摩擦的影响，导致居民就业岗位锐减，社会失业人员数量增多。因此，相较于中部、西部及东北地区，东部地区受到的冲击更为明显，制约了东部地区社会协调发展水平的进一步提升。

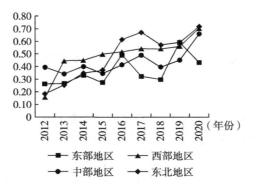

图 4-129　四大板块社会协调发展指数

资源环境协调发展这个一级指标是根据能源消耗、污染排放、污染治理、资源利用和生态建设五个二级指标综合计算所得。观察图 4-130 可以发现，四大板块资源环境协调发展指数总体上呈稳步上升趋势，自党的十八大以来，以习近平同志为核心的党中央将生态文明建设放在突出位置，强调加强生态文明建设，极大地推动了资源环境协调发展水平。具体来看，中西部地区资源环境协调发展水平在 2012~2020 年基本呈缓慢上升趋势，仅在 2018 年小幅度回落，而东北地区与东部地区资源环境协调发展水平在 2018~2020 年与中西部地区差距显著扩大，并且东北地区资源环境协调发展水平在 2016~2020 年一直低于其他三个板块。这主要是因为东部地区自然资源禀赋水平较低，并且其工业发展程度高且规模大，造成东部地区生态环境问题恶化，资源环境协调程度低于中西部地区，但东部地区匮乏的资源禀赋条件与其高速发展的经济不协调的状况，促使东部地区低能耗以及高科技产业发展（姜磊等，2017），而东北地区虽然工业化进程起步较早，但发展方式粗放，且高度依赖其丰富的自然资源，造成东部地区资源环境协调发展水平略高于东北地区。中部、西部地区虽然自然资源丰富，但资源开发利用程度低，并且通过实施退耕还林还草等措施，起到了保护中部、西部地区生态环境的作用（肖金成等，2018），使其资源环境协调发展水平持续提高。

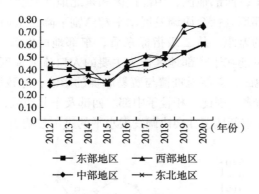

图 4-130　四大板块资源环境协调发展指数

三、小结

区域协调发展战略是实现高质量发展和共同富裕的内在要求。在习近平新时代中国特色社会主义经济思想指引下，区域协调发展机制初步形成并不断进行完善，政策集体约束力不断增强，抑制了地区间无序竞争和分化，区域间互动交流的机制得到了长足发展。尤其是进入 21 世纪以来，四大板块空间单元分布格局日益完善，协调发展成就突出，具体表现在经济社会发展差距缩小、基本公共服务和基础设施日趋均等化、协调发展机制不断完善，区域间良性合作机制日趋成熟等方面。

但是，发展过程中还存在一些阻碍区域协调发展顺利推进的问题。从横向比较的结果来看，可以得到以下基本结论：第一，在四大板块中，区域协调发展水平都有所上升，具体来看，东部地区的区域协调发展水平的增长速度最快，东北地区和中部地区次之，西部地区的增长速度处于最慢。第二，从经济发展层面来看，东部和西部地区发展较快，东北地区和中部地区较缓慢，但与其他地区相比，东部地区经济发展差距较大，因此缩小地区间经济差距，促进地区协调发展是东部地区需要关注的主要方向。第三，从区域一体化水平来看，东部地区的区域一体化水平最高且上升幅度较大，而其他三大板块的区域一体化水平呈现先上升再下降的趋势。第四，从城乡协调发展来看，东部地区的社会协调发展水平最高，中西部地区次之，而东北地区整体落后于其他三大板块。具体而言，长期以来，东北地区致力于工业的发展，对于农村地区的建设力度低，进而导致农村发展水平远落后于城市，农民收入较低且增长受到限制，东北地区城乡收入差距大成为影响该地区城乡协调发展的主要原因。第五，从社会协调发展来看，东部地区处于发展劣势，而东北地区与西部地区的社会协调发展水平优于中部地区。其中，在我国现行的户籍制度下，基本公共服务与户籍人口而非常住人口挂钩，随着东部地区净流入人口增加，公共资源和人口需求矛盾加剧，集中表现为社会保障协调度低，进而阻碍东部地区社会协调水平的提高。第六，从生态层面来看，尽管四大板块的资源环境协调发展水平都有所提高，但各地区间的生态环境质量水平仍然存在差距。其中，相较于其他地区，东北地区的资源环境协调发展水平处于最低，因此生态环境仍是东北地区需要重视的领域。

从区域四大板块角度来看，各板块应充分发挥比较优势、补足短板。具体而言：第一，继续支持东部地区率先发展，大力发展先进制造业和数字经济，促进产业链升级，提高全要素生产率。此外，全面放开落户限制，加快户籍制度改革，完善社会保障制度。第二，中部地区应有序承接东部地区转移产业，大力发展中高端制造业，建设大型综合运输枢纽，为衔接东西部的发展奠定坚实的基础。第三，加快推进西部地区基础设施建设和基本公共服务均等化进程，加大财政转移支付力度，优化投资环境。同时提高资源利用效率，转变经济发展方式。第四，东北地区应积极推进改革，以资源节约和环境友好的绿色发展模式释放东北振兴新动能，巩固粮食生产基地和重要原材料及装备制造业产品供应基地地位，改善营商环境，培育新的竞争优势。此外，以新型城镇化引领东北地区的城乡协调发展，通过激发农村新动能来推动产业链的延伸，促进产业融合发展（黄禹铭，2019）。

第六节 缩小南北差距

缩小南北差距是实现我国区域协调发展的重点工作，是认识新发展阶段、贯彻五大新发展理念、构建新发展格局必须重视的议题。自党的十八大以来，我国区域发展协调性进一步增强，南北方各地区经济增长势头良好，人民生活水平显著提高，向全面建成小康社会方向前进。但是南北方地区在经济、民生、生态等领域的差距逐步扩大（许宪春等，2021），这日益成为新的关注点。缩小南北差距是解决社会主义主要矛盾在区域发展层面的主要着力点，有利于增强我国区域发展平衡性，提高人民幸福水平，促进经济高质量发展，从而推动我国建设成富强民主文明和谐美丽的社会主义现代化强国。

一、南北差距的阶段特征演变及问题提出

随着我国经济发展，南北方地区[①]主要经历了四个发展阶段。第一阶段：1952~1978 年的均衡发展阶段（盛来运等，2018）。中华人民共和国成立到改革开放之前，我国实施区域均衡发展战略。"一五"计划时期，进行沿海老工业基地改造和内陆新工业基地建设。三线建设时期，改善了我国生产力布局，对中西部地区工业化做出了巨大贡献。在这一阶段我国政府重视内陆经济建设，南北方地区均衡发展，并无明显差距。

第二阶段：1979~2002 年的初步分化发展阶段（杨多贵等，2018）。改革开放之后，我国放弃区域均衡发展战略，转而实施不平衡发展战略，即通过政策使一些地区先富起来，进而带动欠发达地区的发展。南方地区由于地理优势获得大量政策倾斜。比如 1979 年 7 月 15 日，中央正式批准广东、福建两省在对外经济活动中实行特殊政策、灵活措施；1985 年在长三角、珠三角设立经济开放区；1988 年又设立了海南经济特区等。与此同时，相较于改革开放先行区的南方地区，北方地区严重依赖资源密集型产业和重工业，存在产业结构单一、产业链条短的问题，同时没有及时拓宽海外市场，因此发展相对缓慢（魏后凯等，2020），南北方地区发展差距开始初步分化。

---

① 南方地区包括江苏省、上海市、浙江省、福建省、广东省、海南省、重庆市、四川省、贵州省、云南省、广西壮族自治区、湖北省、湖南省、安徽省、江西省，共计 15 个省（自治区、直辖市）。北方地区包括河北省、山西省、辽宁省、吉林省、黑龙江省、山东省、河南省、陕西省、甘肃省、青海省、内蒙古自治区、宁夏回族自治区、新疆维吾尔自治区、北京市、天津市，共计 15 个省（自治区、直辖市）。

第三阶段：2003～2012年的差距回缩阶段。自党的十六大以来，我国西部大开发、中部地区崛起、振兴东北、东部率先发展等战略深入实施，"四大板块"的格局基本形成。在区域协调发展总体战略的指引下，北方地区通过全方位开放、产业转型升级等方式，逐渐实现生产总值增长率高于南方地区（杨多贵等，2018；万海远等，2021），南北方地区差距缩小。

第四阶段：2013年至今，南北差距扩大（邓忠奇等，2020）。进入21世纪，我国处于新旧动能转化的关键时期，由于人力资源的积累和创新能力的不断提高，南方地区加快了新旧动能的转化，从而实现产业结构的转型升级（杨明洪等，2021；宋晓晶，2022）。北方地区的发展是以投资拉动重工业产业为主导，产业结构调整速度缓慢，进而陷入体制机制改革和经济转型发展的困境，在社会经济发展过程中处于劣势，南北差距也随之逐渐拉大（许宪春等，2021）。

进入21世纪以来，尽管我国经济增长保持着良好的态势，但由于存在产业结构、创新能力和人力资本等方面的差异，北方地区的发展远落后于南方地区，进而形成"南快北慢"的局面。具体而言：第一，"产业结构变迁"的差异是加剧南北方差距的主要因素（盛来运等，2018）。长期以来，北方经济的发展过度依赖资源型和重工业产业，因而在经济发展动能转换时期，经济增长动力不足，进而陷入产业结构转型发展的困境。南方地区则通过加快优化产业结构来推动新动能的形成，南北地区经济发展也因此出现分化现象。第二，创新是推动区域经济发展的驱动力量，南北方地区创新能力悬殊是导致南北发展差距扩大的原因。相较于北方地区，南方地区拥有更好的创新环境，创新能力的加强促使南方地区获得更快的发展机遇，南北经济发展差距也由此进一步拉大（许宪春等，2021）。第三，人力资本在南北方地区之间的非均衡演化，是导致南北发展差距扩大的重要因素（吕承超等，2021）。随着经济的发展，人力资本由北方向南方转移，人力资本的积累促进南方经济发展，从而加剧南北方经济发展的不平衡（戴德颐，2020）。综上所述，南北方发展差距持续扩大问题仍然凸显，并且严重阻碍了区域的协调发展。为此，激发北方经济发展活力，缩小南北差距有利于推动新发展格局的构建和促进区域协调发展。因此，本部分在接下来深入探究南北差距的演变趋势及其主要影响因素，对我国实现中华民族伟大复兴和全面建成中国特色社会主义现代化国家具有现实推动作用。

二、南北方地区区域协调发展效果对比评价

区域协调发展指数由区域经济发展差距指数、区域一体化指数、城乡协调发展指数、社会协调发展指数、资源环境协调发展指数这五部分通过熵权法计算所得。需要指出的是，图4-131中南北差距趋势通过右侧坐标轴观测，是由南方区域协调发展水平指数减去北方区域协调发展指数计算得出，其值越接近于零，则南北间差距越小。图 4-131 描述了南北方地区区域协调发展指数的变化趋势，2015 年（不包括 2015 年）之前南北差距呈现"缩小"趋势，2015 年（包括 2015 年）之后南北差距以"先扩大后缩小"的趋势演变。具体而言，2015 年之前南北差距呈现"缩小"趋势的原因可能在于：2013~2015 年南方地区区域协调发展呈现"上升"态势，而北方地区却出现"下降"情形，使得两者之间差距逐渐缩小。2013 年我国经济的发展动力转向创新驱动，而我国高新技术型产业大多集中于南方地区，北方地区产业则以重工业为主且创新发展相对落后，经济发展模式面临转型升级困境。2015 年后，南北方区域协调发展均呈现上升态势。在这一时间段中，北方地区不仅扭转其区域协调度的下降态势，北方地区区域协调发展增速甚至高于南方地区，致使两者差异逐渐缩小，导致这种差异产生的原因或许在于国家对于北方地区的高质量协调发展情况给予了一定关注和政策支持。例如：2015 年 4 月中央政治局召开会议审议通过《京津冀协同发展规划纲要》，2015 年京津冀区域被选为全面创新改革试验区；2016 年印发《中共中央国务院关于全面振兴东北地区等老工业基地的若干意见》，开启了新一轮东北等老工业基地振兴战略。进一步地，结合区域协调发展评价一级指标可知，"区域经济发展差距""区域一体化"是导致南北出现差距的重要原因，而城乡协调发展、社会协调发展和资源环境协调发展则是缩小南北差距的主要力量。为了进一步分析南北差距波动的深层原因，为南北协调发展提供经验借鉴与理论参考，本节接下来对区域协调发展指标的各维度进行详细分析。

图 4-131 南北方地区区域协调发展指数

一级指标区域经济发展差距指数由人均地区生产总值差距指数、固定资产投资差距指数、非农产业劳动生产率的差距指数、创新投入差距指数和财政收入与财政支出差距指数通过熵权法计算所得。图4-132描述了南北方地区区域经济发展差距的演变过程及其对比情况。由图4-132可知，2014年后南北方关于区域经济发展差距的变动趋势基本一致，但除2013年南北方地区之间区域经济发展差距程度相近外，南北方关于"区域经济发展差距"该指标始终存在一定差距，且"南方地区的经济发展差距小于北方地区"。通过对该项一级指标下所有二级指标分析可知，导致该项"南北差距"的原因在于2013年以后南北方固定资产投资差距总体呈现扩大趋势。

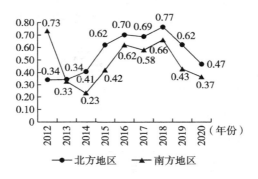

图4-132 南北方地区区域经济发展差距指数

现有文献证明，资本积累速度、经济结构、经济体制改革、劳动力规模等因素是导致南北经济发展差距扩大的重要原因（盛来运等，2018）。导致南北方之间关于"固定资产投资差距"出现差异的原因可能在于：南方地区产业主要以高新技术产业与第三产业为主，资本积累速度相对较快，使其整体招商引资相对更为容易。北方地区产业则以传统的重化工业为主，产业结构转型升级缓慢，新兴产业发展规模小，致使长期依赖投资和能源型产业面临的投资效率下降、投资收益降低以及投资空间有限等问题，使得北方地区资本存量增长速度放缓（安虎森和周江涛，2021；闫佳敏和沈坤荣，2022）。

区域一体化指数由市场一体化指数、区域贸易流指数、客运量指数、交通一体化指数通过熵权法计算得出。图4-133显示了南北方地区区域一体化指数对比情况，整体来看，南北方区域一体化水平从2013年开始逐渐提升，主要原因在于我国2013年大力推进公路水路基础设施建设，并出台了《国家公路网规划（2013—2030年）》，构建布局合理、功能完善、覆盖广泛、安全可靠的国家公路网络；但从图4-133中也可以看出南北方区域一体化差距从2013年开始扩大，这是由于南方地区水网纵横、大小支流较多，水运条件优越且价格优惠，而北方地区由于河流较少且冬季结冰，导致北方地区区域贸易流和客运量指数上升速度略小于南方地区，进而呈现"南方地区的区域一体化水平优于北方地区"的现象。此现象到 2018 年发生转折，区域一体化水平呈现出"北方地区优于南方地区"，其中原因可能为 2018 年制定了《交通运输服务决胜全面建成小康社会开启全面建设社会主义现代化国家新征程三年行动计划（2018—2020 年）》，加快推进京津冀交通一体化进程，构建多层次、全覆盖的交通网络。同时，北方地区市场受到政府干预较多，因此市场一体化指数较为稳定，即使在 2019 年末面临新冠疫情冲击的背景下，北方地区区域一体化并无明显下降，而南方地区在此冲击下区域贸易、客运量等出现下降，进而区域一体化进程骤降（区域一体化指数由 0.64 下降为 0.38），因此 2018 年后北方地区区域一体化程度强于南方地区。

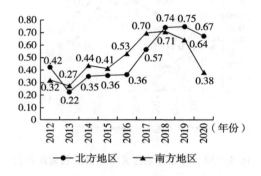

图 4-133 南北方地区区域一体化指数

城乡协调发展指数由城乡收入差距指数、城镇化水平指数、城乡卫生水平差距指数、城乡基础设施差距指数和城乡教育差距指数通过熵权法计算得出。从图 4-134 可知，2012~2017 年南北方城乡协调发展水平并无明显差距。原因在于首先"协调南北方"是新形势下促进区域协调发展的战略思路（黄征学，2016）；其次，2013 年中央一号文件提出要以城乡一体化解决"三农"问题，建立城乡要素平等交换机制，缩小城乡发展差距；最后，2015 年党的十八届中央委员会第五次会议进一步提出要坚持协调发展，正确处理发展中的重大关系，重点促进城乡协调发展，如健全农村基础设施投入的长效机制，并推动城镇公共服务向农村延伸。但是从 2018 年开始南北方地区间城乡协调发展水平出现明显差距，呈现为"北方地区的城乡协调发展水平优于南方地区"，其原因可能是由于北方地区凭借一系列的战略及政策推动城乡协调发展，如在华北地区，国家积极推进京津冀一体化进程，以疏解北京非首都功能为重要抓手，促进周边农村的经济发展；在西北地区国家则规划编制了《黄河流域生态保护和高质量发展战略规划纲要》，构建区域城乡发展新格局，因此在这一时间段南方地区城乡协调发展水平低于北方地区。

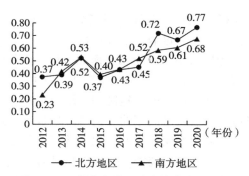

图 4-134 南北方地区城乡协调发展指数

社会协调发展指数（基本公共服务均等化指数）由教育水平指数、就业机会指数、医疗水平指数和社会保障指数通过熵权法计算得出。图 4-135 显示，南北方地区之间的社会协调发展程度对比情况，整体来看，尽管初期（2012~2014年）南北方地区社会协调发展水平存在一定差距，但之后一直呈现良性发展状态。具体而言，2012~2014 年北方地区的社会协调发展水平优于南方地区，主要原因在于 2014 年之前，南方地区的人均医疗卫生支出低于北方地区，导致南方地区的医疗发展水平相对落后于北方地区，进一步拉大了南北方地区社会协调发展水平之间的差距。2015~2020 年，南北方地区社会协调发展水平基本呈稳步增长态势，且两者社会协调发展水平相近。在"十三五"规划的引领下，在公共教育方面，我国积极采取提升教育质量的一系列措施，持续扩大优质教育资源的覆盖面；在就业方面，我国坚持不断完善居民的就业保障措施，创造更多的就业岗位，为高校毕业生提供就业招聘服务、为低技能劳动力提供就业援助等；在医疗方面，我国不断完善基层医疗服务体系，争取让更多居民享受医疗服务；在社会保障方面，我国积极实施全民参保计划，降低社会保险费率，进一步完善社会保障服务体系。以上这些方面，南北方地区均从中受益且受益程度无明显差别，进一步保障了南北方地区间社会协调发展水平较为均衡。

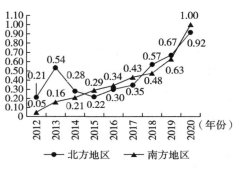

图 4-135 南北方地区社会协调发展指数

资源环境协调发展指数主要由能源消耗指数、碳排放指数、污染治理指数、资源利用指数和生态排放指数通过熵权法计算得出。南北方地区的资源环境协调发展指数的动态演变趋势如图4-136所示，南北方地区间的资源环境协调发展水平的差距主要是从2013年开始扩大，呈现出南方地区的资源环境协调发展水平优于北方地区，虽然在发展过程中南北地区的差距出现短暂缩小阶段，但整体上南方地区的资源环境协调发展水平高于北方地区。出现这种现象的主要原因为南北方地区产业转型升级速度存在明显差距，北方地区由于注重发展重工业、资源型产业，尤其是黄河流域产业结构倚能倚重、低质低效问题突出，第二产业占比过高，导致产业转型升级速度较慢。南方地区则主要以发展轻工业和服务业等产业为主，由于轻工业产品的生命周期更短，距离消费市场更近，所以对市场变化所带来的反馈信息更为迅速，企业可以更快地完成设备的更新换代，进行产业转型升级。在前期北方地区主导产业相比于南方地区能源消耗量大、废气排放量高，此时南北方地区资源环境协调发展差距扩大，但随着时间推移北方地区产业结构升级，南北方地区资源环境协调发展水平的差距逐渐缩小。

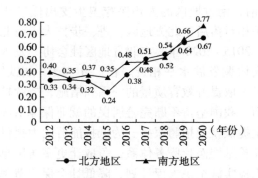

图4-136　南北方地区资源环境协调发展指数

三、小结

自党的十八大之后，我国继续完善和实行区域总体发展战略，通过上述分析，本节研究发现南北差距扩大仍是阻碍区域协调发展的重要问题。从区域经济发展差距、区域一体化、城乡协调发展、社会协调发展、资源环境协调发展五个方面综合来看，新时代我国南北方地区差距总体呈现缩小态势，其中城乡协调发展、社会协调发展、资源环境协调发展的协同变动起到了关键作用。但是，南北方地区间的区域经济发展差距和区域一体化的扩大是阻碍南北差距进一步缩小的重要原因，具体而言：第一，从区域经济发展差距来看，由于北方地区资源型产业占比过高、经济增长新动能培育不足等因素的影响，使南北地区在产业结构优化和新旧动能转换方面存在差异（杜宇和吴传清，2020）。此外，相较于北方地区，南方地区的科技投入水平更高和创新成果转化能力更强，这加剧南北方经济的分化。第二，从区域一体化层面来看，南北方差距仍然明显，相较于南方地区，北方地区政府对市场干预较强，虽然这使商品零售价格指数趋于稳定，但同时也会造成市场活力不足，难以在资源配置中起决定性作用。

　　基于上述结论，本节认为在推进区域协调发展的过程中，需要关注导致南北差距扩大的重点影响因素，多措并举来确保南北均衡发展。因此，为进一步缩小南北差距，应该注意以下三点：第一，缩小南北方区域经济发展差距，具体而言，要推动北方地区创新发展，实现传统产业高端化，增加产品附加值，另外还要加快发展先进制造业和新兴产业，促进北方地区产业转型升级。第二，缩小南北方区域一体化发展差距，应加强南北方地区深度融合发展。大力推进市场化改革，实现资本、劳动力、土地等要素充分流动，建立高效规范、公平公正的全国统一大市场，借以促进南北方商品贸易往来，促进南北方区域协调发展。第三，缩小南北地区的生态环境质量的差距，应该加强区域环境的协同治理，通过多元化治理模式来提高环境治理效果。同时，在生态严重退化的北方地区应加快推动绿色转型发展、优化产业结构来提高资源利用效率，从而促进污染减排。

第五章　区域协调发展重大战略成效

自党的十八大以来，我国区域发展战略在持续推进区域发展总体战略的同时，更加注重顶层设计，优化经济发展空间格局，协调发展成为区域发展战略的核心。基于此，党中央、国务院提出重点实施京津冀协同发展、长江经济带发展、长三角一体化、黄河流域生态保护和高质量发展等一系列区域重大战略①。以京津冀协同发展推动调整区域经济结构和空间结构。以"共抓大保护，不搞大开发"为导向，充分发挥长江经济带横跨东中西三大板块的区位优势，推动长江中下游地区协调发展和沿江地区高质量发展。加强黄河流域治理与保护，保障黄河长治久安，促进沿黄地区经济高质量发展。同时，推动陆海统筹发展，合理布局陆海发展空间成为建立区域重大战略统筹机制的关键举措。基于此，本章聚焦实现战略目标和提升引领带动能力，旨在通过评价区域重大战略实施效果，为促进区域间融合互动、融通互补提供针对性参考。

第一节　深入推动京津冀协同发展

自党的十八大以来，我国区域协调发展已取得重大历史成果。京津冀协同发展作为促进我国区域协调发展的重大战略之一，目前已推动京津冀三地形成了优势互补、互利共赢的发展格局。京津冀区域内部经济发展差距扩大、基础公共服务不足以及生态环境脆弱等问题依然存在，并阻碍着京津冀协同发展进程。因此，梳理京津冀协同发展历程并剖析影响其发展进程的内在因素，对于深入推动京津冀协同发展，促进我国区域协调发展具有重要的理论及实践意义。

---

① 虽然"长三角一体化"是国家区域重大战略之一，但"长江经济带"这一战略所覆盖的地理范围中已包含了"长三角"区域，同时考虑到"长三角"也是我国推进区域一体化建设的重要城市群之一，故本书将长三角的区域评价放至第六章中进行论述，本章不再进行重复分析。

一、历程梳理及问题提出

京津冀作为继长三角、珠三角之后我国的第三个增长极，自改革开放以来备受关注，因此梳理改革开放以来京津冀区域发展历程，探究阻碍其发展的深层原因意义重大。截至 2021 年，京津冀以占全国 2.3% 的土地聚集了全国 7.9% 的人口，创造的生产总值占全国的 8.4%，由此可见京津冀对我国经济发展具有举足轻重的作用。本节将京津冀区域发展的历程划分为三个阶段：萌芽阶段（1978~2003 年）、合作阶段（2004~2012 年）和协同阶段（2013 年至今）。

（一）萌芽阶段（1978~2003 年）

1981 年，华北地区成立了华北经济技术协作区，这是最早的区域经济合作组织，协作区由北京、天津、河北、山西和内蒙古五省份组成，这是第一个包含京津冀的区域合作组织。1982 年《北京城市建设总体规划方案》中首次提到了首都圈的概念，首都圈分为内圈和外圈，内圈包括北京、天津两市和河北省的唐山、廊坊和秦皇岛三市，外圈包括承德、张家口、保定和沧州。1988 年，北京市与河北的保定、廊坊、唐山、秦皇岛、张家口、承德六市组成环京经济协作区，建立市长、专员联席会议制度。1994 年出台的《北京城市总体规划（1991—2010年）》明确指出：北京要利用首都的科技、人才优势，按照自愿互利、平等协商、优势互补、协调发展的方针，促进和加强京、津地区的经济技术协作，为区域经济的繁荣发展作出贡献。1996 年，《北京市经济发展战略研究报告》首次提出"首都经济圈"的概念。2001 年 12 月，河北省召开了环京津工作会议，在会议中提出要树立"大北京"观念，建设京津保、京津唐、京津承三个"金三角"，充分发挥环京津的区位优势，加快河北的发展（张耀军，2014）。自改革开放以来，京津冀区域发展一直是各界关注的焦点，无论是学者提出的"大北京"概念还是政府组织关于京津冀区域发展各种形式的探讨，都是各方为京津冀区域发展所作出的努力。鉴于此阶段大部分推进京津冀区域发展的讨论均停留在概念和设想层面，故称该阶段为萌芽阶段。

（二）合作阶段（2004~2012 年）

2004 年是京津冀区域发展具有实质性的一年，2004 年 2 月 12~13 日，在京津冀区域经济发展战略研讨会上达成了"廊坊共识"，提出在公共基础设施、资源和生态环境保护、产业和公共服务等方面加速一体化进程，这标志着京津冀三地的合作开始从务虚转向务实。2005 年，《北京城市总体规划（2004—2020年）》为京津冀的整体发展绘制了详尽的蓝图，京津冀整体发展及其对北京城市发展的意义被写入规划总则之中。此外，由于城市发展过程中人口过度聚集、环境恶化、交通拥挤等问题开始影响到北京的经济发展质量，所以 2005 年城市总体规划的颁布标志着北京开始主动寻求合作。2006 年 10 月 11 日，北京市和河北省正式签署《北京市人民政府　河北省人民政府关于加强经济和社会发展合作备忘录》，双方在交通基础设施、水资源和生态环境保护、能源开发、旅游、农业等九个方面展开合作，以期促进两地经济和社会的可持续发展。2007 年 6 月，天津和河北两省市在天津召开了经济交流工作座谈会，就交通基础设施建设、人才交流等 12 个方面展开合作。2008 年 11 月 28 日，天津市和河北省签署了《天津市人民政府　河北省人民政府关于加强经济和社会发展合作备忘录》，共同推进滨海新区、曹妃甸新区和渤海新区的建设。2008 年 12 月 4 日，北京市和河北省在北京召开座谈会，并且签署了《北京市人民政府　河北省人民政府关于进一步深化经济社会发展合作的会谈纪要》，合作主要包括交通基础设施、水资源和环境保护、旅游合作、教育合作、商贸合作、劳务市场合作、电力开发合作、建筑市场合作。2011 年国家"十二五"规划正式把"京津冀一体化""首都经济圈"的概念写入规划中，"京津冀"一体化在国家层面得到强有力的推动。

综上所述，2004~2012 年京津冀区域发展终结了"纸面文章"和概念层面的研究，向实质性的合作阶段迈进。

（三）协同阶段（2013 年至今）

2013 年 8 月，习近平总书记在北戴河主持研究河北发展问题时强调，在谱写新时期社会主义现代化京津"双城记"的基础上，要积极推动京津冀协同发展。2014 年 2 月 26 日，习近平总书记主持召开专题座谈会，阐述推进京津冀协同发展的重大意义，指出京津冀要"抱团"协同发展，这标志着京津冀协同发展正式上升为国家战略。2015 年中央政治局召开会议审议通过《京津冀协同发展规划纲要》（以下简称《规划纲要》），《规划纲要》指出，推动京津冀协同发展是国家重大战略，核心是有序疏解北京非首都功能，同时要在京津冀一体化、生态环境保护、产业升级转移等重要方面率先取得突破。2015 年 12 月 8 日，国家发展改革委和交通运输部联合编制的《京津冀协同发展交通一体化规划》提出，扎实推进京津冀主要城市间的互联互通，构建"四纵四横一环"的主骨架，为打造成为世界级城市群提供保证。2015 年 12 月 30 日，国家发展改革委、环境保护部发布的《京津冀协同发展生态环境保护规划》指出，要始终坚持"一盘棋"的思想，加快扩展生态空间，强化生态环境治理，将京津冀区域打造成为环境修复和生态环境改善示范区。2016 年《"十三五"时期京津冀国民经济和社会发展规划》发布，提出京津冀地区要力争在城市群发展、交通基础设施建设、产业转型升级、民生改善等方面进行统一布局，并提出调整京津冀的经济结构和空间结构，探索密集经济区的发展模式。2016 年 6 月 7 日，工业和信息化部、北京市人民政府、天津市人民政府和河北省人民政府四部门联合印发了《京津冀产业转移指南》，引导京津冀产业合理转移，优化产业布局，加快产业转型升级。2018年11月，中共中央、国务院提出推动北京城市副中心建设，以疏解北京非首都功能为"牛鼻子"推动京津冀协同发展。2019年1月，在京津冀协同发展座谈会上，习近平强调要从全局的高度和更长远的考虑来认识和做好京津冀协同发展工作，增强协同发展的自觉性、主动性、创造性，保持历史耐心和战略定力，稳扎稳打，勇于担当，敢于创新，善作善成，下更大气力推动京津冀协同发展取得新的更大进展。2020年5月，河北首次冠名发行"京津冀协同发展专项债券"，重点支持北京大兴国际机场临空经济区开发建设，为临空经济区高质量建设注入强劲动能。

在这一阶段，京津冀区域协调发展机制逐步建立，京津冀区域发展不再是简单的地方之间的合作，而是从国家层面布局京津冀区域发展，实现全方位协同发展。京津冀区域发展已从要素和市场的一体化转化为资本市场的一体化，从交通一体化转化为区域政策一体化（孙久文和原倩，2014）。总体而言，京津冀区域协同发展程度明显增强，为深入推进京津冀区域协调发展进程创造了良好环境。但是京津冀区域内部仍存在经济发展差异大、优质资源疏解进程缓慢以及环境治理与人民期望存在差距等问题。基于此，深入探究京津冀区域协调发展水平变化及其内在原因，对于实现京津冀区域协调发展具有重要的理论依据和政策参考意义。

二、京津冀区域协调发展成效

（一）京津冀区域协调发展指数总体评价

由图5-1可知，京津冀区域协调发展指数除了2013~2016年出现短暂下降，在2012~2020年整体呈现增长趋势。根据图5-4至图5-6可知，推动京津冀城乡、社会以及资源环境协调发展是实现京津冀区域协调发展重要驱动力量。京津冀区域经济发展差距（见图5-2）逐年扩大，且2013~2016年京津冀区域一体化指数（见图5-3）明显下降，这是造成京津冀区域协调发展指数回落的主要原因。这与北京的政治与经济功能有关，北京作为我国首都，政治、文化、科技、教育等资源丰富，吸引大批优质资源以及产业流入北京（赵宏，2014），并且京津冀地区政府对于企业的控制能力强，区域间要素不能自由流动，致使京津冀区域经济发展差距扩大、区域一体化程度下降，使京津冀区域协调发展指数出现短暂下降。

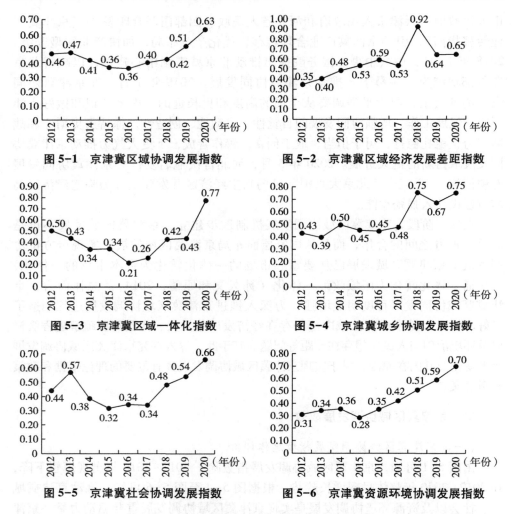

图 5-1 京津冀区域协调发展指数

图 5-2 京津冀区域经济发展差距指数

图 5-3 京津冀区域一体化指数

图 5-4 京津冀城乡协调发展指数

图 5-5 京津冀社会协调发展指数

图 5-6 京津冀资源环境协调发展指数

　　综上所述,京津冀地区积极推动社会协调发展、促进城乡协调发展以及加强环境治理等措施,对区域协调发展进程产生了积极影响,但京津冀区域经济发展差距扩大、区域一体化进程曲折等因素导致京津冀区域协调发展受到阻碍。为深入剖析京津冀区域协调发展变动情况及原因,本节将根据一级指标和二级指标变化展开进一步分析。

　　(二)京津冀区域经济发展差距指数评价及分析

　　京津冀区域经济发展差距总体上呈现逐年增大的态势(见图 5-2),但于2017~2019 年出现短暂的大幅度上升和回落,2018 年京津冀区域经济发展差距指数较 2017 年增长 0.39,而后于 2019 年下降至 0.64,下降了 0.25。根据图 5-7 至图 5-10,京津冀人均地区生产总值差距、固定资产投资差距、非农产业劳动生产率差距以及创新投入差距大幅扩大是造成区域经济发展差距扩大的主要原因。从京津冀区域人均 GDP、固定资产投资占 GDP 比重以及二、三产业增加值与二、三产业就业人员数比例的地区差距来看，京津冀地区间产业分布不均，部分地区经济效率较低。中共中央、国务院于 2018 年明确要求推动京津冀协同发展，自 2017 年后，京津冀地区人均生产总值差距并未出现明显的扩大趋势、固定资产投资以及财政收入和财政支出差距扩大幅度减小（见图 5-11）；并且《京津冀协同发展规划纲要》强调要构建京津冀区域创新体系，建设区域创新共同体，不断整合区域创新资源，促使 2012~2020 年京津冀地区创新投入差距持续缩小，缓解了京津冀区域经济发展差距扩大的趋势。综上所述，说明京津冀地区还应继续推动产业转移以及产业转型升级（毛汉英，2017），并且加大区域创新体系建设力度。

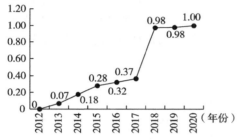

图 5-7 京津冀人均地区生产总值差距指数

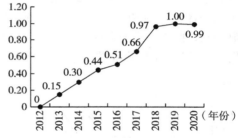

图 5-8 京津冀固定资产投资差距指数

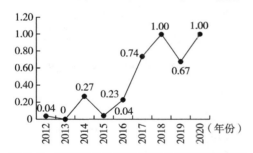

图 5-9 京津冀非农产业劳动生产率差距指数

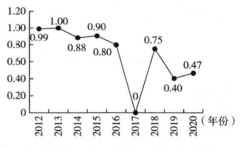

图 5-10 京津冀创新投入差距指数

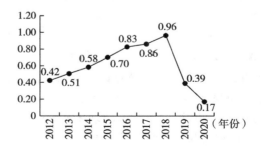

图 5-11 京津冀财政收入和财政支出差距指数

（三）京津冀区域一体化指数评价及分析

京津冀地区区域一体化如图 5-3 所示，2012～2016 年该指数呈现下降趋势，2016 年京津冀区域一体化指数为 0.21，较 2012 年下降了 0.29，由图 5-13 和图 5-14 可知，京津冀区域贸易流以及客运量下降是导致区域一体化指数下降的主要原因。这可能是由于京津冀地区商品零售价格指数波动的一致性较低，并且京津冀三方存在利益冲突（薄文广和陈飞，2015），导致京津冀区域市场经济发展受到限制，使得京津冀地区间资源、人才等要素不能自由流动，京津冀地区货物周转量占 GDP 比重、客运量占地区总人口比重逐年下降，致使区域贸易流以及客运量逐年降低。2016～2020 年京津冀区域一体化指数明显增长，由 0.21 增长至 0.77，原因主要在于 2015 年发布的《京津冀协同发展规划纲要》中强调，要推动京津冀交通一体化、要素市场一体化，加快破除体制机制障碍，京津冀地区市场一体化（见图 5-12）以及交通一体化（见图 5-15）在 2016～2020 年呈现明显增长，此外，京津冀区域贸易流在 2019～2020 年也出现明显增长（见图 5-13），促进了 2016 年后京津冀区域一体化水平提高。

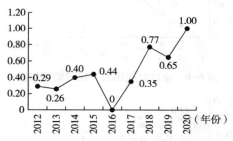

图 5-12　京津冀市场一体化指数

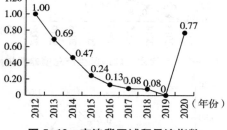

图 5-13　京津冀区域贸易流指数

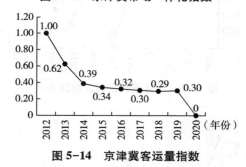

图 5-14　京津冀客运量指数　　　　　图 5-15　京津冀交通一体化指数

根据上述分析可知，京津冀市场一体化以及交通一体化是实现地区区域一体化的重要推动力量，应继续规范京津冀地区市场运作机制，构建统一开放、有序竞争的市场体系（方创琳，2017），持续推动京津冀区域一体化进程。

（四）京津冀城乡协调发展指数评价及分析

2012～2020 年，京津冀地区城乡协调发展水平总体呈逐年上升趋势（见图

5-4)，我国"十二五"规划提出"科教兴国"以及"人才强国"战略，并且强调改善民生，"十三五"规划中提出推动新型城镇化和新农村建设协调发展，促进公共资源在城乡间均衡配置，对京津冀地区城乡协调发展具有积极的推动作用。由图5-16、图5-19以及图5-20可知，城乡收入差距、城乡基础设施建设差距以及城乡教育整体呈现下降态势，城镇化水平逐年上升（见图5-17），对京津冀地区城乡协调发展具有积极的推动作用。京津冀地区城乡协调发展指数在2017~2018年明显增长，由0.48上升至0.75，由图5-16可知，京津冀地区城乡收入差距的缩小是促使城乡协调发展出现大幅增长的重要原因。但是，农村医疗卫生水平较为落后，京津冀城乡卫生水平差距（见图5-18）呈逐年上升态势，并且由城乡居民人均可支配收入比例可知，城乡居民收入差距虽有所下降但差距仍然较大，对于京津冀城乡协调发展起到了一定的负面影响。

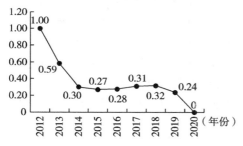

图5-16　京津冀城乡收入差距指数

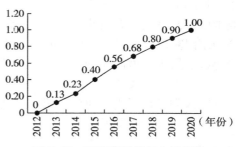

图5-17　京津冀城镇化水平指数

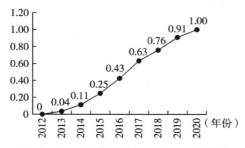

图5-18　京津冀城乡卫生水平差距指数

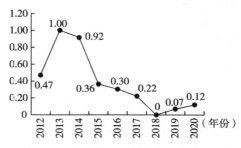

图5-19　京津冀城乡基础设施差距指数

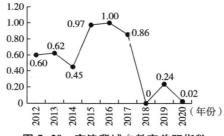

图5-20　京津冀城乡教育差距指数

我国"十四五"规划强调要"城乡互补、协调发展",但根据上述分析可知,京津冀地区仍需缩小城乡居民收入差距、统一基本公共服务标准,促进农村教育以及医疗卫生水平提高,提升乡村基础设施和公共服务水平。

（五）京津冀社会协调发展指数评价及分析

京津冀社会协调发展指数在 2012~2020 年整体呈上升趋势,具体而言,第一阶段（2012~2013 年）为京津冀社会协调发展水平上升期,2011 年,我国进入"十二五"规划元年,提出实施"科教兴国战略"和"人才强国战略",以及"改善民生、建立健全基本公共服务体系",使京津冀地区教育水平、就业水平以及医疗水平在 2012~2013 年均有明显提升,京津冀地区社会协调发展水平也因此在 2012~2013 年出现明显增长。第二阶段（2013~2017 年）,京津冀社会协调发展指数呈下降趋势,2017 年下降至 0.34。2013~2017 年,京津冀地区教育水平持续下降,这是导致该地区社会协调发展指数增速缓慢的主要原因,由京津冀地区公共财政教育支出占 GDP 比重可知,京津冀地区教育投入年增长缓慢,说明京津冀地区教育方面仍需继续加强。第三阶段（2017~2020 年）,京津冀社会协调发展水平再次显著提升,由图 5-21 至图 5-24 可知,教育水平、就业水平、医疗水平以及社会保障的提高是京津冀社会协调发展的重要推动力量。"十三五"规划指出促进京津冀区域公共服务均等化、实现基础设施共建共享,推进了京津冀社会协调发展进程。

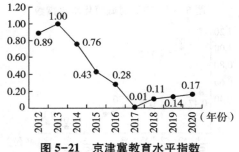

图 5-21 京津冀教育水平指数

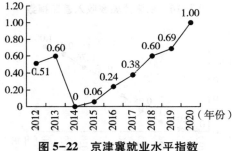

图 5-22 京津冀就业水平指数

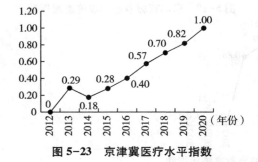

图 5-23 京津冀医疗水平指数

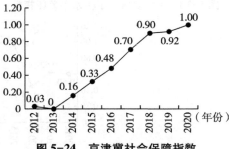

图 5-24 京津冀社会保障指数

（六）京津冀资源环境协调发展指数评价及分析

2012~2020年，京津冀资源环境协调发展进程持续向好，如图5-6所示，京津冀资源环境协调发展指数基本呈持续增长态势，且2015年后京津冀资源环境协调发展指数增长幅度明显扩大。根据图5-25至图5-29可知，京津冀能源消耗以及污染排放量基本呈逐年下降趋势，京津冀污染治理以及生态建设强度逐年加强，这是推动京津冀资源环境协调发展进程的重要力量。自京津冀协同发展战略提出以来，京津冀地区非常重视生态环境建设，并且《京津冀协同发展规划纲要》将生态环境保护作为三大率先突破的领域之一，改善空气质量力度以及环境执法联动力度加大、关停环境污染企业、严查各类环境污染行为，使三地的PM$_{2.5}$浓度持续降低，城市绿地面积显著增加，在很大程度上推动了京津冀资源

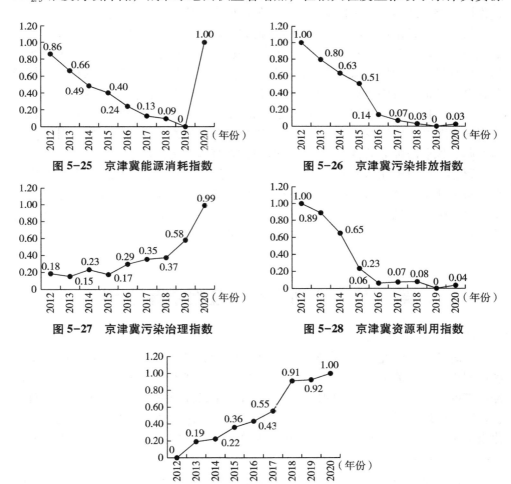

图5-25 京津冀能源消耗指数

图5-26 京津冀污染排放指数

图5-27 京津冀污染治理指数

图5-28 京津冀资源利用指数

图5-29 京津冀生态建设指数

环境协调发展进程。由图 5-28 以及图 5-25 可知，京津冀地区资源利用效率较低，并且 2019~2020 年能源消耗量大幅上升，说明仍需继续提升京津冀地区环境基础设施水平，完善生态环境治理体系。

三、小结

京津冀三地只有协调好各方面资源，才能为京津冀区域协同发展创造有利环境，进而有效推动京津冀区域协同发展进程。一方面，京津冀区域经济发展差距逐年扩大，阻碍着三地的协同发展；另一方面，京津冀区域一体化、城乡协调发展、社会协调发展以及资源环境协调发展进程都在稳定推进，在一定程度上缓解了京津冀三地经济差距扩大带来的消极影响，对京津冀区域协同发展起着正向促进作用。综上所述，未来推动京津冀区域协同发展应注意以下三点：

第一，探索市场化的产业园区合作模式，鼓励中关村科技园区在天津、河北成立飞地园区、合作园区等形式，由双方成立市场化的园区管理公司对园区规划、运行等进行管理，探索利润共享机制。同时，加快京津冀区域内科技创新资源整合，打造科技创新资源信息平台，建立区域创新合作的协调机制。

第二，推进城乡基本公共服务统一标准，增加医疗、教育等公共服务投入，实现城乡互补、协调发展。针对乡村基础公共服务质量偏低问题，应提升下乡优秀教师、执业医师等的薪资水平，提升农村教育以及医疗水平。

第三，以疏解北京非首都功能为核心，解决北京"大城市病"为基本出发点。疏解北京非首都功能切实需要真正把优质资源与天津、河北共享。建议北京从存量上疏解一批三甲医院与知名高校，真正实现京津冀优质资源共享发展。高质量推进城市副中心的建设，加强与北三县的协同发展。

第二节　全面推动长江经济带发展

新时期，长江经济带①作为稳定我国经济增长的"压舱石"，在我国经济发展过程中占据至关重要的地位，具有巨大的经济发展潜力。本节首先梳理了长江经济带的发展历程及存在的问题；其次，分析了长江经济带区域协调发展，具体包括区域协调发展指数总体评价、区域经济发展差距指数评价及分析、区域一体化指数评价及分析、城乡协调发展指数评价及分析、社会协调发展（基本公共服

---

① 长江经济带的地域范围包括上海、江苏、浙江、安徽、江西、湖北、湖南、重庆、四川、贵州、云南 11 个省市。

务均等化）指数评价及分析和资源环境协调发展指数评价及分析；最后，提出了进一步促进长江经济带发展的相关建议。

一、历程梳理及问题提出

自 20 世纪 80 年代开始，我国长江经济带的发展历程大致可以分为三个阶段，分别为早期构想阶段（1980~1992 年）、中期探索阶段（1992~2012 年）和全面推进阶段（2012 年至今）。①早期构想阶段（1980~1992 年）：这一时期主要属于长江经济带构想的思想萌芽阶段，这一构想由学术界发起，如陆大道（1987）提出要在沿海与沿长江两个开发轴线之间构建"T"字形发展格局，建立能够实现我国东西部地区横向联系的经济区。"七五"计划时期，党中央更是强调要加大长江经济带的经济开发力度，增强我国东西部地区横向经济的联动性（李储和徐泽，2020）。②中期探索阶段（1992~2012 年）：在这一阶段，对于长江经济带发展的研究已从学术层面上升至政策层面。1992 年，党中央提出推动长江经济带发展的构想。1995 年党的十四届五中全会进一步指出，要建设以上海为龙头的长三角及沿江地区经济带。进入 21 世纪以来，2005 年上海、江苏、安徽、江西、湖北、湖南、重庆、四川和云南在北京签署《长江经济带合作协议》，力争打造一体化市场，构建长江经济带协同发展机制。③全面推进阶段（2012 年至今）：2014 年，党中央正式发布《国务院关于依托黄金水道推动长江经济带发展的指导意见》，标志着长江经济带发展被正式纳入国家战略。至此，长江经济带进入了全速发展阶段并取得丰硕成果。

总体而言，长江经济带的建设取得积极进展，但也存在一些亟须解决的问题。具体而言：第一，产业结构亟须优化，如长江经济带下游省份的产业结构同质化问题最为突出，不利于区域间的分工协作；第二，环境污染问题严重，长江经济带沿线高污染企业居多，生态文明建设任重道远；第三，城镇化率整体水平较低，城乡基础设施服务体系有待完善。基于此，深入分析长江经济带发展过程中存在的问题，对推动长江经济带产业结构转型升级，实现经济社会的可持续发展具有重要的理论参考和政策借鉴意义。

二、长江经济带区域协调发展成效

（一）长江经济带区域协调发展指数总体评价

区域协调发展指数总指标由区域经济发展差距、区域一体化、城乡协调发展、社会协调发展与资源环境协调发展构成。如图 5-30 所示，2012~2020 年长江经济带区域协调发展指数整体呈现上升趋势，区域协调发展指数值从 2012 年的 0.34 上升到 2020 年的 0.68，说明长江经济带区域协调程度日趋加强，但长江经济带的区域协调发展指数在 2014~2016 年出现短暂下降。具体而言，城乡协调发展（见图 5-33）、社会协调发展（见图 5-34）和资源环境协调发展（见图 5-35）整体均呈现上升趋势，对促进长江经济带区域协调发展起到了至关重要的推动作用。区域经济发展差距（见图 5-31）的扩大和区域一体化（见图 5-32）程度的下降则延缓了长江经济带区域协调发展的稳步推进。因此，为深入理解长江经济带区域协调发展指数变动情况，本节将详细分析区域协调发展不同方面的变动情况，通过分析各维度的发展状态，剖析长江经济带区域协调发展的现实问题，为促进长江经济带区域协调发展指明方向。

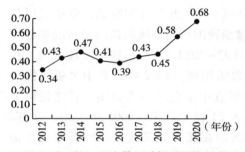

图 5-30　长江经济带区域协调发展指数

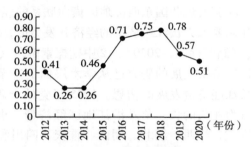

图 5-31　长江经济带区域经济发展差距指数

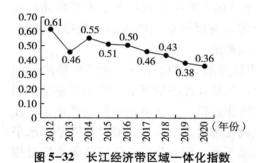

图 5-32　长江经济带区域一体化指数

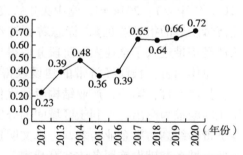

图 5-33　长江经济带城乡协调发展指数

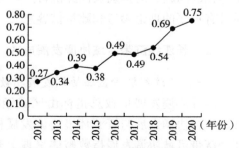

图 5-34　长江经济带社会协调发展指数

图 5-35　长江经济带资源环境协调发展指数

（二）长江经济带区域经济发展差距指数评价及分析

长江经济带区域经济发展差距指数整体呈现上升趋势（见图5-31），尤其是在2014～2018年，上升趋势更为显著，区域经济发展差距指数由2013年的0.26增加至2018年的0.78。区域经济发展差距指数在2014～2018年大幅上升主要是由固定资产投资差距指标与财政收入和财政支出差距指标的变动所导致。图5-36和图5-37分别绘制了固定资产投资差距指标与财政收入和财政支出差距指标的变动情况，可以看出两个指标的变动趋势均在2014～2018年大幅上升。具体而言，长江经济带可以划分为三个地区，分别为上、中、下游地区，其中下游地区（如浙江省、上海市）经济发展水平最高，与上游省份（如云南省）的经济发展情况形成了鲜明对比（黄勤和林鑫，2015），尤其是自2014年长江经济带建设被确立为国家战略后，以开发房地产为主的固定资产投资浪潮在下游地区更是如火如荼地进行，扩大了长江经济带不同流段的固定资产投资差距，同时，对长江下游省份而言，建设浪潮带来的财政收入更为可观，进一步拉大了长江下游省份与中上游省份之间的财政收入与支出差距，从而影响区域经济发展差距。

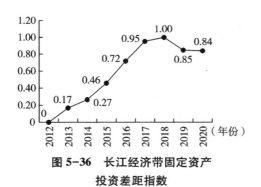

图5-36　长江经济带固定资产
投资差距指数

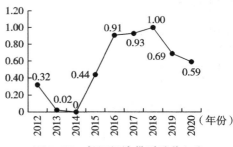

图5-37　长江经济带财政收入和
财政支出差距指数

（三）长江经济带区域一体化指数评价及分析

由图5-32可知，长江经济带区域一体化指数整体呈现下降趋势，由2012年的0.61下降至2020年的0.36，这主要归因于区域贸易流（见图5-38）、客运量（见图5-39）在整个时间段内出现了直线式下滑。具体而言，在计算区域贸易流与客运量时，分别使用了货物周转量、客运量的原始数据，这两个指标在长江经济带不同流段内存在较大差距，比如2017年仅浙江省的货物周转量与客运量分别为10105.81亿吨千米、107293万人，而同一时期云南省的货物周转量与客运量分别为1798.67亿吨千米、47047万人，浙江省在2017年的货物周转量与客运量分别约是云南省的5.6倍、2.3倍，两省之间存在明显差距。就地理条件而言，长江经济带下游地区港口众多，更有利于发挥规模效应与扩散效应，对周边地区产生了正外部性影响。例如，江苏省作为长江下游地区航道的重要组成部分，仅在 2017 年借助港口群所完成的货物吞吐量占长三角地区货物吞吐量近 40%，是该区域交通网络内重要的交通枢纽（刘峻源和周威平，2020）。长江经济带的上游地区，由于地处内陆，缺少优良的港口条件，货物周转能力明显比港口集群地区的货物周转能力略逊一筹。同时，与中、上游地区相比，下游省市对外开放程度更高，一些制造业的发展水平也就更高，在积极引进外资的同时促进了当地企业的发展，为劳动力提供了更多的就业岗位，这与中、上游地区的对外开放程度形成了鲜明的对比（杨玲，2019）。尽管交通一体化（见图 5-40）在 2012~2019 年呈现整体上升的趋势，对促进长江经济带区域一体化有着重要作用，但由于区域贸易流与客运量的限制，长江经济带的区域一体化程度最终呈现下降态势。同时，交通一体化在 2019~2020 年出现短暂下降趋势（由 0.98 下降至 0.91），可能是受新冠疫情的影响，区域内交通网络的建设工作暂缓推进。

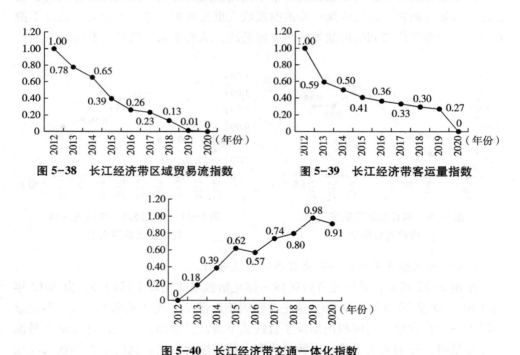

图 5-38　长江经济带区域贸易流指数　　　　图 5-39　长江经济带客运量指数

图 5-40　长江经济带交通一体化指数

（四）长江经济带城乡协调发展指数评价及分析

2012~2020 年长江经济带城乡协调发展指数整体呈现上升趋势（见图 5-33），由 2012 年的 0.23 上升至 2020 年的 0.72。具体而言，城镇化水平（见图 5-42）在 2012~2020 年几乎呈直线上升趋势，对推动城乡协调发展起到了关键作用。长江经济带的城乡基础设施差距（见图 5-41）虽整体处于下降状态，但在 2016 年之前呈现上升趋势。2012~2016 年，地方政府更倾向于采取城市偏向型的政策发展经济，如将本地的财政支出大部分用于城市基础设施建设，从而扭曲了资金要素的市场配置，扩大了城乡基础设施差距（彭镇华等，2018）。在 2016 年之后，习近平总书记在深入推动长江经济带发展座谈会上①明确强调，要聚焦民生，完整准确落实区域协调发展战略，推动实现基本公共服务均等化，基础设施通达程度比较均衡。因此，地方政府将更加重视改善民生，正确引导资金的使用方向，加大乡村基础设施建设的资金投入力度，确保缩小城乡基础设施差距，使城乡基础设施差距指标呈现逐年下降趋势。

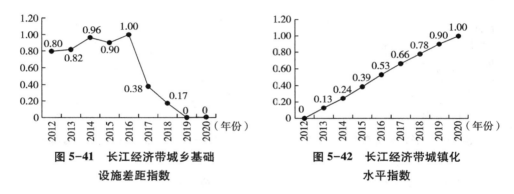

图 5-41　长江经济带城乡基础
设施差距指数

图 5-42　长江经济带城镇化
水平指数

（五）长江经济带社会协调发展指数评价及分析

从社会协调发展（基本公共服务均等化）指数来看，2012~2020 年长江经济带社会协调发展指数整体呈现逐年上升态势（见图 5-34）。具体而言，长江经济带就业水平（见图 5-44）与长江经济带医疗水平（见图 5-45）显著上升成为推动社会协调发展的重要力量。长江经济带教育水平（见图 5-43）在 2016 年之前基本保持平稳状态，仅小幅度波动，2016 年之后教育水平呈现显著上升趋势。同时，社会保障（见图 5-46）也从 2017 年开始显著上升。可能是由于 2016 年 9 月正式印发《长江经济带发展规划纲要》后，沿岸各省市政府积极采取措施提升区域内的基本公共服务整体水平，如加快教育事业的合作发展与完善社会保障体系，其中包括建设一批跨区域教育集团，加大高等教育跨区域合作力度，同时不断完善居民医疗保险的管理措施，扩大基本养老保险的覆盖面②。

---

① 参见 http://cpc.people.com.cn/n1/2019/0831/c64094-31329527.html。

② 参见 https://www.jfdaily.com/news/detail?id=30348。

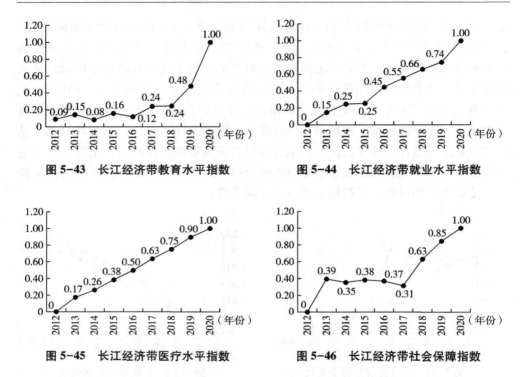

图 5-43　长江经济带教育水平指数　　　图 5-44　长江经济带就业水平指数

图 5-45　长江经济带医疗水平指数　　　图 5-46　长江经济带社会保障指数

（六）长江经济带资源环境协调发展指数评价及分析

对资源环境协调发展指数而言，如图 5-35 所示，长江经济带资源环境协调发展指数整体呈现上升状态，由 2012 年的 0.27 增加至 2020 年的 0.75。从构成指标来看，如图 5-47 所示，长江经济带的污染排放数值呈现逐年递减的趋势（见图 5-48），同时生态建设水平（见图 5-49）逐年升高，既体现了长江经济带节能减排效果显著，又充分说明长江经济带的生态文明建设取得明显成效。对污染治理而言，其数值变动在 2017 年之前变动较为平缓，污染治理效果不明显，但在 2017 年后数值变动骤然递增，原因可能是随着《长江保护修复攻坚战行动计划》印发后，长江沿岸各省级政府针对企业积极开展专项整治行动，如依法关闭产能落后、污染严重的企业，整治企业排污端口不规范、恶意排污等问题。① 这一政策文件将进一步推动企业积极履行环保职责，通过增加环保投资等方式尽可能地减少污染排放。

---

① 参见 https：//www.sohu.com/a/283414931_451642。

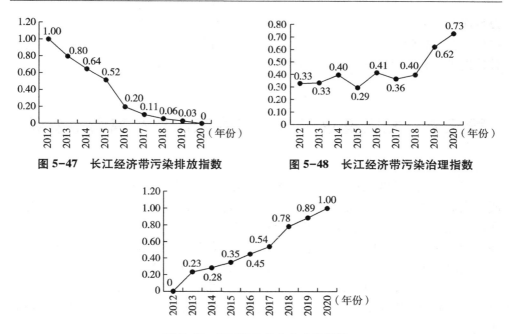

图 5-47 长江经济带污染排放指数

图 5-48 长江经济带污染治理指数

图 5-49 长江经济带生态建设指数

三、小结

全面推动长江经济带发展，是新时期贯彻落实五大新发展理念的现实需要，对于打造区域协调发展新样板，实现经济高质量发展具有重要的战略意义。本节通过分析长江经济带区域协调发展状况，发现长江经济带发展过程中的优势与不足，为实现长江经济带协调发展提供借鉴。研究发现：2012~2020 年，长江经济带区域协调发展指数整体呈上升趋势，说明区域协调程度日趋加强。其中，城乡协调发展、社会协调发展与资源环境协调发展整体呈上升趋势，对于促进区域协调发展起关键作用，然而区域经济发展差距整体呈扩大趋势，区域一体化呈下降趋势，滞缓了长江经济带区域协调发展进程的进一步推进。具体而言，长江经济带的固定资产投资差距、财政收入和财政支出差距仍较大，不利于缩小区域经济发展差距。同时，长江经济带上游地区的货物周转能力明显低于下游地区，区域一体化程度有待进一步提高。

为进一步推动长江经济带区域协调发展，本节针对上述问题提出以下几点建议：首先，长江中上游地区政府应加大固定资产投资力度，如对于固定资产投资给予适当的财政支持，尽可能缩小中上游地区与下游地区间的固定资产投资差距，促进区域经济协调发展；其次，中上游地区应积极扩大对外开放力度，并加大基础设施的建设力度，既吸引外资在本地投资设厂、劳动力的流入，又便于建设贯通上、中、下游地区的交通一体化网络体系，从而提升长江经济带的区域一体化程度；最后，充分发挥长江经济带的航运优势，为沿岸企业加工制造、贸易转移提供便利，促进资源要素的自由流动。

第三节　扎实推进黄河流域生态保护和高质量发展

黄河流域作为我国重要的生态屏障与北方的关键经济地带，在推动经济高质量发展与生态文明建设方面起着至关重要的作用。2019 年，习近平总书记在黄河流域生态保护和高质量发展座谈会上将黄河流域生态保护和高质量发展提升为国家战略。因此，在推进黄河流域生态保护和高质量发展①背景下，需要分析黄河流域生态保护与高质量发展过程中的问题与现状，为促进我国区域协调发展提供参考。本节首先梳理了黄河流域发展历程及存在的问题，其次分析了黄河流域区域协调发展的成效，最后提出了进一步促进黄河流域高质量发展的相关建议。

一、历程梳理及问题提出

习近平总书记曾指出：保护黄河是事关中华民族伟大复兴的千秋大计②。自中国共产党成立以后，黄河流域的发展就进入了一个崭新的阶段。黄河流域的发展历程大体可以分为四个阶段，分别为区域实践阶段（1921~1949 年）、曲折探索阶段（1949~1978 年）、全面规划阶段（1978~2012 年）和战略确立阶段（2012 年至今）。①区域实践阶段（1921~1949 年）：这一时期中国共产党将黄河流域的治理问题重点集中于黄河流域中上游的救灾与建设方面，尽可能保证当地农村居民的生产生活条件。解放战争时期，在我党领导下治黄事业开启了新的篇章，如充分发动群众，建立黄河水利委员会，同时废除国民党时期一些存在弊端的老旧措施。②曲折探索阶段（1949~1978 年）：我国于 1949 年 11 月在北京召开第一次全国水利会议，这次会议确定了我国在中华人民共和国成立初期的水利建设方针，即防止水患，兴修水利，为保障与增加农业生产服务，以达到大量发展生产的目的。1955 年的《关于根治黄河水害和开发黄河水利的综合规划的决议》标志着黄河流域正式进入了综合开发的新阶段，加强水土保持工作的同时持

　　① 《黄河流域生态保护和高质量发展规划纲要》中确定：规划范围为黄河干支流流经的青海、四川、甘肃、宁夏、内蒙古、山西、陕西、河南、山东 9 省区。

　　② 参见 https：//www.gov.cn/yaowen/liebiao/202409/content_6974831.html。

续推进如"三门峡水利枢纽工程"的建设进程。③全面规划阶段（1978～2012年）：1978年党中央召开治理黄河的工作会议，会议上明确提出"除害兴利，变害为利"的治黄思路，在该思路的引领下，当地政府积极开展水土流失治理工作并开发水利水电资源。20世纪90年代初，江泽民同志在黄河治理开发座谈会上强调，黄河的治理开发要兼顾防洪、水资源合理利用和生态环境建设三个方面，即不仅要注重水土保持工作，也要重视生态环境的建设问题。④战略确立阶段（2012年至今）：自党的十八大召开以来，以习近平同志为核心的党中央立足于黄河流域当前生态文明建设的现实情况提出了"绿水青山就是金山银山"的生态文明新理念。2019年，习近平总书记在郑州召开黄河流域生态保护和高质量发展座谈会，这标志着黄河流域生态保护和高质量发展上升到国家战略层面。

黄河流域的发展总体取得显著成效，但是也存在一些问题亟须解决。具体而言，第一，黄河流域发展不协调不充分问题突出，黄河流经的大部分省份均属于欠发达地区，且由于各省份的发展需求不一致，导致各地区间的协调能力较差，经济社会发展相对滞后；第二，城市群发展缓慢，大城市整体偏少，导致城市群的规模效应不强，难以发挥城市群的辐射效应，限制了黄河流域经济的高质量发展（肖金成等，2021）；第三，产业结构发展不合理，产业发展倚能倚重，重工业化特征明显，能源利用效率低下（任保平和豆渊博，2022）。基于此，深入分析黄河流域发展过程中存在的问题，对推动黄河流域生态保护和高质量发展具有重要的政策借鉴意义。

二、黄河流域区域协调发展成效

（一）黄河流域区域协调发展指数总体评价

区域协调发展指数总指标由区域经济发展差距、区域一体化、城乡协调发展、社会协调发展与资源环境协调发展构成。如图5-50所示，黄河流域区域协调发展指数从2012年的0.32上升至2020年的0.57，整体呈上升趋势，这说明区域协调发展程度日趋加强。区域经济发展差距（见图5-51）整体呈现下降趋势，城乡协调发展（见图5-53）、社会协调发展（见图5-54）、资源环境协调发展（见图5-55）均呈现上升趋势，对促进黄河流域区域协调发展具有重要的推动作用。区域一体化（见图5-52）整体上呈现下降趋势，限制了黄河流域区域协调发展能力的进一步提升。因此，本节通过分析黄河流域区域协调发展指数各一级指标的变化趋势及成因，发现黄河流域发展过程中的现实障碍，从而为进一步提升黄河流域区域协调发展程度提供参考。

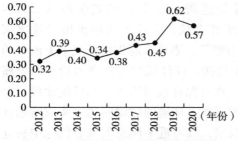

图 5-50　黄河流域区域协调发展指数

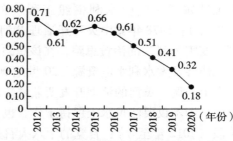

图 5-51　黄河流域区域经济发展差距指数

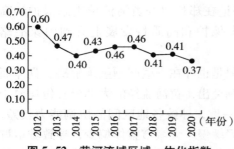

图 5-52　黄河流域区域一体化指数

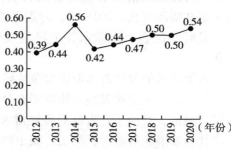

图 5-53　黄河流域城乡协调发展指数

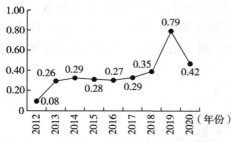

图 5-54　黄河流域社会协调发展指数

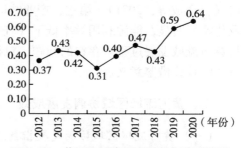

图 5-55　黄河流域资源环境协调发展指数

（二）黄河流域区域经济发展差距指数评价及分析

如图 5-51 所示，黄河流域区域经济发展差距指数整体上呈下降趋势，尤其是在 2015 年之后，区域经济发展差距明显逐年递减，区域经济发展差距指数由 0.66 下降至 0.18，这说明黄河流域的经济发展差距逐年减小，有助于实现区域经济的协调发展。具体而言，固定资产投资差距（见图 5-56）与创新投入差距（见图 5-57）均在 2018 年之前整体呈上升状态，这对缩小区域经济发展差距存在明显的阻碍作用。对固定资产投资差距而言，由于陕北地带地形起伏变化复杂，多为丘陵与沟壑地带，这一地区内不适合进行大规模的固定资产投资（芮旸等，2021）。相比于陕北地区，黄河流域下游省份如山东省，其中平原地带约占全省土地面积的一半以上，对于固定资产投资更具有吸引力。对创新投入差距而言，黄河流域的部分省份如陕西省、山西省等多数城市拥有丰富的资源与能源，由于过度依靠资源要素驱动型发展模式，导致现有的产业结构已经相对固定，一些传统的工业企业依靠原有的粗放式发展模式仍有利可图，缺乏依靠研发投入进行技术创新的动力，不利于经济发展方式由资源要素驱动型向创新驱动型转变（程永生等，2021）。

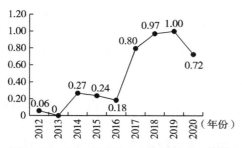

图 5-56　黄河流域固定资产投资差距指数

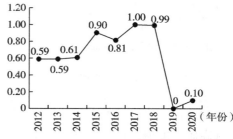

图 5-57　黄河流域创新投入差距指数

（三）黄河流域区域一体化指数评价及分析

如图 5-52 所示，2012～2020 年黄河流域区域一体化指数整体呈下降趋势，由 2012 年的 0.60 下降至 2020 年的 0.37，这主要是由于区域贸易流（见图 5-58）、客运量（见图 5-59）在整个时间段内出现下滑趋势，明显阻碍区域一体化程度的提高。对于区域贸易流（见图 5-58）而言，虽然黄河流域具备一定的航运条件，但限于河流条件（如径流量较小，水深度不够）等自然因素，下游地区的航道无法与上游地区连通，如山东省的诸多港口无法借助黄河的支流与中上游地区进行货物转运（樊杰等，2020），限制了黄河流域整体货运周转能力的提升。同时，山东省港口数量比黄河流域上游地区港口数量多，其货物周转能力更强，2018 年山东省的货物周转量为 9959.88 亿吨千米，而同一时期的甘肃省与陕西省的货物周转量分别为 2609.93 亿吨千米、4025.99 亿吨千米，充分说明了黄河下游地区的货物周转能力明显与中上游地区存在差距，仅靠下游地区的港口难以带动整个流域内区域贸易能力的提升，区域贸易能力整体上仍处于较低水平。对客运量（见图 5-59）而言，整体的客运周转能力较弱。鉴于黄河流域的交通设施发展仍存在不平衡不充分的问题，如铁路网的建设在黄河流域的不同流段存在较大区别，甚至上游地区的个别地级市未开通铁路，导致不同流段内的客运量存在巨大差异，限制了黄河流域整体客运周转能力的提升（伍杰源等，2022）。例如，山东省 2019 年的客运量为 67317 万人，但同一时期的青海省客运量仅有 6313 万人，两者相差 61004 万人。

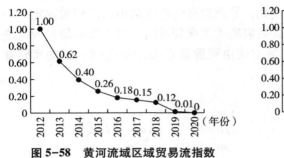

图 5-58　黄河流域区域贸易流指数

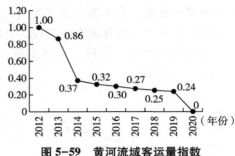

图 5-59　黄河流域客运量指数

（四）黄河流域城乡协调发展指数评价及分析

城乡协调发展是城乡发展规律的必然方向，也是中国不断推进乡村振兴战略与新型城镇化战略的重要实现路径。通过积极推动城乡协调发展，真正促进黄河流域高质量发展。由图 5-53 可知，2012～2020 年黄河流域城乡协调发展指数整体呈上升趋势，由 2012 年的 0.39 上升至 2020 年的 0.54，这主要是由于城镇化水平（见图 5-62）呈直线上升趋势，对于城乡协调发展起到了重要的推动作用。然而，城乡卫生水平差距（见图 5-60）与城乡教育差距（见图 5-61）的扩大明显阻碍了黄河流域城乡协调发展的进程。长期以来，黄河流域存在的城乡二元体制壁垒使城乡之间的要素流动变得更为缓慢（李国正，2020）。例如，一些人才（如教师、医护人员）在面临择业问题时，可能更倾向于选择去城市就业，导致师资力量难以流入乡村，教师资源的配置在城乡之间出现失衡，最终使城乡之间的教育水平差距越来越大。同时，由于农村地区的设施条件落后于城市地区，社会保障服务条件不足，医护人员可能更青睐于留在城市，进一步拉大了城乡之间医疗发展水平的差距，并且相关研究表明：基础设施条件发展不足会限制公共医疗体系的覆盖率（骆永民，2010）。

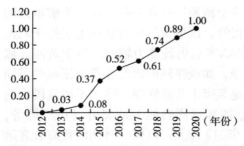

图 5-60　黄河流域城乡卫生水平差距指数

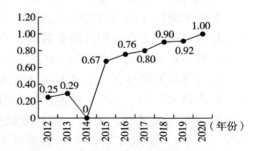

图 5-61　黄河流域城乡教育差距指数

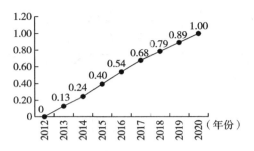

图 5-62 黄河流域城镇化水平指数

（五）黄河流域社会协调发展指数评价及分析

如图 5-54 所示，2012～2020 年黄河流域社会协调发展指数整体呈现上升趋势，由 2012 年的 0.08 上升至 2020 年的 0.42，表明黄河流域社会协调发展程度日益加强。

（六）黄河流域资源环境协调发展指数评价及分析

由图 5-55 可以看出，黄河流域的资源环境协调发展指数整体上处于波动上升的状态，从 2012 年的 0.37 上升到 2020 年的 0.64。其中，污染治理能力的提高（见图 5-64）以及生态建设水平的上升（见图 5-65）是推动黄河流域资源环境协调发展指数上升的关键因素。图 5-55 也反映出黄河流域资源环境协调发展是曲折的，如该指标从 2013 年的 0.43 下降至 2015 年的 0.31，从 2017 年的 0.47 下降至 2018 年的 0.43，原因在于污染治理（见图 5-64）的波动对资源环境协调发展指数的影响较大，两者变化趋势几乎相同，即污染治理分别在 2015 年、2018 年出现下降趋势。具体而言，在计算污染治理指标时所使用的工业废水排放量数据分别在 2015 年、2018 年处于较高水平，限制了黄河流域 2015 年、2018 年污染治理能力的进一步提高。黄河流域污染排放指标（见图 5-63）逐年下降：一方面，黄河流域各省份深入贯彻绿色发展理念，在加强环境规制力度的同时也增加对节能减排技术的资金投入，有利于清洁能源生产（高新才和韩雪，2022）；另一方面，黄河流域各级政府积极制定有关节能减排的政策，如山东省政府于 2015 年出台《山东省人民政府办公厅关于贯彻国办发 16 号文件加强节能标准化工作的实施意见》，随后建立由多个部门组成的节能标准化联合推进机制，制定重点节能领域节能、减排等准入标准①，这将有助于推动山东省加速实现节能减排的目标。生态建设水平（见图 5-65）呈现逐年上升的趋势，自党的十八大以来，国家高度重视生态文明建设，并积极构建生态文明体系，同时，《黄河

① 参见 http://finance.china.com.cn/consume/20150924/3358309.shtml。

流域生态保护和高质量发展规划纲要》更是围绕"生态修复与保护"做出了明确指导，为黄河流域生态文明建设指明了方向，推动生态建设水平的持续上升。例如，宁夏回族自治区政府持续推进水生态修复工作，治理重点湖泊及黄河滩地，改善流域生态环境①。

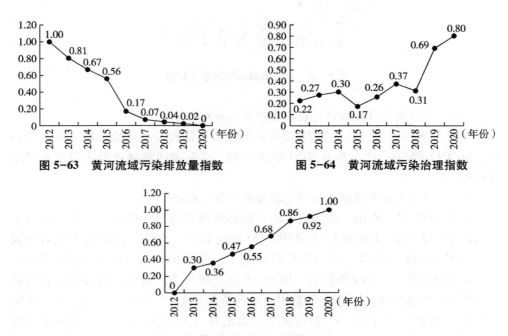

图 5-63　黄河流域污染排放量指数　　　图 5-64　黄河流域污染治理指数

图 5-65　黄河流域生态建设指数

三、小结

　　扎实推进黄河流域生态保护和高质量发展是实现区域协调发展的关键环节，通过具体分析黄河流域协调发展情况，发现发展过程中的优势与不足，对实现黄河流域生态保护和高质量发展具有重要的指导意义。研究发现：黄河流域区域协调发展指数整体呈上升趋势，区域协调发展程度日趋加强。其中，城乡协调发展、社会协调发展、资源环境协调发展指数整体均呈现上升趋势，对促进黄河流域区域协调发展具有重要的推动作用；但区域一体化指数整体上呈现下降趋势，限制了黄河流域区域协调发展能力的进一步提升。具体而言，黄河流域的区域贸易发展水平与客运周转能力仍较低，制约了黄河流域区域一体化指数的提升。同时，黄河流域不同省份之间的固定资产投资差距与创新投入差距较大，不利于缩

――――――――――

　　①　参见 https：//new.qq.com/rain/a/20220916A04MVM00。

小地区间的经济发展差距，并且黄河流域城乡卫生水平差距与城乡教育差距的扩大阻碍了黄河流域城乡协调发展进程的稳步推进。

基于上述结论，本节提出以下建议：第一，不断完善黄河流域基础设施建设体系，尤其是针对上游地区，增加基础设施（如道路）建设资金的投入力度，构建上、中、下游地区互通的交通网络体系，推动黄河流域区域一体化程度提升；第二，加强对资源型省份的创新投入专项转移支付力度，助推当地企业改变传统的资源要素驱动型发展模式，进行研发创新，走创新驱动发展之路，实现产业结构转型升级；第三，不断完善乡村地区的基础设施条件，提高乡村地区服务人员的待遇，吸引人才等要素的流入，缩小城乡间的卫生水平差距与教育差距。

第四节　推动陆海统筹发展

党的十九大报告指出：坚持陆海统筹，加快建设海洋强国，陆海统筹正式上升为国家重大发展战略。推动陆海统筹发展是促进中国区域协调发展的关键一环，对于强化区域重大战略联动具有重要意义。陆海统筹实质上是对海洋、沿海地区、内陆三者关系的讨论。随着海权时代的到来，对海洋依赖水平的加深，中国传统陆地本位的思考方式，已经无法使海洋经济发展灵活地融合进陆地经济区域发展当中。因此，需要将海洋、沿海、内陆区域摆到同样的地位上去思考问题，加强海洋经济发展顶层设计，对陆海统筹合理的空间结构进行系统性的研究，从而促进陆海在空间布局、产业发展、基础设施建设等方面全方位协同发展。

一、历程梳理及问题提出

自中华人民共和国成立以来，我国陆海统筹思想的形成经历了一个漫长而曲折的过程，这一过程大致可以分为三个阶段。①1949~1978年：自中华人民共和国成立到改革开放之前，一方面由于我国受到传统陆地本位的思想影响，另一方面由于自中华人民共和国成立之初受另一个传统的陆权国家——苏联的影响，使我国缺乏海洋开发的意愿，并且加之海洋军事实力无法与西方阵营抗衡，在这一阶段，我国的陆地开发与海洋开发处于割裂状态，海洋开发的步伐趋于停滞。②1979~2009年：在这一时期，时代的主题逐渐由战争与革命转向和平与发展。我国经济发展模式也由原有的均衡发展转向非均衡发展，在党中央领导集体的谋划下，沿海地区出现了一批经济特区与开放城市，经济发展重心开始向沿海地区转移。我国沿海地区经济快速发展，对外开放水平空前提高，并逐渐认识到了海洋资源和海洋空间利用的重要性。通过颁布海洋法规、海洋开发规划逐步完善了涉海管理体制，为我国海洋战略的提出和陆海统筹思想的确立奠定了坚实的基础。③2010～2020年：该时期我国综合国力显著提升，海洋科研、海洋军事等实力空前提高，我国海洋开发事业步入正轨。2011年发布的《中华人民共和国国民经济和社会发展第十二个五年规划纲要》中正式提出海洋发展战略。2012年11月，胡锦涛在第十八次全国人民代表大会上提出建设海洋强国的思想。2013年7月30日，习近平提出建设海洋强国是中国特色社会主义的重要组成部分。2019年2月18日，国务院发布《粤港澳大湾区发展规划纲要》（以下简称《纲要》），《纲要》指出要在粤港澳大湾区建立"世界级城市群"，同时"大力发展海洋经济""促进陆海统筹"。我国区域发展战略与海洋战略的融入进入了新的阶段。

总体而言，陆海统筹要解决的核心问题是什么？陆海统筹过程中要处理好哪些关系？只有真正回答了这类问题才能追根溯源、统揽全局，把握陆海统筹的主要矛盾。进而明确陆海统筹理论和实践的发展方向，完善陆海统筹的顶层设计。具体而言：第一，从陆海统筹的角度讲，国土空间可以被划分为海洋、沿海和内陆区域三个部分，而陆海统筹实质上是在讨论三者之间的关系。这是对陆海统筹面临的现实问题的高度概括，陆海统筹面临的所有具体问题都源自对三大关系的处理。第二，陆海统筹的空间布局是陆海统筹三大关系的具体承载。陆海统筹是对具有不同自然属性的国土空间的开发进行统筹，无论是针对产业发展还是生态保护规划都不能脱离空间这一重要的抓手。形成合理的陆海发展空间布局对陆海统筹至关重要。第三，空间布局问题是当前陆海统筹发展的主要矛盾，中国是一个传统的陆权国家，从陆地本位思想考虑问题是自然而然且务实的，但是随着陆地区域经济发展已经逐步打破了行政区经济的特征，陆地本位的思考方式不能使海洋经济发展灵活地融合进陆地经济区域发展当中。随着海权时代的到来，对海洋依赖水平的加深，已经不能单纯将海洋视为陆地的附庸。基于此，需要将海洋、沿海、内陆区域摆到同样的地位上去思考问题，对陆海统筹合理的空间结构进行系统性的思考。

二、陆海统筹发展成效

（一）海洋经济发展提质增速，已成为经济增长的重要推动力

推动海洋经济的高质量发展是陆海统筹发展的核心任务。随着海洋战略的提出和陆海统筹实践的发展，我国对海洋的开发力度逐年增强，自2009年起，海洋经济一直保持了较高的增长速度。2009～2019年，海洋生产总值增长率基本维持在7%以上，部分年份达到10%以上，高于GDP的增长率。2009年，涉海产业吸纳就业人员3270万人，占总就业人数的4.31%；2018年，全国涉海产业就业人数3684万人，相对于2009年增长12.66%，占全国总就业人口的4.75%。海洋经济有

力地吸纳就业人员，推动经济发展。海洋经济的高速增长在很大程度上得益于海洋产业的产业结构不断升级。2010年后，海洋第一产业增速呈现出明显的下滑趋势，而海洋第二产业的增速也出现了一定幅度的下降。由于滨海旅游业和海洋运输业的发展，海洋第三产业增长率一直稳定在高位，基本保持在10%以上。海洋第三产业产值在海洋总产值中占比迅速上升，海洋产业结构高级化趋势增强。2009年，海洋第三产业产值在海洋总产值中所占的比重仅为47.8%，这一数值在随后逐年增加，2019年海洋第三产业产值在海洋经济总产出中的占比上升到了60%。① 2017年，随着高质量发展理念被提出，海洋经济也迎来了一轮新的调整期，传统的海洋产业如海洋渔业、海洋制盐业、海洋矿业产值开始下降，而海洋生物制药、海洋船舶工业、海水利用业等高端产业的产值开始上升。海洋第三产业当中的滨海旅游业和海洋运输业则继续保持了较好的增长势头。预期随着本轮海洋产业调整的进行，海洋经济还将保持较高的增速。

（二）以三大支撑点为核心的陆海统筹发展空间格局基本形成

从陆海统筹的空间格局来看，我国海洋经济的发展在空间上展现出了一种不均衡的发展态势。从整体上看，由于海洋产业正处于发展期，产业体系尚不完善，大量初级产业需要直接依托海洋进行发展，而且很多海洋产业（如海洋生物制药业）初创期对资金、技术水平要求比较高，需要一定的科研实力与金融环境支持，所以我国当前海洋经济主要集中于较为发达的东部沿海地区。东部沿海地区形成了环渤海（三省一市）、长三角（二省一市）、珠江三角洲（广东省）② 为核心的三大海洋经济发展中心。2009～2017年，虽然三大区域各自海洋总产值占全国海洋总产值的比例发生了一定幅度的变化，但是三大主要海洋经济发展区域海洋经济总产值合计值占全国海洋经济总产值的比重较为稳定，2009～2017年均在85%上下波动。③ 可以看出，我国当前陆海统筹的空间布局已经基本定型。由于三大经济发展区域是陆域经济较为强势、基础设施健全、人口较为密集的地理区域，故我国陆海统筹空间布局主要是由陆地经济的发展特征界定的。为了更好地体现陆海统筹的发展需要，2017年国家发展改革委和国家海洋局印发的《全国海洋经济发展"十三五"规划》中，进一步将我国海洋经济划分为了北部、东部、南部海洋经济圈。其中，南部海洋经济圈在珠三角区域的基础上，加入了福建省、广西壮族自治区和海南省，可以更好地协调南海一带海洋经

---

① 相关的经济数据以及海港数据来自国泰安数据库（CSMAR）、《中国港口统计年鉴》、《中国海洋统计年鉴》。

② 环渤海（三省一市）：辽宁省、河北省、山东省、天津市的海域与陆域。长三角（二省一市）：江苏省、浙江省、上海市的海域与陆域。珠江三角洲（广东省）：广东省珠江三角洲一带的城市群的海域与陆域。

③ 由于统计口径发生变化，不包含2018年、2019年的数据。

济的发展。这标志着我国陆海统筹空间格局的进一步优化。

三、陆海统筹空间布局的合理形式

（一）理论分析

目前，区域经济空间结构理论的发展已经进入到新空间经济学时期，主要是研究经济活动的空间聚集和区域增长集聚的动力分析。通过分析集聚的空间结构可以发现，报酬递增、运输成本以及需求的相互作用等因素是区域空间集聚的动力机制，从而得到空间布局的合理形式（郭腾云等，2009）。根据增长极理论，空间结构的特征可以通过点和域面要素予以刻画（肖良武等，2017）。增长极理论由法国学者佩鲁提出，其内核是：经济增长并非以相同强度在所有地方一起出现，经济区域中会首先形成一些增速较快的增长极，这些增长极会通过不同渠道对周边经济的发展产生影响（Perroux，1950）。在陆海统筹发展过程中，应当在发展空间中优先培育一批海洋经济增长点（孙才志等，2013），利用增长极辐射带动周边区域的海洋经济发展。

由于海洋经济发展的特殊性，不同于陆地的增长极选择，陆海统筹增长极选择需要更多地考虑海港这一中介的作用。海港作为人类由大陆活动转向近海、深海、大洋活动的链接界面，由于其具备海陆交互作用的特性，使之成为最为复杂的海洋国土空间界面。海港是海陆经济一体化发展的承载，作为陆海统筹过程中的中介可以发挥重要作用，所以陆海统筹空间结构上，增长极的选取应当以海港城市为着眼点。陆海统筹空间格局域面指的是海港城市的经济腹地范围。不同海港城市具备不同的辐射能力，进而决定了每个海港城市的影响范围，而腹地城市自身的发展水平、与海港城市的地理距离也影响着双方联系的强度。

（二）研究方法、研究区域与数据来源

1. 研究方法

在借鉴其他学者研究（曹琳霞等，2016；李振福等，2020）的基础上，本节构建如表 5-1 所示的指标体系，并且利用主成分分析法确定各二级指标的权重，以便于对海港强度以及城市发展水平进行度量。

表 5-1　评价指标体系

一级指标	二级指标
海港强度	码头泊位数
	货物吞吐量
	集装箱吞吐量
	旅客吞吐量

续表

一级指标	二级指标
城市发展水平	区域总产值
	第三产业产值占比
	城市固定资产投资额
	年末总人口
	社会消费品零售额

为进一步对增长极的辐射范围进行描述，以探讨在陆海统筹空间格局的域面当中不同增长极所具有的经济腹地，本节构建了引力模型。引力模型是依据物理学当中的万有引力定律衍生出来的。由万有引力定律可知，物体之间的吸引力与其自身质量乘积成正比，与距离的平方成反比。如式（5-1）所示：

$$F = G \frac{m_1 m_2}{r_{ij}^2} \tag{5-1}$$

其中，F 为吸引力系数，G 为港口强度系数，m_i、m_j 分别为 i 市与 j 市的经济发展水平指数，r_{ij}^2 为 i 市与 j 市距离的平方。

由于通过相关系数矩阵提取出的主成分取值区间包含负值，会影响到引力模型的运算，故通过极差标准化法对相关指标取值区间进行调整。计算方法如式（5-2）所示：

$$I = \frac{X_{ij} - \min X_{ij}}{\max X_{ij} - \min X_{ij}} \tag{5-2}$$

2. 研究区域与数据来源

本节选取年通过能力大于 1000 万吨的 21 个规模以上港口[①]及所在城市为基本评价对象。在经济腹地的考察上，本节选取离海岸线距离较近的中国东部地区、广西壮族自治区、与东部地区经济联系紧密的中部地区 16 个省份为研究对象。相关的经济数据以及海港数据来自国泰安数据库（CSMAR）、历年《中国港口统计年鉴》、《中国海洋统计年鉴》。

（三）陆海统筹发展的空间格局

1. 增长极分析

通过主成分分析方法计算港口强度和经济水平指标，结果如表 5-2 所示，在提取第一主成分的前提下，两个成分的累计方差贡献率分别达到 70.6760% 和

---

① 大连港、福州港、广州港、连云港港、南通港、宁波—舟山港、秦皇岛港、青岛港、日照港、厦门港、汕头港、上海港、深圳港、台州港、天津港、威海港、温州港、烟台港、营口港、湛江港、钦州港。

60.0357%，可以较好地反映原始数据收集的信息。

表5-2　解释的总方差

成分		初始特征值			提取平方和载入		
		合计	方差贡献率（%）	累计方差贡献率（%）	合计	方差贡献率（%）	累计方差贡献率（%）
经济状况	1	3.5338	70.6760	70.6760	3.5338	70.6760	70.6760
	2	0.8367	16.7349	87.4109			
	3	0.4157	8.3140	95.7249			
	4	0.1915	3.8310	99.5559			
	5	0.0222	0.4441	100.0000			
港口强度	1	2.4014	60.0357	60.0357	2.4014	60.0357	60.0357
	2	0.9914	24.7869	84.8216			
	3	0.3778	9.4195	94.2401			
	4	0.2304	5.7609	100.0000			

　　进行主成分提取之后，本节将海港强度作为横轴，城市经济水平作为纵轴绘制散点图，并且利用两个指标的均值分别对横轴纵轴进行分割，得到的数据结果如图5-66所示。图5-66被重新划分为了四个象限，位于右上角第一象限的为高城市经济水平、高港口强度的高—高型港口城市。第一象限总共包含六个城市，

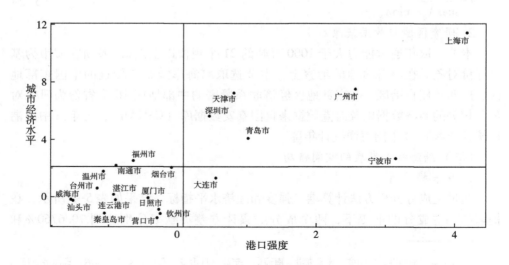

图5-66　海港城市能力评价

除青岛市外，其他的五个城市分别隶属于京津冀、长三角和珠三角城市群，区位条件良好。青岛市虽然不在我国沿海三大城市群当中，但青岛经济总量连续多年位居山东省第一位，且受益于山东半岛蓝色经济带发展规划，拥有优良的海港基础设施。总的来说，第一象限中的六个城市均具有良好的海洋经济发展条件，是成为陆海统筹空间格局当中增长极的首选地区。

2. 经济腹地划分

在针对增长极分析的基础上，本节利用引力模型进一步分析不同海港城市所具备的经济腹地。首先，将城市经济水平和海港强度指标进行极差标准化，之后将所得指标代入式（5-1）进行运算。得到主要海港城市与研究区域内各城市的引力系数，表5-3给出了主要港口—腹地的引力系数。若海港城市 a 与腹地城市 b 之间的引力系数大于其他全部海港城市与腹地城市 b 之间的引力系数，则 b 城市为海港城市 a 的腹地城市。进而得到了如表5-4所示的主要港口的腹地范围。

表5-3　主要港口-腹地引力系数

港口	腹地城市	引力系数	港口	腹地城市	引力系数	港口	腹地城市	引力系数
天津港	北京市	11.3106	上海港	嘉兴市	8.8196	宁波港	温州市	1.4947
天津港	廊坊市	10.2781	宁波港	绍兴市	7.5228	上海港	徐州市	1.3500
天津港	唐山市	7.2247	上海港	常州市	7.1487	上海港	芜湖市	1.3066
天津港	沧州市	3.6194	上海港	宁波市	7.0769	广州港	深圳市	29.6418
天津港	保定市	1.8977	上海港	南京市	6.9911	广州港	东莞市	29.1852
天津港	石家庄市	1.1777	上海港	杭州市	6.0618	广州港	佛山市	26.0222
天津港	济南市	1.0941	上海港	泰州市	5.8139	深圳港	东莞市	23.5405
天津港	德州市	0.7715	宁波港	台州市	4.2096	深圳港	广州市	14.6356
天津港	滨州市	0.7095	上海港	盐城市	3.7383	广州港	惠州市	6.3185
天津港	东营市	0.6196	上海港	扬州市	3.4505	广州港	中山市	4.9196
青岛港	潍坊市	6.4683	上海港	镇江市	3.3468	深圳港	惠州市	4.4648
青岛港	临沂市	1.1956	上海港	湖州市	2.4927	深圳港	佛山市	3.1661
上海港	苏州市	66.7714	厦门港	泉州市	2.1479	深圳港	中山市	2.6538
上海港	南通市	50.0793	上海港	合肥市	2.0294	广州港	江门市	2.3357
上海港	无锡市	18.3279	宁波港	金华市	1.6754	广州港	肇庆市	2.1439
宁波港	上海市	11.4544	上海港	淮安市	1.5306			

表5-4　主要港口的腹地范围

所属海域	主要港口	腹地城市
渤海海域	大连港、天津港、秦皇岛港、营口港	长治市、张家口市、阳泉市、邢台市、忻州市、铁岭市、天津市、唐山市、太原市、朔州市、石家庄市、吕梁市、聊城市、廊坊市、晋中市、济南市、葫芦岛市、衡水市、邯郸市、阜新市、东营市、德州市、大同市、承德市、朝阳市、沧州市、滨州市、北京市、保定市、沈阳市、盘锦市、辽阳市、锦州市、抚顺市、丹东市、本溪市、鞍山市
黄海海域	青岛港、烟台港、日照港、连云港港、南通港、威海港	淄博市、潍坊市、泰安市、临沂市、莱芜市、菏泽市
东海海域	温州港、上海港、台州港、福州港、宁波港、厦门港	驻马店市、周口市、郑州市、镇江市、枣庄市、运城市、岳阳市、鹰潭市、宜春市、宜昌市、扬州市、盐城市、宣城市、许昌市、徐州市、宿州市、宿迁市、信阳市、新乡市、孝感市、襄樊市、咸宁市、武汉市、芜湖市、无锡市、铜陵市、泰州市、随州市、苏州市、十堰市、上饶市、上海市、商丘市、三门峡市、衢州市、濮阳市、平顶山市、南阳市、南平市、南京市、南昌市、马鞍山市、漯河市、洛阳市、六安市、临汾市、丽水市、开封市、九江市、景德镇市、荆州市、荆门市、晋城市、焦作市、嘉兴市、济宁市、黄石市、黄山市、黄冈市、淮南市、淮北市、淮安市、湖州市、鹤壁市、合肥市、杭州市、阜阳市、抚州市、鄂州市、滁州市、池州市、常州市、亳州市、蚌埠市、安阳市、安庆市、舟山市、绍兴市、金华市、莆田市、宁德市、福州市、漳州市、泉州市、宁波市
南海海域	湛江港、广州港、钦州港、汕头港、深圳港	株洲市、珠海市、中山市、肇庆市、长沙市、张家界市、云浮市、玉林市、永州市、益阳市、阳江市、新余市、湘潭市、梧州市、邵阳市、韶关市、汕尾市、三明市、清远市、萍乡市、南宁市、梅州市、茂名市、娄底市、龙岩市、柳州市、来宾市、揭阳市、江门市、吉安市、惠州市、怀化市、衡阳市、贺州市、河源市、河池市、桂林市、贵港市、广州市、赣州市、佛山市、东莞市、崇左市、郴州市、潮州市、常德市、北海市、百色市、深圳市

　　由表5-3、表5-4可知，环渤海一带有两个较为重要的海港城市——大连市和天津市。天津市属于一线港口城市，且位于京津冀城市群内，拥有良好的发展条件。天津港对周边的辐射能力强于大连港，与海港城市天津联系密切的经济腹地城市呈环状围绕天津市。与大连市经济联系比较密切的腹地城市是沈阳市，由于大连市城市经济水平相对较低，大连港没有对地理距离较近的城市施加足够的影响力。区域内其他的主要港口城市营口市和秦皇岛市在区域内发挥的作用不明显，相对于天津市和大连市，没有形成有效的经济腹地。

黄海和东海一带存在着多个潜在增长核心。首先是山东半岛一带。山东半岛的港口城市连接成片，初步形成了海港城市群，山东半岛内部城市经济发展水平较为一般。区域内一线海港城市青岛具有一定的辐射能力，但是这种辐射能力主要局限于山东省内。

　　长三角区域是中国经济最为发达的地区，其海洋经济的产值占全国的1/3左右。长江三角洲内的海洋船舶工业与海工装备制造业全国领先，区域内有发达的船舶制造、维修产业，完备的港口设施和腹地条件使区域内的经济联结十分紧密，宁波、上海与其联系密切的腹地城市可以构成一个弧形带。对于相对边缘的地区，长三角一带的影响力甚至延伸到了山西省和湖北省。其他的海港城市如泉州市、福州市、温州市、厦门市的影响能力都局限在沿海一带，共同构成了一条狭长的海岸带。

　　总体上看，南海海港城市及经济腹地内部港口城市扎堆发展，已经形成了包括珠三角、北部湾等区域在内的海港城市群，珠江三角洲一带，拥有广州市、深圳市等规模以上具有区域影响能力的大型海港城市。但是，北部湾方向上仍缺乏辐射全区域的大型海港城市，所以经济联系比较紧密的城市主要集中在珠三角一带。

　　本部分通过增长极理论，分析了陆海统筹空间格局中可以扮演增长极角色的海港城市，并在此基础上进一步探讨了主要海港城市的经济腹地。从而描绘出了我国陆海统筹发展应当具备的空间格局。总体而言：

　　第一，总体上一线海港城市呈现出南多北少的特点。我国一线海港城市主要集中在东海、南海一带地区，尤其是长三角、珠三角城市圈，北方地区的渤海、黄海一带缺少有绝对影响力的海港城市，也缺少联系紧密的海港城市群，这就导致了北方地区港口城市区域经济腹地范围相对较小。

　　第二，京津冀、长三角、珠三角地区拥有良好的发展条件，适合优先布局高质量的海洋产业，这些地区拥有较强的腹地辐射能力，可以有效带动周边地区发展配套的海洋产业。长三角一带经济联系紧密，拥有上海市、宁波市等一批优秀的海港城市，且背靠长江城市带，经济腹地条件良好，从总体上看，长三角地区拥有最合适的海洋经济发展条件。珠三角地区各城市经济条件良好，且区域内各城市经济联系紧密，区域内核心城市广州市和深圳市有很强的辐射能力，但是由于其腹地条件相对较差，导致珠三角地区向周围进行辐射的能力随着距离衰减得很快。京津冀地区拥有单一的增长极——天津，区域内缺乏经济实力突出的城市，所以导致天津市的影响范围有限。

　　第三，除了主要的发展区域外，围绕部分海港城市还可以形成若干次级发展区域。比如渤海地区大连市及其经济腹地，黄海地区青岛市、烟台市及其经济腹地，东海地区福州市、温州市、厦门市及其经济腹地以及北部湾沿线的钦州市及其经济腹地。这些地区规模较小，区域内海港城市缺乏全局影响力。可以在陆海统筹过程中发展其自身的特色海洋产业，与主要增长区域之间形成优势互补的关系。

四、小结

本节从理论层面探讨了陆海统筹发展的思路，分析了我国陆海统筹发展应具备的空间格局。在此基础上，本节进一步为推动我国陆海统筹发展提出相关的政策建议。

（一）通过多式联运体系的建设进一步密切内陆与沿海地区的联系

内陆地区与海洋之间建立联系，不单单要强调沿海地区的作用，还要从内陆与海洋关系本身着眼。影响内陆与海洋关系维系的一个重要因素是交通。如果内陆地区缺乏使商品、要素以经济有效的方式进行空间位移的手段，那么内陆地区就难以对海洋进行有效利用。这意味着需要建立一种高效、综合的运输体系——多式联运体系。

当前对于多式联运体系的建设有良好的硬件基础，应进一步做出以下举措：首先，在内陆地区加强多式联运场站的布局。多式联运场站又被称之为"无水港"，当前的多式联运以集装箱多式联运为主，但是集装箱在码头的集散效率存在上限，故需要内陆建设新的"无水港"作为多式联运过程中集装箱集散的中转站。其次，建立多式联运的统筹主体。多式联运全过程往往涉及多种运输方式的组合，各种运输方式之间的协作需要统一筹划部门进行筹划，提高全局组织效率，降低运输环节中的成本。最后，加强多式联运相关立法建设。当前多式联运市场服务供给质量参差不齐，且我国多式联运没有形成有效的行业规范，货物通过不同的运输方式进行周转时，缺乏规则保障，容易产生纠纷（樊一江等，2017）。应当加强相关立法建设，明确交易程序、规范市场主体行为。

（二）转变陆海发展方式，推进陆海双向互动

第一，在划分海洋经济区的基础上，各级政府可以成立专项资金、投资基金、科研基金引导资源配置，支持相关涉海项目的发展。与此同时，制定相关信贷政策，引导信贷方向，简化审批流程，加强相关金融机构对涉海产业的支持力度。不仅要增加涉海金融的总规模，还要推动专门化的涉海金融机构发展。金融机构可以依据海洋产业的划分、不同海洋产业资金投入与回收的特性，创造适配的信贷产品。

第二，通过税收减免等相关政策推动海洋设备、技术融资租赁公司的建立和发展，培育海洋经济融资租赁市场。做好对相关企业的上市引导工作，通过拓宽

相关企业的融资渠道，缓解海洋经济发展过程中融资不足的问题。此外，可以将产融结合政策带入到海洋产业的发展过程中，成立涉海金融企业，并允许涉海企业入股，实现产融结合发展。

第三，推动海洋保险事业的发展。海洋保险是专门针对涉海产业从业单位的险种。海洋环境具有极大的不确定性，很多产业受海洋环境的变化影响程度较深，故要保证海洋产业的平稳发展，应当首先推动海洋保险事业的发展。

第四，产业方面要重视发展海洋船舶工业及海洋工程装备制造业。注重不同区域的制造业发展特点与发展条件，梯次配置海洋船舶、海工装备制造业。海洋船舶与海工装备制造业与其他传统制造业关系密切，在沿海地区积极发展本产业时，港区经济带腹地应积极发展上游产业，与沿海地区形成良性互补。

第六章 区域一体化发展成效

改革开放 40 多年来，城市群已成为我国参与国际分工和全球竞争的全新地域单元，肩负起世界经济重心转移承载地的历史使命（方创琳，2018）。截至 2021 年，我国规划的 19 个城市群，以 25% 的土地集聚了 75% 的人口，创造了 88% 的 GDP[①]。其中，长三角、珠三角、成渝、长江中游、京津冀等城市群以约 10.4% 的国土面积，集聚了近 40% 的人口，创造了超过一半的国内生产总值。优化提升城市群质量，对促进全面形成"两横三纵"的战略格局具有重要意义。自党的十八大以来，城市群通过不断优化内部空间布局，加快促进区域间要素自由流动，实现规模经济、知识外溢、技术进步带动规模收益递增，逐渐成为带动经济发展的重要引擎（张国俊等，2022）。城市群作为中国经济的核心增长极，是推动区域高质量发展的核心引擎。基于此，本章在梳理各城市群内部协调发展战略和发展历程的基础上，采用区域经济学的分析方法，具体分析各城市群[②]的区域协调发展情况和战略实施效果，并提出针对性建议。

---

① 参见 https://www.sohu.com/a/517280098_120189950。

② 自党的十八大以来，以习近平同志为核心的党中央，立足解决我国发展不平衡不充分的问题，谋划、部署和推动京津冀协同发展、长江经济带发展、粤港澳大湾区建设等区域重大战略。其中京津冀作为我国三大城市群之一，是我国北方最大的城市群和国家核心增长极，但相比于长三角和珠三角，其经济实力相对较弱，经济联系与协作程度较低。为了加强环渤海及京津冀地区经济协作，我国提出了京津冀协同发展和一体化概念，将推动京津冀协同发展作为国家区域重大战略，因此本书在第五章对京津冀区域协同发展成效进行了阐述，本章并不进行重复赘述。

第一节 长三角城市群一体化发展成效

长江三角洲地区（以下简称长三角）[①] 是我国经济发展最活跃、开放程度最高、创新能力最强的区域，在国家现代化建设大局和全方位开放格局中具有举足轻重的战略地位[②]。自党的十八大以来，在以习近平同志为核心的党中央坚强领导下，长三角区域作为中国重要的增长极。2021 年长三角 GDP 总量达到 27.6 万亿元，而京津冀和珠三角分别为 9.6 万亿元、10.06 万亿元。长三角的 GDP 总量远远超过京津冀和珠三角这两个区域，在中国现代化建设和构建全方位开放格局中具有重要的作用。在城市群的发展过程中，长三角在区域协调方面虽然取得了一定的成效，但也存在功能定位不够明晰、产业结构同构率较高、经济效率较低、可持续发展遭遇挑战等问题（王玉珍，2009）。因此，探讨长三角一体化和高质量发展对于推动长三角成为全球重要的先进制造业基地和具有较强国际竞争力的世界级城市群（蒋媛媛，2016）具有重要意义。

一、历程梳理及问题提出

纵观长三角区域发展历程，长三角区域发展经历了萌芽阶段（1983～1990年）、城市协调阶段（1990～2001年）、省市合作阶段（2001～2013年）、深化一体化阶段（2014年至今）四个阶段。①萌芽阶段：长三角区域合作萌芽阶段的标志性事件是1982年12月"上海经济区"的设立（樊福卓等，2019）。上海经济区的设立促进了省市间经济往来和交流，但是由于缺乏协调的行政权力，区域经济差异太大，很多利益难以协调，上海经济区最终在1988年6月被撤销，长三角区域合作陷入停滞阶段。②城市协调阶段：在此阶段，长三角各个城市从市场配置要素角度出发，积极探索区域合作的机制。这一阶段的长三角区域合作已经有了实质性的变化，"政府搭台、企业唱戏"是这一阶段的主要特征。③省市合作阶段（陈斐等，2019）：进入21世纪以来，长三角区域合作进入了省市合作阶段。这一阶段长三角区域一体化发展的主要特征是探索区域一体化的体制机制，为区域进一步合作提供指导性意见。④深化一体化阶段：2014年，习近平

---

① 长三角城市群包括上海市，江苏省的南京、无锡、常州、苏州、南通、盐城、扬州、镇江、泰州，浙江省的杭州、宁波、嘉兴、湖州、绍兴、金华、舟山、台州，安徽省的合肥、芜湖、马鞍山、铜陵、安庆、滁州、池州、宣城26市。

② 参见中共中央、国务院印发的《长江三角洲区域一体化发展规划纲要》。

总书记在上海考察时指出：要继续完善长三角地区合作协调机制，加强专题合作，拓展合作内容，加强区域规划衔接和前瞻性研究，努力促进长三角地区率先发展、一体化发展。2018 年 11 月 5 日，在首届中国国际进口博览会开幕式上，国家主席习近平发表主旨演讲时指出，为了更好发挥上海等地区在对外开放中的重要作用，决定将支持长江三角洲区域一体化发展上升为国家战略，标志着长三角一体化进入崭新的时代。

　　长三角作为我国经济最具活力、开放程度最高、创新能力最强的区域，是"一带一路"和长江经济带重要的交汇点。在我国现代化建设和构建全方位开放格局中具有重要的作用。因此，促进长三角区域高质量一体化发展具有重要的现实意义。但是，目前长三角区域一体化还存在很多"瓶颈"：打通省界"断头路"迫在眉睫，比如青浦还有多条与苏浙两省对接道路未接通。除了在交通基础设施方面存在"瓶颈"，在教育和医疗方面也同样存在亟须破除的障碍。打破医疗教育地域限制，共享一体化成果显得尤为重要。同时长三角在港口建设和产业发展方面存在同构现象，未形成合理的分工格局（郭晓合和王来全，2012）。创新资源丰富但布局分散未形成联动发展。随着长三角一体化上升为国家战略，一体化进程进入崭新的阶段，长三角区域一体化存在的"瓶颈"仍制约着其高质量一体化进程（胡彬，2019），因此需要深入挖掘长三角一体化过程中存在的问题及取得的成就，做到有的放矢，为进一步促进高质量一体化和区域协调发展提供依据。

二、长三角城市群区域协调发展的成效

（一）长三角城市群区域协调发展指数总体评价

　　对长三角城市群区域协调发展指数进行综合评价，评价结果如图 6-1 所示。从区域协调发展指数来看，2012~2019 年[①]长三角城市群区域协调发展指数整体呈现稳步上升趋势，区域协调发展指数值从 2012 年的 0.41 上升到 2019 年的 0.66，区域协调发展水平逐年动态提高。这说明自党的十八大以来长三角区域一体化趋势明显，区域合作关系进一步深化，区域分工格局逐步形成。

　　为更好地理解长三角城市群区域协调发展指数的变化情况，本部分将具体分析区域协调发展不同方面的变化。通过分析观察区域协调发展各维度的进展情况，不仅可以明确区域协调发展的阶段成效和问题，还可以确定区域协调发展未来着力点的重点方向。

---

　　① 如"第三章指标测算的数据说明"中所述：受限于数据的可获得性，地级市数据涵盖 2012~2019 年。

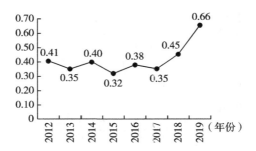

图6-1　长三角城市群区域协调发展指数

　　区域协调发展指数由区域经济发展差距、区域一体化、城乡协调发展、社会协调发展和资源环境协调发展指数五部分构成。从五大理念层指数来看（见图6-2至图6-6），区域经济发展差距呈现下降趋势，区域内城市间经济表现出健康有力的发展态势，发展差距进一步缩小。区域一体化程度、城乡协调发展指数、社会协调发展指数和资源环境协调发展指数呈现明显的上升态势，其中社会协调发展指数上升趋势最明显，是拉动区域协调发展总指数的重要原因。

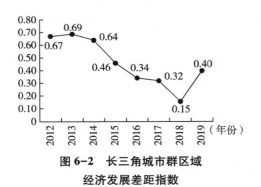

图6-2　长三角城市群区域
经济发展差距指数

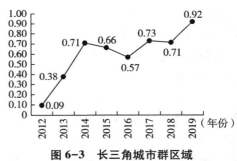

图6-3　长三角城市群区域
一体化指数

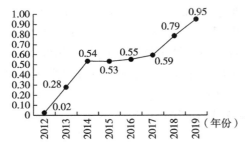

图6-4　长三角城市群城乡协调发展指数

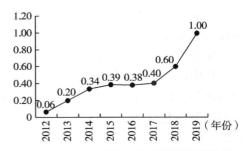

图6-5　长三角城市群社会协调发展指数

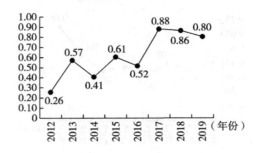

图6-6　长三角城市群资源环境协调发展指数

具体而言，区域经济发展差距整体呈现下降趋势（见图6-2），城市群内区域经济发展差距逐年缩小。由于面临复杂多变的国内外环境，经济全球化趋势放缓，区域内共建共享机制尚不健全，区域经济发展差距在2018~2019年出现了一定程度的反弹上升。从图6-3可以看出区域一体化指数整体呈现上升趋势，在2014~2016年出现短暂下降。在《国务院关于进一步推进长江三角洲地区改革开放和经济社会发展的指导意见》的指导下，长三角区域内产业逐步向中心城市靠拢，充分推动了中心城市的发展，此时周边城市受中心城市强大虹吸效应的影响，经济发展受到一定的阻碍，发展暂时出现不平衡现象。随着《长江三角洲地区区域规划》的出台，国家发展改革委对长三角覆盖的城市重新做出变更，长三角区域力求打造"具有全球影响力的世界级城市群"，城市群内合作加强，区域一体化稳步上升。城乡协调发展表现出明显的上升趋势（见图6-4），尤其是2012~2014年和2017~2019年，长三角城市群的城乡协调发展水平两次表现出大幅波动上升的态势，城乡间整体协调较高。从城乡协调发展阶段判断来看，自进入21世纪以来，长三角城市群民生改善提速，已基本稳定在城乡融合阶段。图6-5描述的社会协调发展表现出显著的上升趋势，由于在长三角城市群建设过程中坚持贯彻民生共享、增加优质公共服务供给、扩大资源配置范围等，区域协调发展红利逐渐显现，整体在2017~2019年出现较大幅度的上涨。资源环境协调发展由图6-6可以看出，在2012~2016年曲折中上升。2016年，国务院批准的《长江三角洲城市群发展规划》印发实施，长三角城市群发展定位为面向全球、辐射亚太、引领全国的世界级城市群（王然和成金华，2019），也促使长三角生态绿色一体化发展走生态文明与经济社会发展相融合的新路径，由此，资源环境协调发展在2016~2017年有较大幅度的提升。

（二）长三角城市群区域经济发展差距指数评价及分析

本部分构建的区域发展差距由人均地区生产总值差距、固定资产投资差距、非农产业劳动生产率差距、创新投入差距、财政收入和财政支出差距五部分构成。评价结果如图6-2所示，长三角城市群区域经济发展差距在融合中缩小，整体上看从2012年的0.67下降到2019年的0.40。人均地区生产总值差距反映地区人均GDP差距的变化（见图6-7），由图6-7可知长三角地区人均GDP差距不断缩小，但地区间发展仍不平衡。2021年上海人均GDP为173623.54元，江苏的人均GDP为136818.58元，浙江人均GDP为112409.48元，而安徽仅为70275.15元，上海是安徽的2.5倍。如图6-8所示，固定资产投资差距在2012~2019年整体表现为上升态势，固定资产投资占GDP的比重从2012年的0.65上升到2019年的0.75。如图6-9所示，非农产业劳动生产率差距前期有所缩小，但在2014~2018年有一个较大幅度的反弹，之后又呈现大幅度的下降趋势。具体而言，第二、第三产业增加值占第二、第三产业就业人员数从2012年的11.95%上升至2019年的12.02%。差距从2012~2019年经历了几度波折变化，2012~2014年的差距近似等差式下降，2014~2018年呈现出先快后慢的上升趋势，到2019年剧烈下降。图6-10描述的长三角地区的创新投入差距整体呈现"上升—下降—上升"的趋势。从长三角投入强度来看，得益于长三角加快打造科技创新共同体，城市间持续推进科技创新，促进产业优化升级，2012~2019年长三角地区不断加大创新投入，2019年研发支出占GDP比重为2.49%，较2012年提升了49个百分点。财政收入和财政支出差距整体呈下降趋势（见图6-11）。城市群内地方政府加大财政政策力度，财政收入差距逐渐缩小，另外截至2021年，上海人均一般公共预算支出为3.39万元、江苏为1.71万元、浙江为1.68万元、安徽为1.24万元，上海约是江苏和浙江的2倍，约为安徽的3倍。相较于2012年上海人均一般公共预算支出为1.74万元、江苏为0.87万元、浙江为0.73万元、安徽为0.66万元，财政支出差距同样在缩小。

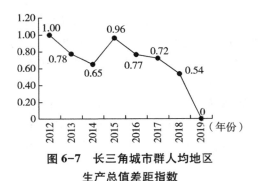

图6-7 长三角城市群人均地区
生产总值差距指数

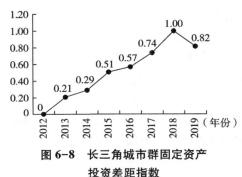

图6-8 长三角城市群固定资产
投资差距指数

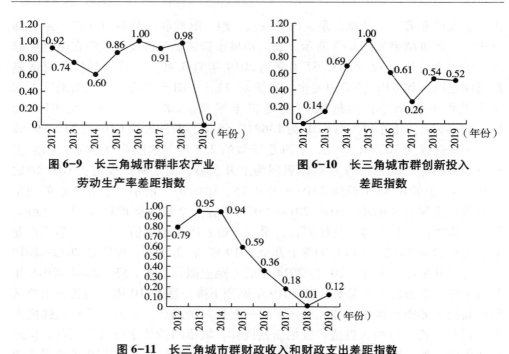

图 6-9　长三角城市群非农产业
劳动生产率差距指数

图 6-10　长三角城市群创新投入
差距指数

图 6-11　长三角城市群财政收入和财政支出差距指数

（三）长三角城市群区域一体化指数评价及分析

区域一体化指数由市场一体化、区域贸易流、客运量和交通一体化①四部分构成，评价结果如图 6-3 所示。总体上，区域一体化趋势呈现出前期大幅上升后期平稳上升的趋势，从 2012 年的 0.09 上升到 2019 年的 0.92。长三角作为中国重要的经济增长点和长江经济带的重要节点城市，与国内其他区域联系紧密。其中上海作为我国经济、金融、贸易和航运中心，浙江作为重要的自由贸易试验区，均有较高的对外开放水平。长三角交通通达能力不断提升，以交通先行促进区域经济协调发展的交通运输网络逐渐形成，长三角区域交通一体化能力较强。如图 6-12 所示，交通一体化指数在 2012~2013 年表现出大幅上升，随后平稳下降，整体上呈现上升态势。其中，高速铁路和铁路公路网密度从 2012 年的 0.25 千米/万人上升到 2019 年的 0.29 千米/万人，交通铁路的建设缩短了区域间的路程，促进了地区间的交流，增强了交通一体化能力。长三角市场一体化水平显著提升，区域贸易水平不断提高。商品零售价格指数波动的一致性变化明显，长三角地区市场一体化程度加深，区域合作成效愈加显著。区域间货运周转量占GDP 的比重从 2012 年的 3.11 吨千米/元下降到 2019 年的 2.15 吨千米/元。由于

①　本书将在后续研究中对该指数对应的图进行探讨。

贸易流是区域经济的重要构成要素，区域内贸易流的增长可降低区域经济运行成本，改变经济增长方式，调整优化区域经济结构。如图 6-13 所示，区域贸易流指数在 2012～2019 年逐渐上升，促进了长三角区域贸易的协调发展。

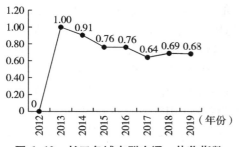

图 6-12　长三角城市群交通一体化指数

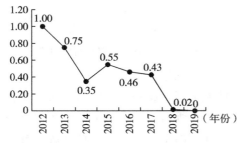

图 6-13　长三角城市群区域贸易流指数

（四）长三角城市群城乡协调发展指数评价及分析

本部分构建的城乡协调发展指数包括城乡收入差距、城镇化水平①、城乡消费差距和居民生活水平四部分。如图 6-4 所示，长三角城乡协调发展指数上升态势明显，从 2012 年的 0.02 上升到 2019 年的 0.95。城镇化水平提高、城乡收入差距缩小成为促进城乡协调发展的重要因素。2012 年长三角城镇化率为 68%，到 2019 年上升为 78%，分省份来看，2012 年上海城镇化率已达到 89.99%，到 2019 年略微变动为 90.23%，在较高水平的城镇化水平上，未出现明显的提高趋势，三省市城镇化率较低的安徽近年来上升幅度较大，从 2012 年的 47% 上升到 2020 年的 58%，城镇化率的不断升高从侧面反映了城乡协调发展水平不断提高。如图 6-14 所示，城镇居民人均可支配收入与农村居民人均可支配收入之比的下降，使得该指数于 2012～2019 年表现为下降态势。如图 6-15 所示的城乡居民人

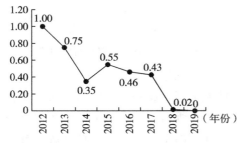

图 6-14　长三角城市群城乡收入差距指数

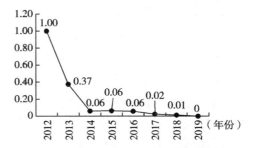

图 6-15　长三角城市群城乡消费差距指数

①　本书将在后续研究中对该指数对应的图进行探讨。

均消费差距也呈现下降趋势，表明长三角城市群在优质人口集聚和居民生活质量发展上走在前列，区域内居民生活水平逐年提升，生活质量逐渐提高。

（五）长三角城市群社会协调发展指数评价及分析

本部分构建的社会协调发展指数包括教育水平、就业机会①、医疗水平②和社会保障。评价结果如图6-5所示，长三角社会协调发展指数变化上升态势明显，2012~2019年表现出先慢后快的上升趋势。从构成长三角社会协调发展指数的两部分来看，如图6-16所示的社会保障指数上升幅度最大，2012~2019年整体上呈现出两阶段的上涨趋势，在经历了从2012~2014年的小幅上升后2014~2015年出现了小幅下降，随后表现出较大程度的上升态势。长三角城市群教育水平总体上升，如图6-17所示，教育水平指数从2012年的0.11上升到2019年的0.99，具体表现为2012年长三角公共财政教育支出占GDP的比重为2.29%到2019年上升为2.44%。医疗水平上升趋势明显，每万人卫生技术人员数从2012年的51.26人上升到2019年的73.39人，每万人医疗机构床位数从2012年的41.06张上升到2019年的58.82张；社会保障水平也呈现递增趋势，城镇职工基本养老保险参保人数从2012年的25.06%上升到2019年的43.88%，基本养老保险覆盖面扩大；非农产业就业比重从2012年的79.76%上升到2019的85.35%，这可能是受大环境的影响，国内外生产制造面临各种问题，而长三角轻工业发达，承担了很大程度的生产制造服务，从而出现了非农就业机会的上升，非农就业人口增加，就业比重上升。

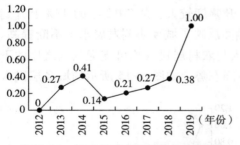

图6-16　长三角城市群社会保障指数

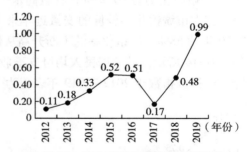

图6-17　长三角城市群教育水平指数

（六）长三角城市群资源环境协调发展指数评价及分析

本部分构建的资源环境协调发展指数由能源消耗、碳排放、污染治理、资源利用和生态建设③五部分构成。评价结果如图6-6所示，长三角资源环境协调发展指数稳步上升，从2012年的0.26上升到2019年的0.80。长三角能源消耗在波动中上升，如图6-18所示，能源消耗指数从2012年的0.15上升到2019年的

---

①②③　本书将在后续研究中对该指数对应的图进行探讨。

0.24，资源利用率有效提高。2012 年长三角地区 GDP 能源消耗量为 0.77 吨/万元，2019 年上升为 1.13 吨/万元，上升效果明显，表明受大环境的影响，国内外的生产制造主要集中在中国，特别是长三角地区，造成长三角地区的能源消耗较前期有显著上升。长三角碳排放呈现下降趋势，由图 6-19 可知，碳排放指数从 2012 年的 0.56 下降到 2019 年的 0.45。2012 年 GDP 的碳排放量为 4.21 吨/万元，2019 年下降为 3.28 吨/万元。长三角工业用地产出强度从 2012 年的 21.08 上升到 2019 年的 27.84，资源得到有效的保护和利用。生活垃圾无害化处理率和污水处理厂集中处理率分别从 2012 年的 95.22%、80.72% 上升到 2019 年的 99.57%、91.25%。每万人均城市绿地面积从 2012 年的 52.64 公顷上升到 2019 年的 66.88 公顷。环境治理和生态建设都取得了长足的发展。污染治理得到有效提高。如图 6-20 所示，污染治理指数从 2012 年的 0.13 上升至 2019 年的 0.99，环境改善效果显现。长三角空气质量近年来呈现上升趋势，2016 年长三角 $PM_{2.5}$ 年均浓度为 48 毫克/立方米，2018 年为 41 毫克/立方米。分省份来看，$PM_{2.5}$ 年均浓度均显著下降，上海从 2012 年的 50 毫克/立方米下降到 2018 年的 35.7 毫克/立方米，江苏从 2012 年的 56 毫克/立方米下降到 2018 年的 46 毫克/立方米，浙江从 2012 年的 47 毫克/立方米下降到 2018 年的 31 毫克/立方米，安徽从 2012 年的 62 毫克/立方米下降到 2018 年的 50 毫克/立方米。

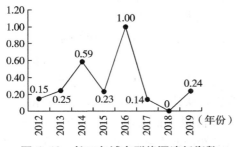

图 6-18　长三角城市群能源消耗指数

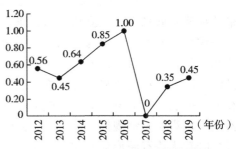

图 6-19　长三角城市群碳排放指数

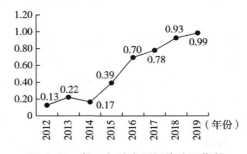

图 6-20　长三角城市群污染治理指数

三、小结

长三角一体化高质量发展，是有效发挥增长极带动作用的关键。更好地发挥要素优化配置作用，推进经济生态系统发展，做大做强短板区域短板经济，是一体化的三大要点。针对此，本节提出如下三方面针对性建议：

第一，加速打破传统行政区划带来的隔离，持续推进要素配置高效、市场运作一体的整体经济发展。以规划对接为主要抓手，最大限度避免重复建设和资源浪费，有效地化激烈竞争为协同发展。在行政边界区域，尝试建立合作紧密、链条完整、结构合理的大工业园区，逐步形成区域产业合作的一线示范区，由对市场的分割转向对市场的融合。在"十四五"规划上，对产业布局调整子规划进行联合起草，在后续产业发展中不断形成跨区产业链条，由同质竞争转向上下合作（孙斌栋和丁嵩，2016）。在合作对接上追求共赢共生的双赢、多赢局面，形成政府间沟通合作的长效机制。从静态到动态，构建市场一体化发展的动态监管机制，对于地区间要素配置效率情况不断进行优化调整。建立要素流动、配置效率评估的相关机构部门，降低要素浪费与效率损失。以更大格局、更高前瞻形成更高层次的一体化局面，从人工智能、智慧医疗等多种新兴产业入手，逐步推进长三角成为新经济良性发展的示范区和策源地。

第二，全面提高既有的供需配合层次，逐步形成梯度搭配合理、链条高端完整的经济发展系统。建立跨区域产业发展协调机构，定期举办产业发展交流会，动态评估区域产业发展与市场容量平衡性，对于过剩产能予以有序控制。搭建产业联盟的合作平台，充分发挥上海综合性功能、江苏实体性制造、浙江活跃民营经济等区域性特色优势，有效推动长三角产业一体化加速发展，快速推进多区域在人工智能、集成电路等产业链的上下游合作，快速形成产业集群的一体化发展格局。以集群带动规模，以规模促进流量，以流量保证需求，以需求确定分工。根据既有优势资源形成的初始分工，结合前瞻性产业发展形成更趋合理分工，不断确定自身定位，持续激发自身优势，形成更加高密度、多配合、良性循环的不可分割区域性经济。

第三，不断补齐对外合作贸易存在的短板，大力推动业态多元合理、合作共荣共生的外贸经济发展。以长三角通关一体化为基础，积极打造对外贸易中的"单一窗口"，不断提升标准化建设及互联互通强度。强化各区域外贸中的优势范围定位，逐步形成贸易资源共享、贸易风险共担的区域贸易协同机制，增强抵御贸易摩擦产生诸多风险的能力。建立贸易订单链条式生产模式，加强贸易中配套产品或关联产品的"搭便车"式出口，稳步形成贸易信息共享的良性利润分享机制。在国际贸易更高的不确定性背景下，不断重塑产业和贸易生态，保持产业国际竞争力持续提升。在国际贸易中持续参与国际分工，与其他重大战略规划如上海自贸试验区等开放战略充分对接并形成共振，共同推进长三角地区国际化进程，提高区域经济国际竞争力。突破短板类产业的发展瓶颈，尝试长期难以提升竞争力的产业的适度区间转移，从产业生命周期和区域发展层次的匹配层面做好区域产业接续文章。

第二节　珠三角城市群一体化发展成效

自党的十八大以来，珠三角城市群①在面临着稳增长和调结构的双重压力下，依然深入贯彻五大新发展理念，积极构建新发展格局。在国际经济低增长、高通胀和国内经济转型调整的新发展阶段，深入实施《珠江三角洲地区改革发展规划纲要（2008—2020 年）》。珠三角城市群区域协调发展取得显著成效，经济发展保持稳定增长，城乡差距逐渐缩小，民生和社会事业得到改善，但区域一体化程度不足，资源环境协调与发展之间不平衡等问题依旧成为阻碍珠三角城市群推进区域协调发展的重要因素。因此，深入探究珠三角城市群一体化发展现状，将为推进新一轮高水平对外开放、实现共同富裕的战略目标和全面建设社会主义现代化国家提供参考。

一、历程梳理及问题提出

1994 年珠江三角洲城市群的概念首次提出，其中包括"广佛肇""深莞惠""珠中江"三个新型都市区②，依托与港澳的合作共赢关系，力争率先实现珠三角城市群一体化建设。2019 年中共中央、国务院发布《粤港澳大湾区③发展规划纲要》，指出要在粤港澳大湾区建立"世界级城市群"。由于粤港澳大湾区数据的不可获得性，因此本节的研究区域中不包括香港、澳门，仅将珠三角城市群作为研究对象，并对其区域协调发展水平进行评价。

自中华人民共和国成立以来，珠三角地区发展大致分为三个阶段：①缓慢发展阶段（1949~1978 年）：自中华人民共和国成立之初，珠三角地区的国家资金

---

① 珠三角城市群包括"广佛肇+韶清云"（广州、佛山、肇庆+韶关+清远+云浮）、"深莞惠+汕尾、河源"（深圳、东莞、惠州+汕尾+河源）、"珠中江+阳江"（珠海、中山、江门+阳江）三个新型都市区，由"9+6"融合发展的城市所形成的。

② 三个新型都市区："广佛肇"（广州、佛山、肇庆）、"深莞惠"（深圳、东莞、惠州）、"珠中江"（珠海、中山、江门）。

③ 粤港澳大湾区是在珠三角城市群原有九个城市的基础上，新增香港特别行政区、澳门特别行政区，故又称大珠江三角洲地区。

扶持力度较弱，加上广东处于国民经济恢复时期，导致城镇发展速度缓慢。直到
1978 年，广东 GDP 位居全国第五，经济总量只占全国的 5.1%，并且与港澳地区
在经济上的联系较少，基本上处于割裂发展状态，形成了以广州为单一中心的城
市群特征。②快速发展阶段（1979~1999 年）：自我国实行改革开放以来，珠三
角地区率先成为我国对外开放的沿海经济特区，发展迅速并取得突出成就。
1994 年 10 月 8 日，广东省委在七届三中全会上首次正式提出"珠三角城市群"
的概念，力争建设珠江三角洲新型都市区。随着珠三角城市群的确立，珠三角地
区经济在这个阶段得到快速发展。20 世纪末，广东 GDP 位居全国首位，经济总
量占全国的 10.2%，珠三角地区与港澳的经济联系密切起来，逐渐形成了以港澳
为主导的外向型经济模式。此外，省会城市广州具有行政优势，特区城市深圳具
有制度优势，两者通过发挥区位优势形成了双中心的城市群特征（许学强和李
郇，2009）。③全面发展阶段（2000 年至今）：进入 21 世纪以来，随着珠三角地
区工业化水平的不断升级，经济发展重心从第一、第二产业调整至第二、第三产
业。2008 年 12 月，国家发展改革委发布《珠江三角洲地区改革发展规划纲要
（2008—2020 年）》（以下简称《珠三角规划纲要》），《珠三角规划纲要》发布
后大大加深了广州、深圳两个中心城市和周边城市的联系，提升了三大都市区的
协调发展水平（朱政等，2011；尹来盛和冯邦彦，2012）。2021 年珠三角城市群
整体城镇化率达到 87.5%，创造了 10.06 万亿元的 GDP 总量。珠三角九市 GDP
总量占全省比重从 1980 年的 47.7% 提升到 2021 年的 80.9%，占全国比重从
2.6% 提升到 8.8%，最终形成了强联系多核心的城市群特征。

　　总体而言，党的十一届三中全会后，珠三角享受我国改革开放的第一批先行
区的发展红利，经济社会快速发展、综合实力显著提升，为推动社会主义现代化
建设做出贡献，但由于国内外经济形势日益严峻，珠三角地区也处在调整经济结
构转型和转变发展方式的重要节点。在继续推进珠三角城市群一体化发展的过程
中，面临着风险挑战和机遇。具体而言：第一，珠三角城市群内城市之间的经济
差距依然较大，部分城市创新能力不足，导致整体的竞争力不强，产品附加值不
高；第二，资源利用效率不足，土地开发强度过高，造成的环境污染问题相对突
出，受资源环境制约明显；第三，城镇化进程的快速推进，导致公共服务资源和
社会保障与日益增长的流入人口之间出现了不匹配的矛盾。基于此，进一步分析
推动珠三角城市群一体化过程中存在的问题与成就，对推动新时代区域协调发展
具有重要的理论参考和政策借鉴意义。

二、珠三角城市群区域协调发展成效

（一）珠三角城市群区域协调发展指数总体评价

　　对区域协调发展指数进行综合评价，评价结果如图 6-21 所示。从区域协调

发展指数来看，2012~2019 年珠三角城市群区域协调发展指数虽然在个别年份出现了波动，但整体呈现上升趋势，区域协调发展指数值从 2012 年的 0.38 上升到 2019 年的 0.56，区域协调发展水平逐年提高。其中，城乡协调发展水平与社会协调发展水平是推动区域协调发展的主要力量；资源环境协调发展水平和区域一体化程度成为影响珠三角城市群区域协调发展的制约因素。

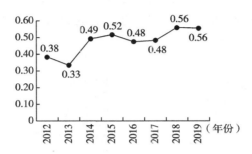

图 6-21　珠三角城市群区域协调发展指数

为更好地理解珠三角城市群区域协调发展指数的变化情况，本部分将具体分析区域协调发展不同方面的变化。通过观察分析珠三角城市群内区域协调发展各维度的进展情况，不仅可以明确珠三角城市群区域协调发展的阶段成效和问题，还可以为未来确定珠三角城市群区域协调发展指明方向。具体而言，区域经济发展差距呈现出先扩大后缩小的趋势（见图 6-22），其中 2012~2016 年区域经济发展差距持续增大，但从 2017 年开始变小并且幅度明显。党的十九大报告中明确提出"改善人民生活、缩小差距、实现共同富裕"的要求，自 2017 年起珠三角城市群在充分发挥广州、深圳两所中心城市优势的基础之上，加强内部城市间的联系合作，促进区域内产业结构优化调整，大大缩小了经济发展差距。从图 6-23 可以看出区域一体化指数值在 2012~2013 年出现了明显的下降趋势，之后的阶段呈现缓慢的上升趋势。推进珠三角区域一体化进程，强化了各地市间的联系，大大减少了重复建设的现象，有效促进珠三角城市群区域协调总体发展。自党的十八大以来，推进区域一体化已经成为实现区域协调发展的重要方式，推动珠三角地区的一体化发展更显得尤为重要。城乡协调发展指数值在 2012~2016 年迅速提升，如图 6-24 所示，2016 年城乡协调发展指数为 0.94。得益于党的十八大提出"加快推进城乡一体化建设"战略布局的有效落实，以及党的十八届五中全会将"推动城乡协调发展"作为完善城乡一体化发展的进一步补充（万俊毅和曾丽军，2018）。社会协调发展水平在 2012~2019 年的指数趋势持续上升（见图 6-25），是促进区域协调总体发展过程中不可或缺的一部分。自党的十八大以来，党中央高度重视加大医疗卫生和教育事业等公共服务的投入力度，以及完善就业和社会保障体系。扩大优质社会服务的供给配置范围，让人民在社会协调发展中有更多的获得感、幸福感、安全感。在《珠三角规划纲要》中明确指出将改善民生作为重点工作，全力发展各项社会事业，可见珠三角城市群政策的实施效果正在逐渐显现。从图6-26可以看出，资源环境协调发展指数呈现出先上升后下降的趋势。资源环境协调发展水平在2012～2014年出现了大幅度的提高。但随着经济社会的高速发展，在之后的2015～2017年资源环境协调发展指数呈现出连续下降的趋势。

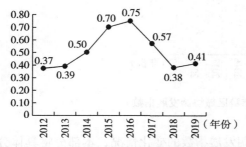

图6-22 珠三角城市群区域经济发展差距指数

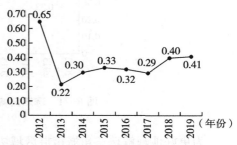

图6-23 珠三角城市群区域一体化指数

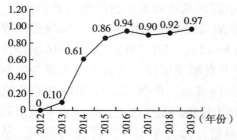

图6-24 珠三角城市群城乡协调发展指数

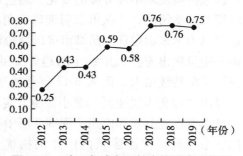

图6-25 珠三角城市群社会协调发展指数

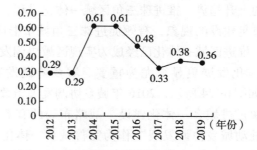

图6-26 珠三角城市群资源环境协调发展指数

（二）珠三角城市群区域经济发展差距指数评价及分析

对区域经济发展差距指标进行具体评价，评价结果如图6-22所示。从区域经济发展差距指数来看，2012~2019年珠三角城市群区域经济发展差距指数呈现先上升后下降再上升的趋势，区域经济发展差距指数值从2012年的0.37到2019年的0.41，总体上区域经济发展水平的提升效果并不明显。其中，人均地区生产总值差距指数、固定资产投资差距指数与财政收入和财政支出差距指数的趋势与区域经济发展差距指数的趋势基本保持一致，成为影响区域经济发展的重要因素。

具体而言，珠三角地区城市之间的人均地区生产总值差距、固定资产投资差距以及财政收入和财政支出的差距基本上都经历了先扩大后缩小的阶段（见图6-27、图6-28、图6-31）。由于珠三角城市群自身内部共分为三个梯队：广州、深圳两个一线城市作为第一梯队；珠海、东莞、中山、佛山构成第二梯队；后加入珠三角的肇庆、惠州、江门组成第三梯队。这三个梯队间在经济结构、总量、质量等方面都存在很大的差距（曾灿等，2017）。广东省委、省政府在意识到城市内部的经济发展不平衡后，针对肇庆、惠州、江门经济相对薄弱的城市，通过与经济发达城市加强合作的方式逐渐弥补其间发展的各项差距。如图6-29所示，非农产业劳动生产率差距指数除了部分年份存在波动，总体呈现下降趋势。说明珠三角城市群根据《珠三角规划纲要》，产业结构已经逐渐从第一、第二产业调整至第二、第三产业，并且生产效率逐步提升，城市之间的非农业劳动生产率差距逐渐缩小。从图6-30可以看出，创新投入差距指数呈现出先下降后上升的趋势，说明在珠三角城市群经济发展过程中，起初阶段对科技创新投入不足的城市加大了扶持力度，使城市间差距逐渐缩小，但从2018年开始，城市间的差距再次拉大。2019年研发支出占GDP比重指标排名第一的深圳是排名最后的肇庆的3.59倍，说明资本仍然在向城市群内的核心城市集聚，随着时间的推移显现出强者越强、弱者越弱的"马太效应"（欧进锋等，2020）。因此，珠三角城市群需要弥补部分城市的创新能力，推动经济高质量发展。

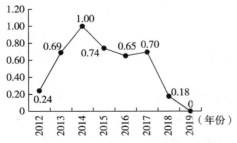

图6-27 珠三角城市群人均地区生产总值差距指数

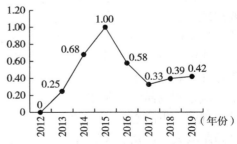

图6-28 珠三角城市群固定资产投资差距指数

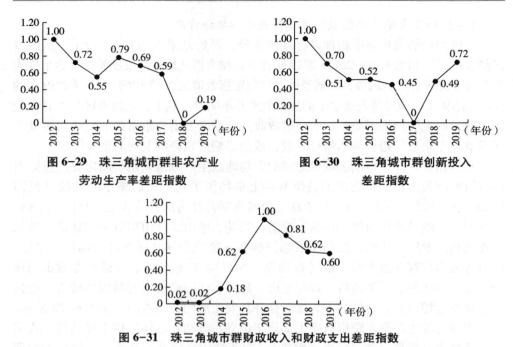

图 6-29　珠三角城市群非农产业
劳动生产率差距指数

图 6-30　珠三角城市群创新投入
差距指数

图 6-31　珠三角城市群财政收入和财政支出差距指数

（三）珠三角城市群区域一体化指数评价及分析

对区域一体化指标进行具体评价，评价结果如图 6-23 所示。从区域一体化指数来看，2012～2019 年珠三角城市群区域一体化指数值从 2012 年的 0.65 到 2013 年的 0.22，出现了明显的下降趋势，2013～2019 年则呈现缓慢上升趋势。区域贸易流发展是推动区域一体化发展的主要力量，客运量是阻碍区域一体化发展的重要原因。

其中，客运量指数的趋势在 2013 年呈现大幅下降的趋势（见图 6-34），客运量成为初始阶段阻碍珠三角城市群实现区域一体化进程的关键因素，但之后逐渐趋于稳定。客运量指数快速下降，一方面是因为自党的十八大后，交通运输部要求统一更换客运量数据的计算方法，广东省统计局对客运量数据的收集测度方法发生了改变。另一方面，2012 年后随着广东省高铁、轻轨、顺风车等新型出行方式的流行，给传统客运行业带来巨大冲击，逐年关停撤销了多个客运站[①]，最终导致客运量下降。从图 6-32 可以看出，市场一体化指数趋势波动幅度较大，由于城市间商品零售价格指数波动不一致，2015 年市场一体化发展到最优状态后出现明显下降趋势，直到 2018 年才恢复上升。珠三角地区城市间经济发展水平差距较大，广州、深圳等经济发展水平高的地区对市场一体化水平的影响小于

---

① 参见 https：//www. thepaper. cn/newsDetail_ forward_ 16269712。

肇庆、惠州等经济发展水平低的地区，经济发展水平低的城市缺乏韧性，受市场影响变化较为明显，最终导致珠三角城市群整体市场一体化水平波动较大（杨林和陈喜强，2017）。如图6-33所示，区域贸易流指数在2012～2020年总体呈现上升趋势，成为推动珠三角城市群实现区域一体化进程的主要力量。2020年广东省全年完成货物周转量39.85亿吨，其中珠三角地区约占全省总量的80%；另外，深圳港、广州港、佛山港、东莞港的港口集装箱吞吐量均位于全国前二十名[①]，充分说明区域贸易流促进了珠三角城市群区域一体化的发展。从图6-35可以，看出交通一体化指数整体处于稳定发展态势，从2016年开始出现下降趋势。广东省人民政府办公厅根据《珠三角规划纲要》，印发《珠江三角洲基础设施建设一体化规划（2009—2020年）》（以下简称《规划》）。如今《规划》中提出构建以广州为中心、串联城市群的城际轨道交通和高速公路、铁路网络架构的目标均已实现。同时，2018年港珠澳大桥全线贯通进一步促进了珠三角城市群交通一体化的发展格局。

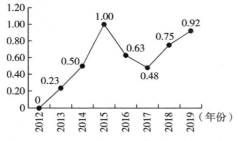

图6-32　珠三角城市群市场一体化指数

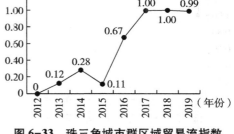

图6-33　珠三角城市群区域贸易流指数

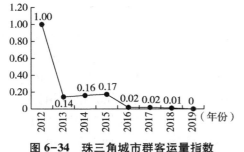

图6-34　珠三角城市群客运量指数

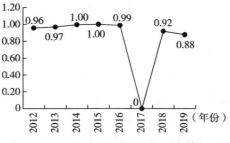

图6-35　珠三角城市群交通一体化指数

（四）珠三角城市群城乡协调发展指数评价及分析

对城乡协调发展指标进行具体评价，评价结果如图6-24所示。从城乡协调发展指数来看，2012～2019年城乡协调发展指数逐渐提高，城乡协调发展水平得

---

① 参见 http://www.lygmedia.com/news/shaqnchu/20220307/0781125.html。

到了显著提升，2019 年为 0.97。在 2013～2015 年的阶段中，城乡协调发展水平有了质的飞跃，指数值从 0.10 提升到 0.86。城乡收入差距和城乡消费差距的缩小（见图 6-36、图 6-38），以及城镇化水平和居民生活水平的提高（见图 6-37、图 6-39），共同促使了城乡协调的整体发展。

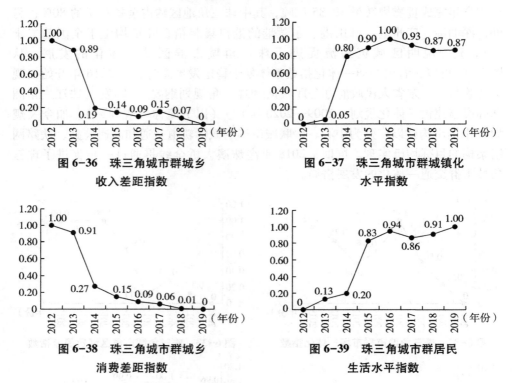

图 6-36　珠三角城市群城乡
收入差距指数

图 6-37　珠三角城市群城镇化
水平指数

图 6-38　珠三角城市群城乡
消费差距指数

图 6-39　珠三角城市群居民
生活水平指数

　　具体而言，珠三角城市群城镇化水平在 2016 年达到最高后，在 2016～2019 年的阶段中出现下降趋势，同时居民生活水平指数也出现一定波动。2020 年珠三角城市群整体城镇化率达到 87.5%，但其中户籍人口占比不足 50%[①]，该地区人口“半城镇化”现象突出。此外，珠三角城市群与国内其他城市群相比，还出现了流动人口数量多、规模大、所占比重高以及农民工市民化等现象（周春山等，2019）。这是因为从 2017 年开始，外来人口的不断涌入增加了珠三角地区的不稳定性，使本地区内城镇化的发展速度放缓、人均公共福利水平下降，从而间接导致居民生活水平降低（见图 6-39）。同时，受土地供给的下降、原材料价格上涨等生产成本增加的影响，城市建设用地面积增速放缓，使得城镇人口增速低

---

① 根据 https：//www.163.com/dy/article/GBD9AICM0519CK3E.html 相关数据计算得出。

于总人口增速，最终引致城镇化水平下降（见图6-37）。自党的十八大以来，广东省委、省政府从努力打赢脱贫攻坚战，到党的十九大后积极贯彻乡村振兴战略使城乡收入差距和城乡消费差距逐年缩小，表明珠三角城市群的农村居民人均可支配收入大幅度提升的同时农村居民人均消费水平也取得了巨大改善，为珠三角城市群率先实现共同富裕奠定了稳定基础。

（五）珠三角城市群社会协调发展指数评价及分析

对社会协调发展指标进行具体评价，评价结果如图6-25所示。从社会协调发展指数来看，2012～2019年珠三角城市群社会协调发展指数呈现出持续上升的趋势，社会协调发展指数值从2012年的0.25上升到2019年的0.75。从图6-42可以看出，医疗水平的提升是支撑社会协调发展的主要力量，从图6-43可以看出，社会保障是影响社会协调发展的关键因素。具体而言，一方面，珠三角地区坐拥很多高等医学院校，培育了大量的医疗先进技术人才；另一方面，在经济水平较高的前提下，能够对医疗卫生服务投入更多的资金，使珠三角城市群的医疗卫生配套设施完善，从而持续提升整体医疗水平（龚韩湘等，2017）。另外，如图6-40所示，教育水平指数在波动中呈现增长态势，指数值从2012年的0.19增长到2019年的0.77。在城镇化发展的推动下，大量外地人口涌入珠三角地区后，增加了对原本紧张的公办学校教育需求，使教育资源难以实现普惠利民。教育支出所占比重提高后会增大市镇的财政压力，使珠三角城市群每一年对教育的投入力度不均，因此在今后的发展过程中应逐渐稳定对教育方面的投入（曾阳和黄崴，2014）。珠三角城市群人口增加导致就业机会从2012年起逐年降低并持续到2017年（见图6-41）。随着外来人口家乡的不断发展，很多人选择返乡发展，并且广东省教育厅加快推进属地高校毕业生就业创业工作，出台了一系列"稳就业"政策，从2018年起就业机会开始有了显著的增加。与此同时，就业机会的增加使社会保障无法与当前就业数量合理匹配，从2018年开始城乡基本养老保险覆盖面出现了大幅度的下降（见图6-43），因此在接下来推进珠三角城市群社会协调发展的过程中应该着重扩大城乡基本养老保险覆盖面。

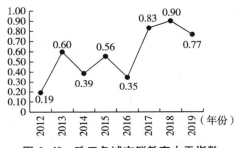

图6-40 珠三角城市群教育水平指数

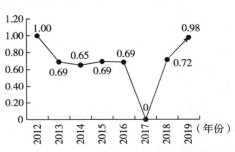

图6-41 珠三角城市群就业机会指数

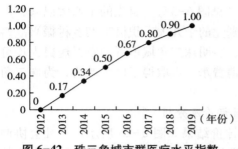

图 6-42　珠三角城市群医疗水平指数

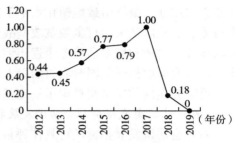

图 6-43　珠三角城市群社会保障指数

（六）珠三角城市群资源环境协调发展指数评价及分析

对资源环境协调发展指标进行具体评价，评价结果如图 6-26 所示。从资源环境协调发展指数来看，2012～2019 年资源环境协调发展指数值从 2012 年的 0.29 上升到 2014 年的 0.61，但从 2015 年之后出现下降趋势，2019 年下降到 0.36。广东省委、省政府在 2016 年印发《关于加快推进我省生态文明建设的实施意见》，制定珠三角城市群在 2020 年"要率先建成绿色生态城市群"的发展目标（吴大放等，2020），根据自然环境承载能力，实施合理科学的国土空间规划和生态保护修复工作，从而扭转了珠三角城市群资源环境发展恶化的态势。直到 2018 年微弱提升后趋于平稳。珠三角城市群将绿色发展的理念贯彻落实到位，加快构建生态文明体系，将生态环境保护与城市开发建设统筹协调起来，治理效果明显。其中，能源消耗和碳排放的有效降低以及污染治理的有效提升是推动资源环境协调发展的主要动力（见图 6-44 至图 6-46）。除个别年份的波动外，三项指标均得到有效改善。随着珠三角地区产业结构的不断优化调整，珠三角城市群从以往的资源消耗型区域逐渐转变成资源集约节约型区域。淘汰了高耗能低产量企业，加大了产业的科技创新含量，间接提升了污染治理效率。然而，从图 6-47 和图 6-48 可以看出，资源利用和生态建设指标都出现了明显波动，2015 年工业用地产出强度达到了最优状态，之后开始降低，2017 年后又逐渐恢复。这是因为城市群内的发达城市已率先完成了产业转型，大大提升了整体的工业用地产出强度，但肇庆、惠州、江门这些经济相对欠发达的城市转型需求尚不明显，导致城市群整体稳定性较弱容易波动。生态建设指标层中的生活垃圾无害化处理率指标始终处于上升的趋势，说明该指标并不是导致生态建设指标波动的原因。生态建设指标主要受人均城市绿地面积指标的影响，该指标在 2014 年出现大幅度下降，2015～2017 年保持上升趋势，2017 年该值再次下降。随着城市人口数量的不断上升，生态建设并没有匹配人口增长的速度，导致人均城市绿地面积逐年下降，因此在推进城镇化水平的过程中，应该加强对生态建设的保护。

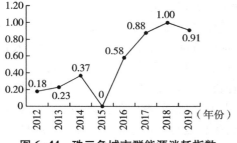

图 6-44 珠三角城市群能源消耗指数

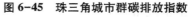

图 6-45 珠三角城市群碳排放指数

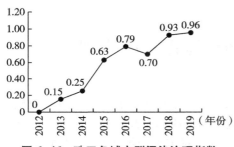

图 6-46 珠三角城市群污染治理指数

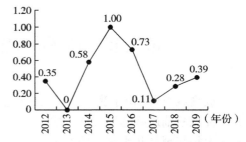

图 6-47 珠三角城市群资源利用指数

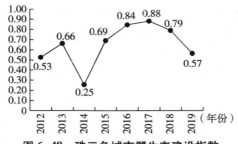

图 6-48 珠三角城市群生态建设指数

三、小结

本节认为在继续推进珠三角一体化的过程中，应该注意以下几个方面的问题：第一，加强广佛肇、深莞惠、珠中江三大都市区之间的优势互补、协调发展新格局的建设。总体来看，珠三角城市群内部一体化发展的统筹机制还未完全形成，广州、深圳与肇庆、惠州、江门之间的差距还很大，而且珠中江都市区也远远落后其他两个都市区，人力、财力相对不足，接下来应该集中力量解决发展中的薄弱环节，着力推动珠三角城市群的整体发展。第二，随着大珠江三角洲地区的形成，在下一步建设粤港澳大湾区"世界级城市群"的过程中，应避免过度依赖出口的单一经济增长方式，使消费、投资、出口三者共同拉动经济增长，充分发挥本土优势并且继续加强和港澳间的联动优势。着重提升自主创新能力，加强产业结构高端化发展，协调好生态资源环境和经济社会发展相适应的问题。第三，随着珠三角城市群人口的不断流入，推动城市群内城镇化进程加速，满足流动人口对平等的社会保障需求。在接下来的发展过程中，仍应该持续加大对基本公共服务的投入和民生事业的支出，推动社会保障水平稳步提高，满足人民对美好生活的需要。

在新时代的背景下，持续推进珠三角城市群一体化建设，使自身优势发挥到最大限度，着力化解当前阶段改革发展过程中存在的问题，是实现该区域协调发展的必然选择，也是保障我国当前经济社会平稳运行的内在需要，更是实现高质量发展的战略要求。

第三节　成渝城市群一体化发展成效

成渝城市群[①]位于我国西部和长江上游地区，是现阶段中国西部地区规模最大、发展基础最好的城市群。成渝城市群既是当前西部大开发的重要平台，又是未来十年甚至是几十年我国经济重要的增长点，对于国家推进新型城镇化建设、推动实现区域发展总体战略具有重要意义（黄俊，2011）。自党的十八大以来，成渝城市群积极探索城市协调发展策略，努力提升城市群内生发展动力和发展质量，对促进共建"一带一路"、推动西部大开发形成新发展格局与长江经济带发展契合互动具有积极意义。但同时，成渝城市群区域发展不平衡不充分问题依然突出，协同发展机制整体较欠缺（王佳宁等，2016a），一体化程度还有待提升，产业间的市场掠夺行为在成渝城市群区域协调发展中尤其明显。基于此，探讨成渝城市群一体化和高质量发展不仅有利于科学合理配置空间资源要素，推动城市群结构优化重组，而且为全国推进城市群一体化发展发挥示范作用，加快形成西部大开发新格局，促进我国东中西部地区协调发展，推动西部地区高质量发展具有重要意义。

一、历程梳理及问题提出

纵观成渝城市群区域发展历程，其发展经历了四个阶段（李月起，2018）。①发育雏形阶段（1978~1990年）：在政府行政力量的主导作用之下，成都和重庆两地逐渐形成"双中心城市"的地位。随着城市行政等级的提升，城市内部基础设施建设和工业发展不断加速，城市建设水平和管理服务能力不断提高，但

---

① 成渝城市群包括重庆市和四川省的成都、德阳、绵阳、眉山、资阳、遂宁、乐山、雅安、自贡、泸州、内江、南充、宜宾、达州、广安。

该阶段基础设施建设和城镇体系规划还存在不完善的地方，城镇化整体水平不高。②快速成长阶段（1991~2000年）：在政策制度驱动和市场要素力量共同发挥作用下，成都和重庆设立国家级高新技术开发区，重庆成为直辖市，成渝城市群空间拓展"再集权化"。同时，市场机制逐渐完善并促进资源优化配置，城镇化率快速提升，并带动区域城镇体系发育完善。③转型发展阶段（2001~2011年）：进入21世纪后，面对城市群内部发展不平衡问题，成渝城市群开启了新一轮区域合作。2007年《西部大开发"十一五"规划》发布，明确提出推进成渝城市群率先发展，成为带动和支撑西部大开发的战略高地。在市场力量的主导作用下，各城市深度合作的需求渐增，区域合作协议、发展规划等政策持续发力①。④深度合作阶段（2012年至今）：2016年出台的《成渝城市群发展规划》明确了城市群发展目标和任务，成都和重庆"双中心城市"的集聚与扩散作用凸显，区域城镇体系日趋健全，城市的功能定位逐渐清晰，城市群基础设施建设加速完善。

　　成渝城市群地理位置优越，处于共建"一带一路"和长江经济带的交汇处，是西部内陆对外开放的门户，具有承东启西、连接南北的区位优势。区域内生态优良、能源矿产丰富、城镇密布，是我国西部人口最密集、产业基础最雄厚、创新能力最强、市场空间最广阔、开放程度最高的区域，也是西部发展的重要引擎，因此促进成渝地区双城经济圈区域高质量一体化发展具有重要的现实意义（王佳宁等，2016b）。由于成渝城市群的形成和发展演化时间较短，目前成渝城市群区域一体化还存在很多"瓶颈"。城市间网络化格局的相互联系程度不高，亟须打通城际间高速网络，比如成都、重庆与次级城市之间的快速通道尚未接通。成渝城市群不仅在交通基础设施方面存在"瓶颈"，在产业结构和民生方面同样也存在亟须破除的障碍。成渝区域第一产业比重高出全国水平，第三产业比重明显偏低，产业结构优化仍有较大的调整空间；城镇化水平有待进一步提高，中小城市人口大量流出，人口老龄化形势严峻，劳动力短缺成为制约因素（岳朝敏，2017）。随着2016年4月《成渝城市群发展规划》的发布，成渝城市群正式升级成为国家级城市群，一体化进程进入崭新的阶段，但是成渝城市群区域协调发展的"瓶颈"制约着成渝城市群高质量一体化发展的进程，因此需要深入挖掘成渝城市群一体化过程中存在的问题及取得的成就，为进一步促进成渝城市群区域协调发展提供依据。

---

　　① 党和国家就成渝地区发展还先后推出了成渝全国统筹城乡综合配套改革试验区建设、成渝经济区建设以及成渝城市群建设等一系列区域发展战略。这些区域发展战略的实施，为成渝地区经济社会发展注入持续动力（易淼，2021）。

二、成渝城市群区域协调发展的成效

（一）成渝城市群区域协调发展指数总体评价

对成渝城市群区域协调发展指数进行综合评价，评价结果如图 6-49 所示。从区域协调发展指数来看，2012~2019 年成渝城市群区域协调发展指数整体呈现上升趋势，区域协调发展指数值从 2012 年的 0.32 上升到 2019 年的 0.64，区域协调发展水平稳步提高。这说明自党的十八大以来成渝城市群区域一体化程度提升，区域分工格局逐步形成，区域合作关系进一步加深。

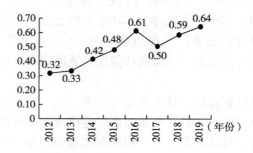

图 6-49　成渝城市群区域协调发展指数

为更好地理解成渝城市群区域协调发展指数的变化情况，本部分将具体分析成渝城市群区域协调发展不同方面的变化。通过分析成渝城市群内部区域协调发展各维度的进展情况，不仅可以探索出区域协调发展的阶段成效和问题，还可以明确区域协调发展未来的着力点。

从五大理念层指数来看，区域经济发展差距逐渐缩小，区域一体化、城乡协调发展指数、社会协调发展指数和资源环境协调发展指数呈现明显的上升态势，其中城乡协调发展指数上升趋势最明显，是拉动区域协调发展总指数的重要原因。

具体来看，从图 6-50 可以看出区域经济发展差距呈现波动下降的趋势。在区域经济发展初期，由于产业分工、协作和互补程度不高，城市群内经济发展水平相差较大，区域经济发展差距在 2012~2013 年出现了短暂的扩大。随着《成渝城镇群协调发展规划》《成渝经济区区域规划》等规划的发布，成渝城市群区域内共建共享机制逐步建立起来，城市间的经济发展差距整体上逐渐缩小。区域一体化水平整体呈现上升趋势（见图 6-51），2012~2017 年，成渝城市群区域一体化联系强度不断提升，提升速率经历了由稳步提升到持续减速的转变，城市群内区域一体化水平稳步上升。行政体制的现实分割，现有的协调联动机制还未完全形成，区域一体化合作格局中的开放意识不强等原因造成 2017~2018 年出现短暂下降。图 6-52 中城乡协调发展表现出明显的上升趋势，尤其是 2014~2015 年，成渝城市群的城乡协调发展水平呈现大幅上升态势。从城乡间整体协调来看，进入 21 世纪以来，成渝城市群已稳定在较高的城乡融合阶段。由于成渝区域内部积极推进城乡发展一体化和均等化，健全协同发展机制，城乡协调发展的红利逐渐显现，促使其出现较大幅度的上涨。社会协调发展（见图 6-53）表现出前期明显波动，后期平稳上升的趋势。2011 年，《成渝经济区区域规划》发布，各城市积极推动基本公共服务均等化，建立以城带乡、以工促农的长效机制，形成统筹城乡发展的制度体系和城乡经济社会发展一体化的新格局。在《成渝经济区区域规划》的指导下，成渝城市群持续深化教育合作，推进人才与产业融合的就业政策，持续提高公共卫生服务质量。在 2015 年之后，社会协调发展指数不再出现大幅波动，整体上呈现出稳定的上升态势。由图 6-54 可以看出，资源环境协调发展呈现出平稳的上升态势。《成渝城市群发展规划》提出要实施生态共建环境共治，强化水资源安全保障，确保提高空气质量等任务，"生态优先"成为新时代成渝城市群发展的新要求和新特征（李月起，2018）。由此，资源环境协调发展在 2012~2019 年逐步提升，生态质量逐渐改善。

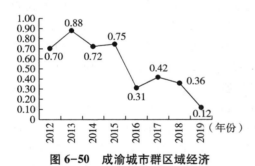

图 6-50　成渝城市群区域经济
发展差距指数

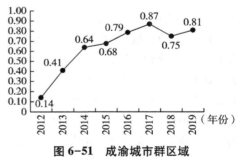

图 6-51　成渝城市群区域
一体化指数

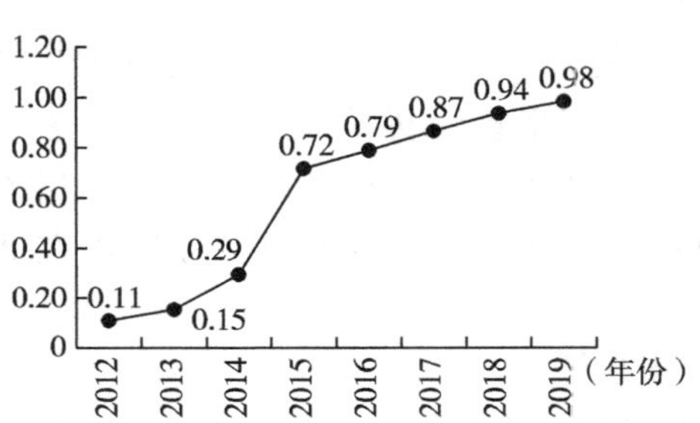

图 6-52　成渝城市群城乡协调发展指数

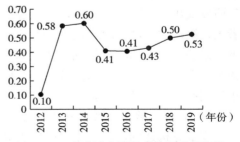

图 6-53　成渝城市群社会协调发展指数

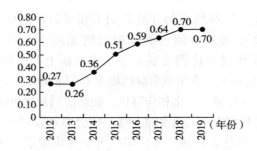

图 6-54　成渝城市群资源环境协调发展指数

（二）成渝城市群区域经济发展差距指数评价及分析

区域经济发展差距指数评价结果如图 6-50 所示。成渝城市群区域经济发展差距整体呈现缩小趋势，从 2012 年的 0.70 下降到 2019 年的 0.12，城市间经济发展差距逐渐缩小。其中，成渝城市群财政收入和财政支出差距是促进经济发展差距缩小的主要力量。由图 6-55 可以看出成渝地区人均 GDP 差距整体上缩小，但目前成渝地区间经济发展仍存在不平衡现象，2021 年重庆市人均 GDP 为 86843.09 元，四川省为 64322.50 元，重庆市约是四川省的 1.4 倍。如图 6-56 所示的固定资产投资差距也经历了两次的大幅上升，固定资产投资占 GDP 的比重从 2012 年的 0.76 上升到 2019 年的 0.84，差距在 2012~2014 年和 2016~2019 年经历两次不同程度的上升。非农业劳动生产率（见图 6-57）在 2012~2019 年经历了大幅上升和下降趋势，其中 2012~2013 年、2016~2017 年表现出巨大的增幅，2015~2016 年和 2018~2019 年则表现出剧烈下跌。第二、第三产业增加值占第二、第三产业就业人员数从 2012 年的 7.17% 逐渐上升到 2019 年的 11.92%，差距从 2012 年的 0 波动变化到 2019 年的 0.27。在创新投入差距方面，如图 6-58 所示，成渝地区的创新投入差距在 2012~2017 年大幅下降，后期差距扩大到 2019 年的 0.51。为深入落实国家创新驱动战略，创新投入显著增加，从成渝地区投入的创新强度分析来看，2012~2019 年区域内不断加大创新投入，2019 年研发支出占 GDP 比重为 1.96%，较 2012 年提升了 61 个百分点。从图 6-59 可看出，财产收入和财政支出差距在 2012~2013 年出现短暂扩大，随后保持逐年下降态势。截至 2021 年，重庆市人均一般公共预算支出约为 1.51 万元、四川省约为 1.34 万元，重庆市约比四川省高 0.17 万元/人，人均财政支出差距虽在缩小但仍有一定提升空间。

（三）成渝城市群区域一体化指数评价及分析

本部分构建的区域一体化指数评价结果如图 6-51 所示，整体呈现前期大幅上升，中期平稳上升，后期略有波动的趋势，从 2012 年的 0.14 上升到 2019 年的

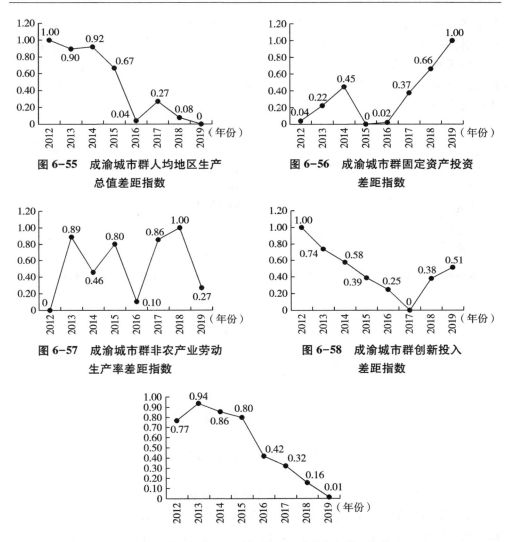

图 6-55 成渝城市群人均地区生产总值差距指数

图 6-56 成渝城市群固定资产投资差距指数

图 6-57 成渝城市群非农产业劳动生产率差距指数

图 6-58 成渝城市群创新投入差距指数

图 6-59 成渝城市群财政收入和财政支出差距指数

0.81，其中交通一体化和区域贸易流是推动成渝城市群区域一体化的主力军。成渝地区拥有中国西部地区最密集的城市群，城市间通过加强基础交通、信息建设等，在市场、交通、信息等方面均有较为密切的交流。成渝地区交通网络通畅水平不断提高，交通一体化能力较强。交通一体化指数在 2012~2019 年持续上升（见图 6-60），交通铁路的建设实现区域交通互联互通，提高了区域间的要素自主有序流动。如图 6-61 所示成渝地区市场一体化水平整体在波动中上升，前期呈现上升态势，后期波动变化。由于成渝地区交通一体化的提高，城市间区域贸易增多，城市的开发开放水平逐渐提高，商品零售价格指数波动的一致性变化明显，具体表现在市场一体化水平从 2012 年的 0.34 增长到 2019 年的 0.93。同时，成渝地区集群物流空间联系网络日益明显，城市的集群化发展使得城市间的交通物流活动更加频繁，区域贸易流指数（见图 6-62）从 2012 年的 0.47 上升到 2019 年的 0.85。

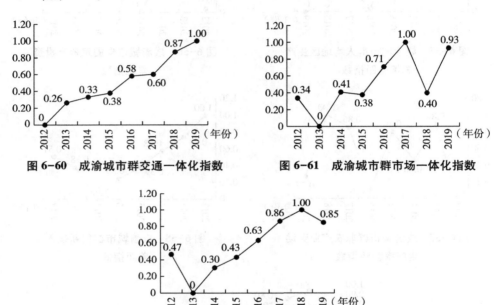

图 6-60　成渝城市群交通一体化指数　　　　图 6-61　成渝城市群市场一体化指数

图 6-62　成渝城市群区域贸易流指数

（四）成渝城市群城乡协调发展指数评价及分析

本部分构建的城乡协调发展指数包括城乡收入差距、城镇化水平、城乡消费差距和居民生活水平四部分。如图 6-52 所示，成渝城市群城乡协调发展指数变化上升态势明显，从 2012 年的 0.11 上升到 2019 年的 0.98。城市间积极推进城乡协调发展，逐步缩小城乡差距，既是共同富裕的内在要求，也是形成强大国内市场、构建新发展格局的重要基础[①]。成渝城市群是工业化、城镇化发展到高级形态后的产物，对深入推进西部大开发、长江经济带建设和国家新型城镇化建设皆具有重要现实意义（王佳宁等，2016c）。成渝地区城乡发展互促互进，新型城

---

① 参见 http://paper.people.com.cn/rmrb/html/2021 - 08/05/nw.D110000renmrb _ 20210805 _ 2 - 12.htm。

镇化水平逐步提高，2012年成渝地区城镇化率为43%，到2019年上升到52.65%。分省份来看，2012年重庆城镇化率达到56.98%，到2019年增长到66.8%，整体城镇化水平较高，四川省的城镇化率从2012年的42.07%上升到2019年的51.71%。由图6-63可知，城乡收入差距逐年缩小。城镇居民人均可支配收入与农村居民人均可支配收入之比呈现下降的趋势，城乡收入差距指数前期表现为快速下降，后期下降趋势则有所减缓，从侧面反映出乡村振兴和新型城镇化建设的驱动效应。如图6-64所示的城乡居民人均消费差距同样逐渐缩小，城乡居民基本生活保障水平不断提高并逐步趋同。

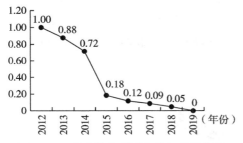

图6-63　成渝城市群城乡收入差距指数

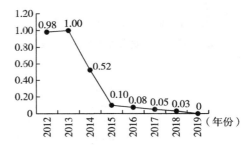

图6-64　成渝城市群城乡消费差距指数

（五）成渝城市群社会协调发展指数评价及分析

本部分构建的社会协调发展指数包括教育水平、就业机会、医疗水平和社会保障四部分。评价结果如图6-53所示，成渝城市群社会协调发展指数变化呈现整体上升态势，从2012年的0.10上升到2019年的0.53。其中医疗水平的提高在社会协调发展的上升趋势中占据主要位置。从构成社会协调发展指数的几部分来看，医疗水平指数上升幅度最大（见图6-65）。由于2016年正式发布了《成渝城市群发展规划》（以下简称《发展规划》），成都、重庆等中心城市努力将成渝城市群建设成为引领西部开发开放的城市群，形成社会协同发展格局。政府为对《发展规划》的事宜详尽落实，其中针对医疗卫生提出了具体的发展措施，在《发展规划》提出伊始的2016～2017年表现出短暂的下降趋势，其他年份均呈现逐年上升态势。具体而言，每万人卫生技术人员数从2012年的45.14人上升到2019年的67.02人，每万人医疗机构床位数从2012年的46.42张上升到2019年的60.34张。教育水平总体在较高水平变动，如图6-66所示的教育水平指数从2012年的0.54变化为2019年的0.50。公共财政教育支出是教育水平衡量的重要构成要素之一，教育支出的变化影响着区域内的教育质量。教育水平的小幅下降具体表现为，2012年成渝地区公共财政教育支出占GDP的比重为3.97%到2019年小幅度下降为3.16%。由图6-67可以看出，社会保障水平经历了 2012~2015 年的剧烈波动后，后期基本呈现平稳的递增趋势。城镇职工基本养老保险参保人数从 2012 年的 35.83% 上升到 2019 年的 44.43%，基本养老保险覆盖面扩大。

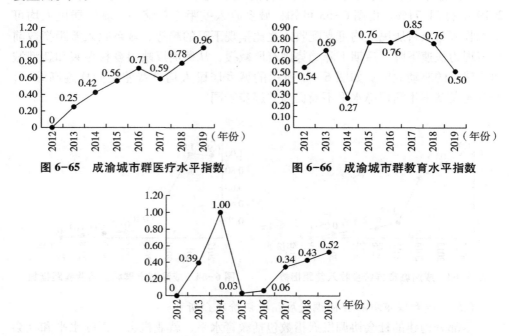

图 6-65 成渝城市群医疗水平指数

图 6-66 成渝城市群教育水平指数

图 6-67 成渝城市群社会保障指数

（六）成渝城市群资源环境协调发展指数评价及分析

本部分构建的资源环境协调发展指数由能源消耗、碳排放、污染治理、资源利用和生态建设五部分构成，评价结果如图 6-54 所示，成渝城市群资源环境协调发展指数稳步上升，整体上看从 2012 年的 0.27 上升到 2019 年的 0.70，其中城市群污染治理在资源环境协调发展中发挥了重要作用。成渝地区作为我国传统的重工业区，能源消耗关系到节能减排、能源结构优化调整等重要问题。能源消耗指数（见图 6-68）从 2012 年的 0.46 上升到 2019 年的 0.84，2012 年成渝地区 GDP 能源消耗量为 0.7 吨/万元，2019 年上升为 0.94 吨/万元。受全球经济乏力和我国经济增长放缓的影响，成渝地区承接了大量国内外制造业，区域内工业经济运行压力较大，造成能源消耗在后期显著上升。2013 年四川省政府批复了《关于重点区域大气污染防治"十二五"规划四川省实施方案》，成渝城市群内部加强控制造成 $PM_{2.5}$ 生成挥发性有机物，通过多污染物协同控制，在成渝城市群形成环境优化经济发展的"倒逼传导机制"，推动其空气质量近年来逐渐改善。随着污染治理逐渐得到重视，污染治理指数（见图 6-69）在 2012~2015 年呈现上升态势；经过前期污染治理力度的不断加大，2015~2019 年的污染治理效果逐渐显现，增长态势逐渐放缓。具体而言，成渝地区工业用地产出强度从2012 年的 47.65 上升到 2019 年的 60.78；生活垃圾无害化处理率和污水处理厂集中处理率分别从 2012 年的 79.79%、76.66% 上升到 2019 年的 99.06%、93.64%；2012 年 GDP 的碳排放量为 3.68 吨/万元，2019 年下降为 2.96 吨/万元；每万人均城市绿地面积从 2012 年的 24.16 公顷上升到 2019 年的 30.24 公顷。土地资源得到有效的保护和利用，环境治理和生态建设都取得了良好的发展。

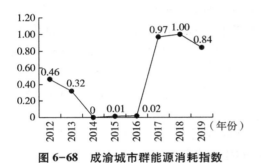

图 6-68　成渝城市群能源消耗指数

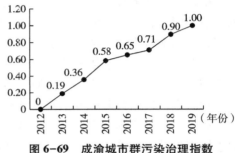

图 6-69　成渝城市群污染治理指数

三、小结

成渝城市群一体化高质量发展不仅为全国推进区域协调发展发挥示范作用，并且与西部大开发和长江经济带建设等重大战略契合互动，通过释放中西部巨大内需潜力，拓展经济增长新空间（王佳宁等，2016d）。综合上述分析，本节提出三个方面的针对性建议：

第一，加快完善价值链分工的产业体系构建，实施创新驱动发展，加强产业集聚，推进区域内市场运作一体化融合。在成渝城市群发展的过程中，基于每个城市自身比较优势，选择明确的定位和进行系统的城市规划是区域经济协调发展的前提（田莎莎和季闯，2018）。明确区域内各个城市差别化的产业定位，如重庆地区重点发展重工业制造领域，成都地区重点发展电子科技、电子信息等高新行业，既可以实现优势互补，有效地避免同质产品的市场恶性竞争，又可以避免经济资源的过度利用和不合理浪费，实现资源的充分利用。重庆和成都两大中心城市应当形成具有各自优势的产业链，中心城市应与城市群内其他中小城市形成合理的价值链分工，整合其内部的分散资源，持续加强优势产业的聚集，实现中心城市与中小城市联动发展。城市群内还应积极推动实施创新驱动发展战略，为中小城市创新发展提供新思路。每个城市的优势企业要积极利用比较优势，打造产业化的创新型产业链，增强企业的核心竞争力，使其在国际价值链中处于优势地位，激发市场创新主体的活力，不断缩小区域内各城市之间创新能力和创新水平的差距。

第二，加快中心城市的发展，全面强化中心城市的辐射带动作用，推动中小城市健康发展，完善城市体系。重庆和成都作为成渝城市群区域内的中心城市，经济发展水平不断提高，但其对周边城市经济发展的辐射作用仍不突出，需进一步加强重庆和成都周边城市与中心城市经济一体化发展。首先，要破除阻碍生产要素自由流动的行政壁垒和体制机制障碍，汇聚发展合力，强化落实分工与协作，提高政策协同水平，建立健全城市群区域合作机制。其次，加强交通设施建设，推进地区间的城际铁路建设，实现城市间交通互联互通，在实施既有成渝高铁改造的同时，进一步缩短成渝两地之间和到达周边城市的时空距离，串联周边城市，集聚融合人才、物资、资金，发挥铁路对城市经济的引领带动作用，打通成渝城市群南向开放、辐射滇黔的门户。最后，着力提高城市综合竞争力，依托不断完善的交通系统，不断增强城市间的交流，推动区域内各中小城市有机整合并主动融入，进而提升区域整体经济实力。

第三，推进成渝城市群城乡基础设施互联互通，加快城乡空间一体化建设、促进城市群城乡经济协调发展、加强城市群社会均衡发展、推动城市群城乡生态环境协同治理（何亭葶，2022），对于乡村振兴和新型城镇化建设有重要推动作用。完善交通基础设施建设是改善二元经济结构、缩小城乡差距、促进城乡一体化最为直接有效的方式（剪强，2020）。打造成渝城市群高效便利畅通的综合交通运输网络，增强区域内城市间的合作，将乡村道路建设纳入城镇基础设施互联互通的规划建设中，进一步扩大各城市的经济辐射范围至乡村，加强城市与乡村的往来互动，带动乡村经济发展壮大。同时，坚持城市间开放合作，打破政策和产业边界，增加物流、人才流动、电子商务、生态旅游等的交流，促进资源融合利用，可以让城市群经济一体化发展和城乡一体化发展有更多提升空间。

第四节　长江中游城市群一体化发展成效

长江中游城市群①地跨湖北、湖南、江西三省，是由武汉城市圈、长株潭城

---

① 长江中游城市群是以武汉城市圈、环长株潭城市群、环鄱阳湖城市群为主体形成的特大型城市群，规划范围包括：湖北省武汉市、黄石市、鄂州市、黄冈市、孝感市、咸宁市、仙桃市、潜江市、天门市、襄阳市、宜昌市、荆州市、荆门市，湖南省长沙市、株洲市、湘潭市、岳阳市、益阳市、常德市、衡阳市、娄底市，江西省南昌市、九江市、景德镇市、鹰潭市、新余市、宜春市、萍乡市、上饶市、抚州市、吉安市。

市群、鄱阳湖生态经济区和皖江城市带为主体构成的多中心城市群，是承东启西、连南接北，推动长江经济带发展、促进中部地区崛起、巩固"两横三纵"战略格局的重点区域。自党的十八大以来，长江中游城市群对外开放格局稳步优化，空间格局逐步优化，社会建设取得明显成效，生态环境质量总体改善。同时，长江中游城市群协同发展需破解一系列突出问题。例如，武汉、长沙和南昌等中心城市综合实力不断提升，但中心城市对周边辐射带动仍不足。城市群内体系不完整（李金龙和雷娟，2010），城市间的空间联系不紧密，产业结构同质化较为严重，地理和资源优势未得到充分利用，交通网络的完善还有提升空间等。作为我国非常重要的跨区域城市群，分析其区域协调发展的影响因素，有助于长江中游城市群成为继长三角、珠三角与京津冀之后，具有促进中国未来经济发展的第四增长极的潜力。此外，推动长江中游城市群高质量发展能进一步促进区域协调发展，提升国家自主创新水平，为中部崛起战略保驾护航；同时为我国其他城市群的经济增长提供模板，充分发挥示范效应（朱凯璐，2022）。

一、历程梳理及问题提出

长江中游城市群的发展经历了如下四个阶段：①孕育萌芽阶段（1978~1991年）：随着改革开放不断深入，城乡间要素流动壁垒逐渐破除，省际间贸易壁垒逐渐被打破。以长沙、武汉和南昌为代表的长江中游城市实现了经济的高速增长和产业结构的迅速调整，城市化进程得到快速推动，呈现出以小城镇迅速扩张、人口就地转移为主的特点。②成长构建阶段（1992~2006年）：在此阶段，随着长沙、武汉和南昌为代表的城市生产专业化以及边际扩大化，通过空间经济集聚与扩散作用，逐渐建立了以这三个城市为核心城市集群。2006年4月，中共中央、国务院出台《中共中央 国务院关于促进中部地区崛起的若干意见》，标志着长江中游城市群正式进入构建阶段，城市群建设成为中部各省崛起的突破口。③转型发展阶段（2007~2011年）：随着交通路网的铺设，城市间的通达性有了显著的提高，省内城市壁垒逐渐被打破。2009年9月，国家发展改革委发布《促进中部地区崛起规划》，指出中部沿江地区是支撑中部崛起、促进东中西协调发展的重要区域，应加快中部沿长江经济带发展。2010年12月，国务院发布《全国主体功能区规划》，确定长江中游地区为国家进行大规模高强度工业化城镇化建设的重点开发区，长江中游三省内部城市间的联系逐渐频繁，经济贸易合作不断增多。④深度合作阶段（2012年至今）：2012年2月，赣鄂湘三省会城市签署《加快构建长江中游城市群战略合作协议》，明确长江中游城市群建设契合区域协调发展总体战略，能够有效带动赣鄂湘三省协同发展。同年，环长株潭城市群、武汉城市圈、环鄱阳湖城市群为主体形成的特大型国家级城市群被命名为

"中三角"①。长江中游城市群迅速进入实质性探索开发建设阶段，成为拓展我国经济发展的新增长空间，并逐渐成为我国转型升级、创新驱动和绿色发展的示范引领带，有力地支撑着长江经济带战略和中部崛起战略的深入推进（吴传清和黄磊，2017a）。

长江中游城市群是长江经济带的三大增长极之一，是国家区域发展总体战略"中部崛起"的核心增长带，对拓展我国区域发展新空间、培育经济社会绿色发展新动力、推动国土空间均衡协调发展，发挥着重要的支撑带动和引领示范作用（吴传清和黄磊，2017b）。但是，目前长江中游区域一体化还存在很多"瓶颈"，打通省界"断头路"迫在眉睫。长江中游城市群虽地缘邻近，但由于缺乏统一的规划，彼此之间联系仍不通畅，企业、社会层面的自发合作行为尚且不足，地方政府保护主义仍存在，阻碍了城市群内部要素的自由流动。同时受自然和人为因素的影响，长江中游城市群所在区域面临严峻的生态问题，生态空间发展质量是制约长江中游城市群发展系统协调性的主要因素（马静等，2016）。长江中游城市群以资源型城市为主，发展多以重工业为主导，存在城镇化发展速度与质量不同步，资源环境效率低、生态环境约束日益突出等问题，严重影响城市群的发展质量，迫切需要探究长江中游城市群发展质量的提升模式与路径（邓宏兵和刘晓桐，2019）。因此，需要深入挖掘长江中游城市群一体化过程中存在的问题及取得的成就，做到有的放矢，为进一步促进长江中游区域协调发展提供依据。

二、长江中游城市群区域协调发展成效

（一）长江中游城市群区域协调发展指数总体评价

对长江中游城市群区域协调发展指数进行综合评价，评价结果如图 6-70 所示。从区域协调发展指数来看，2012~2019 年长江中游城市群区域协调发展指数整体呈现稳步上升趋势，区域协调发展指数值从 2012 年的 0.43 上升到 2019 年的 0.62，区域协调发展水平动态提高。这说明自党的十八大以来长江中游区域分工格局已逐步形成，城市间合作关系加深，区域一体化逐渐显现。

为更好地理解长江中游城市群区域协调发展指数的变化情况，本部分将从五大理念层指数具体分析长江中游城市群区域协调发展不同方面的变化。通过分析长江中游城市群区域协调发展各维度的进展情况，不仅可以探索出区域协调发展的阶段成效和问题，还可以确定区域协调发展未来着力点的重点方向。

从五大理念层指数来看，区域经济发展差距表现出逐年下降趋势，区域内城市间推动创新，推进工业分工合作，共同推进内需发展和区域开放市场体系建

---

① 参见 http://hn.people.com.cn/n2/2021/0913/c195196-34911293.html。

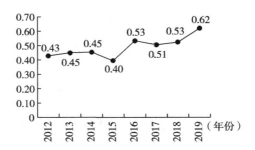

图 6-70 长江中游城市群区域协调发展指数

设，经济发展差距逐步缩小。区域一体化程度、城乡协调发展指数、社会协调发展指数和资源环境协调发展指数呈现明显的上升态势，其中资源环境协调发展指数上升趋势最明显，是拉动区域协调发展总指数的重要原因。

具体而言，从图 6-71 可以看出区域经济发展差距整体呈现连续下降的趋势，区域内各城市间经济发展差距逐年缩小。城市群空间格局逐步优化，武汉、长沙、南昌等中心城市的综合实力不断提升，发展能级不断强化，省际协商机制不断形成，经济发展差距逐渐缩小。区域一体化指数整体上呈现出平稳的上升趋势，在 2013 年出现短期下降（见图 6-72）。2013 年长江中游城市群省会城市签署《武汉共识》，标志着长江中游城市群建设进入到全面推进阶段。随后区域内城市依托产业基础，发挥比较优势，强化分工协作，不断提升产业和产品竞争力，构建出具有区域特色的现代产业体系。同时区域内交通条件优越，基本形成了密集的立体化交通网络，城市群内区域一体化程度稳步上升。如图 6-73 所示，城乡协调发展表现出显著上升趋势，尤其是 2013～2014 年，长江中游城市群的城乡协调发展水平以较大幅度上升，城乡协调水平持续提高。从城乡协调发展阶段来看，进入 21 世纪以来，城乡间人地关系协同发展，实现了城乡间要素资源顺畅流动，城乡融合的趋势已基本稳定。如图 6-74 所示，社会协调发展整体呈现上升趋势，但在 2015 年有略微下降。长江中游城市群在建设过程中始终坚持将民生事业发展放在第一要务，坚持把保障和改善民生作为根本出发点和落脚点，在教育、就业、医疗、住房等方面出台了一系列的惠民政策。区域协调发展的民生红利逐渐显现，从 2012 年的 0.16 上升到 2019 年的 0.94。资源环境协调发展表现出稳步上升的态势（见图 6-75），虽然长江中游城市群的生态空间发展起步较晚，但随着生态空间发展质量逐渐得到重视，居民的环境保护意识增强，资源利用效率提高，推动了经济发展与资源环境利用的协同发展。由此，资源环境协调发展从 2012 年的 0.04 大幅上升到 2019 年的 0.99。

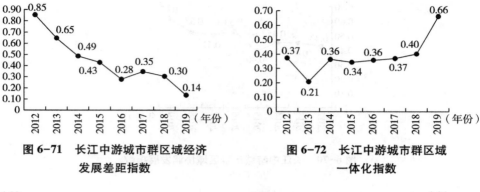

图 6-71　长江中游城市群区域经济
发展差距指数

图 6-72　长江中游城市群区域
一体化指数

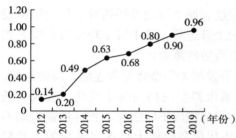

图 6-73　长江中游城市群城乡协调发展指数

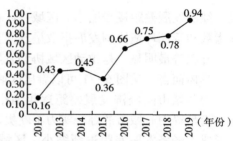

图 6-74　长江中游城市群社会协调发展指数

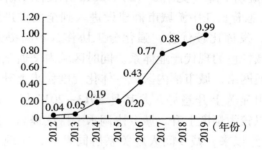

图 6-75　长江中游城市群资源环境协调发展指数

（二）长江中游城市群区域经济发展差距指数评价及分析

由于 2012 年，为促进长江中游城市群一体化发展，国务院印发《国务院关于大力实施促进中部地区崛起战略的若干意见》。武汉城市圈、长株潭城市群和环鄱阳湖城市群主动融入国家战略，积极开展战略合作，长江中游城市群区域经济发展差距逐渐缩小，呈现连续下降的趋势，从整体上看从 2012 年的 0.85 下降到 2019 年的 0.14。由图 6-76 可以看出长江中游地区人均 GDP 差距整体呈现缩小趋势，但长江中游地区的城市间经济发展仍不平衡，2021 年湖北省人均 GDP 为85785.42 元，湖南省为 694749.47 元，江西省为 65573.83 元，湖北省是江西省的

1.3 倍。对固定资产投资的监控和调节是宏观经济管理的重要内容，长江中游城市群的固定资产投资差距在经历了 2012~2014 年的短暂下降后，在 2014~2019 年逐渐上升（见图 6-77）。由于我国经济的韧性和市场回暖迹象，固定资产投资差距在2014~2017 年的增长较为缓慢，随后在 2017~2019 年由 0.15 快速增长到 1.00。如图 6-78 所示，非农产业劳动生产率差距前期逐步缩小，后期在 2018~2019 年出现了小幅度反弹上升。第二、第三产业增加值占第二、第三产业就业人员数从 2012 年的 11.25% 大幅上升到 2019 年的 30.24%。如图 6-79 所示，2012~2019年长江中游城市群创新投入差距指数逐渐上升，到 2019 年创新投入差距指数为0.84，长江中游城市群创新投入显著增加，从投入强度来看，2012~2019 年长江中游地区不断加大创新投入，2019 年研发支出占 GDP 比重为 2.05%，较 2012 年提升了 57 个百分点。但由于武汉、长沙、南昌等中心城市具有明显的区位优势和政策支持，创新投入差距也在扩大。由图 6-80 可以看出，财政收入和财政支出差距整体前期大幅下降、后期略微上升。截至 2021 年，湖北省人均一般公共预算支出为 1.36 万元、湖南省为 1.26 万元、江西省为 1.5 万元，江西省比湖北省高0.14 万元/人，比湖南省高 0.24 万元/人，省际间财政支出差距仍相对较大。

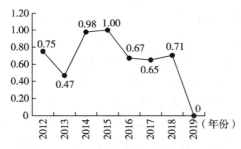

图 6-76 长江中游城市群人均地区生产
总值差距指数

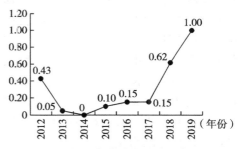

图 6-77 长江中游城市群固定资产投资
差距指数

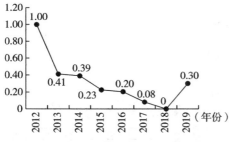

图 6-78 长江中游城市群非农产业劳动
生产率差距指数

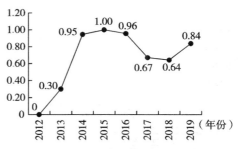

图 6-79 长江中游城市群创新投入
差距指数

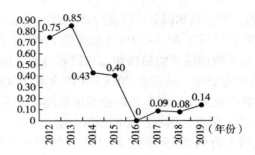

图 6-80　长江中游城市群财政收入和财政支出差距指数

（三）长江中游城市群区域一体化指数评价及分析

本部分构建的区域一体化指数评价结果如图 6-72 所示，呈现出前期略有下降，中期平稳变化，后期大幅上升的趋势，从 2012 年的 0.37 上升到 2019 年的 0.66。随着 2014 年《关于依托黄金水道推动长江经济带发展的指导意见》的出台，武汉、长沙、南昌不断增强中心城市功能，城市群内不断促进资源优势互补、产业分工协作，城市间的互动合作进一步深化。长江中游地区城际交通网络和铁路网总里程有较大突破，综合立体交通网基本形成。如图 6-81 所示，交通一体化指数在 2012~2019 年表现出较大幅度的上升。随着武汉、长沙与南昌三城 "城际高铁交通圈" 的建立，城市群内的时空距离缩短，城际高铁的建设大大缩短了区域城市间的通达时间，增强了交通一体化能力。道路融通带来了城市间产业的融合，长江中游地区的重点领域合作不断深化，湖北的光电行业、湖南的装备制造业和文化产业以及江西的航空业与中医药行业协同发展，呈现出联动发展的良好态势。从图 6-82 可以看出，市场一体化水平显著提升，区域内城市共同建设高标准市场体系。长江中游地区通过资源流动，形成统一的区域大市场，区域合作成效显著，区域贸易流指数（见图 6-83）在 2012~2019 年整体表现出上升趋势。

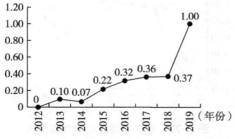

图 6-81　长江中游城市群交通一体化指数

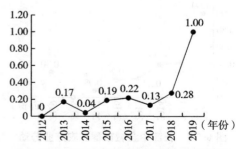

图 6-82　长江中游城市群市场一体化指数

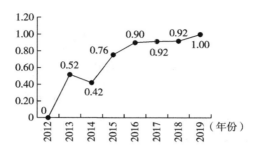

图 6-83 长江中游城市群区域贸易流指数

（四）长江中游城市群城乡协调发展指数评价及分析

本部分构建的城乡协调发展指数如图 6-73 所示，依托长江黄金水道推动长江经济带发展，为长江中游城市群全面提高城镇化水平和质量、推动城乡区域协调发展、加快转变经济发展方式提供了强大动力与有力保障[①]。长江中游城市群城乡协调发展指数上升态势明显，从 2012 年的 0.14 上升到 2019 年的 0.96，城乡消费差距的缩小成为促进城乡协调发展的重要力量。

长江中游城市群是我国巩固"两横三纵"战略格局的重点区域，在我国经济社会发展中具有重要地位。区域内城市的城镇化水平不断提高，2012 年长江中游城市群城镇化率为 50.81%，到 2019 年上升为 57.56%，整体上升幅度不大。分省份来看，2012 年湖北省城镇化率达到 52.47%，到 2019 年变动为 59.74%，江西省城镇化率从 2012 年的 51.33%上升至 2019 年的 56.64%，三省中城镇化率较低的湖南省近年来上升幅度较大，从 2012 年的 48.5%上升到 2019 年的 56.52%，城乡协调发展水平不断提高。如图 6-84 所示，城乡收入差距指数从 2012 年的 1.00 下降到 2019 年的 0.21，城镇居民人均可支配收入与农村居民人均可支配收入之比前期呈现大幅下降趋势，在 2018~2019 年呈现小幅反弹趋势。如图 6-85 所示，城乡居民人均消费差距指数在 2012~2019 年整体上表现出下降态势，具体而言，长江中游城市群的人均消费差距在 2012~2014 年下降幅度明显，在 2014 年后逐渐趋于平稳状态，收入水平的提高和消费差距的缩小，使区域内各地居民享受到经济一体化带来的发展成果，即生活水平提升、生活质量逐渐提高。

---

① 参见 https：//zhuanlan.zhihu.com/p/358099835。

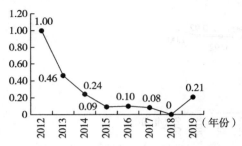

图6-84 长江中游城市群城乡收入差距指数

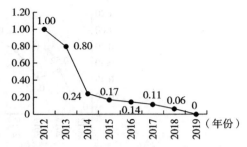

图6-85 长江中游城市群城乡消费差距指数

（五）长江中游城市群社会协调发展指数评价及分析

本部分构建的社会协调发展指数评价结果如图6-74所示，长江中游城市群社会协调发展指数变化呈现稳步上升态势，从2012年的0.16上升到2019年的0.94，其中医疗水平的持续提高促进了长江中游城市群社会协调发展指数的大幅上升。从构成社会协调发展指数的几部分来看，如图6-86所示医疗水平指数对社会协调发展指数的上升幅度贡献最大。长江中游城市群充分利用区域资源禀赋优势，加强对医疗服务人员、医疗器械等的扶持力度，其中每万人卫生技术人员数从2012年的46.44人上升到2019年的67人，每万人医疗机构床位数从2012年的38.18张上升到2019年的55.1张。长江中游城市群科教资源丰富，人才资源富集，教育水平在2012~2014年表现为先上升后下降趋势，2014年之后保持上升态势，上升过程由剧烈转为平缓（见图6-87），教育水平指数从2012年的0.44上升到2019年的0.83，区域科教资源优势逐渐转化为地区创新优势、人才优势、发展优势，有助于构建多层次、多样化教育资源共享和协同创新格局。从图6-88中可以看出，社会保障水平在2014年前后出现大幅波动，2015~2019年有较大的增长。其表现为城镇职工基本养老保险参保人数从2012年的31.14%上升到2019年的41.87%，基本养老保险覆盖面扩大了约10个百分点。

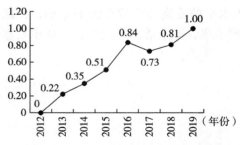

图6-86 长江中游城市群医疗水平指数

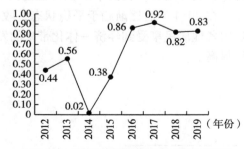

图6-87 长江中游城市群教育水平指数

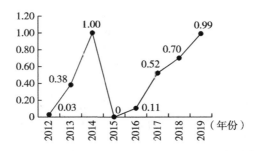

图 6-88　长江中游城市群社会保障指数

（六）长江中游城市群资源环境协调发展指数评价及分析

本部分构建的资源环境协调发展指数评价结果如图 6-75 所示，长江中游资源环境协调发展指数大幅上升，从 2012 年的 0.04 上升到 2019 年的 0.99。其中，长江中游城市群通过积极进行污染治理，在协同保护与环境共治方面取得决定性进展，协同治理效能显著增强。

提高能源利用效率，促进低碳经济转型发展，是当前长江中游城市群区域协调发展的重难点。如图 6-89 所示，能源消耗指数整体呈现上升趋势，2012 年长江中游城市群 GDP 能源消耗量为 0.57 吨/万元，2019 年上升为 0.84 吨/万元，上升程度明显。由于长江中游地区资源丰富，拥有众多工业基地，经济发展对资源的依赖性较强，区域内能耗大的低附加值产业比重仍过高，造成能源消耗显著上升。长江中游城市群作为长江经济带的"龙腰"，承担着探索绿色发展路径的重大使命。2012 年国务院批复了《重点区域大气污染防治"十二五"规划》，长江中游城市群内部不断优化能源结构，严格控制煤炭使用，空气质量近年来逐渐改善。如图 6-90 所示，污染治理指数在 2012~2019 年处于稳定的上升阶段。同时，碳排放指数（见图 6-91）在有效的污染治理下，在 2012~2019 年表现为下降态势，区域内 GDP 的碳排放量 2012 年为 3.54 吨/万元，2019 年下降为 2.67 吨/万元，环境改善效果逐渐显现。《长江中游城市群发展规划》自 2015 年实施以来，绿色发展趋势见效，从图 6-92 可以看出，生态建设指数在 2012~2014 年和 2015~2019 年分别经历了两次不同程度的增长，生态文明建设取得明显成效，生态环境质量总体改善，具体表现为：工业用地产出强度从 2012 年的 67.75 上升到 2019 年的 69.76；生活垃圾无害化处理率和污水处理厂集中处理率分别从 2012 年的 91.20%、85.43% 上升到 2019 年的 99.89%、94.73%；每万人均城市绿地面积从 2012 年的 37.56 公顷上升到 2019 年的 40.40 公顷。

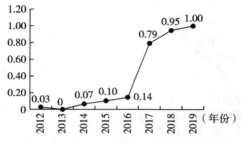

图6-89　长江中游城市群能源消耗指数

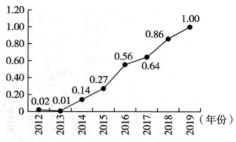

图6-90　长江中游城市群污染治理指数

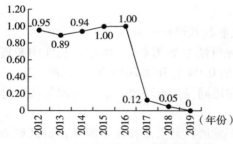

图6-91　长江中游城市群碳排放指数

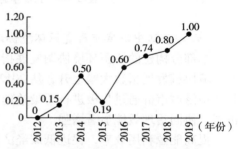

图6-92　长江中游城市群生态建设指数

三、小结

长江中游城市群作为中国第四经济增长极，目前尚处于初步发展阶段，分析其高质量发展影响因素不仅有助于长江中游城市群高质量发展水平的快速提升，促进区域协调发展，还可以充分发挥示范效应，为我国其他城市群的经济增长提供政策参考。基于此，本节提出三个方面的针对性建议：

第一，增强中心城市的辐射作用，提升区域内城市的关联程度，不断完善城市体系的构建，进一步提升长江中游城市群的三大中心城市武汉、长沙和南昌对中小城市经济的辐射带动作用。加快区域内要素等资源自由流动，实现长江中游城市群从零星的增长极向多元的增长极的跨越性进步（朱凯璐，2022）。具体而言，首先是发挥武汉、长沙和南昌的突出优势，加强中心城市的整体辐射力度，带动周边城市的发展，推动资金、人力、技术等要素在城市群内自由流动，合理配置，高效利用。其次，要加强区域城市间的各种交流，提升中心城市的辐射带动效果，促进地区融合，推动区域一体化发展。最后，应充分发挥长江中游城市群对其他城市群的示范效应和经济带动作用，缩小城市间的发展差距。

第二，加大城市群内的科研投入力度，重视人力资本的培育与发展。创新是引领发展的第一动力，对一个地区和国家的发展具有重要作用。创新发展是实现长江中游城市群区域一体化和高质量发展的关键动力源泉。首先，提高创新意识，加大企业经营生产中的研发经费预算支出，促进区域内经济高质量发展。其次，在创新体制层面营造良好的改革环境和创新氛围，同时制定合理的人才引进政策，加快建立健全人才培养与开发机制，加大人力资本培养力度，使人力资本达到最优配置。

第三，做大做强交通基础设施建设，充分发挥交通的信息传导作用。交通基础设施对于区域一体化建设具有重要作用，对经济联系和产业集聚起到了显著的推动作用（郝凤霞和张诗葭，2021）。首先，提高交通运输水平的通达能力，大幅提升人们的出行效率，促进以农村转移人口流动为代表的劳动资本的自由流动，实现各类要素资源的合理高效配置。其次，强化公路、铁路等交通基础设施的建设，如加快高速铁路的建设打通了城市间的互联互通，加快形成城市群城际交通的可达性的格局，形成以高铁轴带为核心、外围区域为边缘的"核心—边缘"模式（崔晶等，2020）。最后，还需要加快互联网、人工智能等信息产业的发展，提高信息传递速度和科研技术的创新水平。

第七章 区域支持政策推动区域协调发展成效

自我国进入 21 世纪以来，具有精准施策特征的区域支持政策成为区域协调发展战略实现从"实施"到"深入实施"的重要着力点，在促进我国整体区域协调发展的过程中，部分特殊地区由于自然、历史、区位等因素发展仍相对滞后，因而需实施因地制宜的精准措施以支持其振兴发展。本章以老工业基地振兴战略、革命老区振兴规划以及对口支援三项区域支持政策探讨其对我国特殊地区振兴发展的作用，在理论上详细论述了各区域支持政策促进相应地区振兴发展的作用机理，在实证上采用计量经济学的方法进行定量分析，为理论分析提供经验证据，并总结政策效果、提出具有现实意义的政策完善措施。

第一节 老工业基地振兴战略增强区域发展动力成效

企业升级是实现老工业基地全面振兴和高质量发展的关键举措，在当前新旧动能接续转换期，老工业基地振兴政策能否促进企业升级？由此，本节基于 2000～2019 年中国上市公司数据，采用多期双重差分方法评估老工业基地振兴政策实施效果。结果显示，老工业基地振兴政策显著提高了企业的全要素生产率，促进了企业升级。机制检验结果表明，老工业基地振兴政策通过促进企业研发创新和降低企业融资约束来提高企业全要素生产率，实现"造血"功能。本节从企业的视角分析老工业基地振兴政策的成效，并提出进一步促进老工业基地振兴的政策建议。

一、引言

目前，我国经济正处在由高速增长转向高质量发展的阶段，老工业基地振兴是畅通区域经济高质量发展的关键，也是解决当前我国经济发展中难点痛点的根本所在。东北等老工业基地在中华人民共和国成立初期重点建设重工业和资源开采业，在此基础上建立了一批影响我国经济发展方向和关系我国国民经济命脉的支柱和战略性产业，形成了独立完整的工业体系和国民经济体系，为改革开放和现代化建设作出了历史性重大贡献。然而改革开放后，老工业基地因产业结构单一、资源日益枯竭、体制机制僵化等一系列矛盾和问题的影响，出现经济增速放缓现象，与东部沿海发达地区的差距不断拉大，老工业基地发展不充分成为我国区域发展不平衡的根本原因之一[①]。为解决老工业基地经济增速放缓、区域发展不平衡等问题，中共中央、国务院在 2003 年 10 月印发《中共中央　国务院关于实施东北地区等老工业基地振兴战略的若干意见》。全面振兴东北地区等老工业基地对推进经济结构战略性调整、促进区域办调发展具有重要意义，对我国加快新型工业化和建设创新型国家进程具有重要影响，是推动高质量发展的重要发力点之一。

全面振兴老工业基地对我国经济发展具有重大意义，而振兴老工业基地的关键在于推进产业结构调整，实现产业转型升级。产业是否实现升级是衡量老工业基地振兴政策成功与否的重要因素。产业的微观基础是企业个体，评估产业是否实现转型升级关键在于探究产业内部的代表性企业能否实现优化升级（李永友和严岑，2018）。因此，研究老工业基地振兴政策能否促进企业升级具有重要政策意义和现实意义。现有文献中关于东北等老工业基地振兴政策对企业升级影响的研究较少，大部分文献仅评估了振兴政策对东北地区经济增长的影响。部分学者认为振兴政策并没有促进东北地区的经济发展，反而使其陷入政策陷阱，埋下了二次衰退的隐患（贾彦宁，2018；孙久文等，2020）。少数学者研究了振兴政策对企业的影响，但政策实施效果的评价不一。首轮振兴政策因东北地区的增值税改革提高了企业生产率和资本劳动比（聂辉华等，2009），并且政策的实施提高了企业的产值（董香书和肖翔，2017），但抑制了东北地区企业的内生增长动力（肖兴志和张伟广，2019）。综上所述，现有文献对老工业基地振兴政策实施效果的评估主要集中于东北地区，并未考虑全国范围的老工业基地城市，而且大多数从宏观角度研究振兴政策的影响，较少以微观企业为研究对象。此外，大部分文献的研究时间跨度较短，无法精准地评估振兴政策的实际政策效果。

鉴于此，本节基于全国范围的老工业基地城市，采用多期双重差分模型，研究老工业基地振兴政策对企业全要素生产率的影响，并探究其传导机制，为进一步促进老工业基地振兴提供政策参考。本节的边际贡献在于：在研究对象上，本

---

① 参见 https://opinion.huanqiu.com/article/41BcONxdReO。

节以 2003 年振兴政策的实施为准自然实验，考察振兴政策对企业是"输血"还是"造血"，能否实现企业升级；在研究范围上，本节探究振兴政策对全国范围老工业基地的影响，更能全面体现振兴政策的效果，为不同地区振兴政策的实施提供分类指导。

二、制度背景和研究假设

（一）制度背景

东北等老工业基地为中华人民共和国成立初期的发展做出了重大贡献，奠定了我国的工业基础。国家在 2003 年 10 月发布《中共中央　国务院关于实施东北地区等老工业基地振兴战略的若干意见》，正式启动实施东北地区等老工业基地振兴战略。这一时期的政策实施重点是做好东北地区老工业基地的调整改造工作，国家出台财税政策、重点项目专项投资等一系列相关扶持政策支持东北地区老工业基地调整改造。2004 年，国家对东北三省装备制造业等八大行业实行增值税转型改革试点，以此提高企业的发展活力和竞争力。同时，中西部地区的老工业基地也出现经济增速放缓现象，因此国家在 2007 年出台政策要求中部六省 26 个地级市比照东北等老工业基地实施振兴政策，促进中部老工业基地的崛起。

在东北地区等老工业基地振兴战略的推动下，2004～2013 年东北三省的经济总量增长 275.03%，同期全国增长 255.80%。在振兴政策实施的十年间，东北老工业基地得到了快速发展，取得了一定的成效。因此，国家在 2013 年提出《全国老工业基地调整改造规划（2013—2022 年）》，由此开始在全国范围实施老工业基地振兴战略。国家通过财税支持政策、深化国有企业改革等措施，提升改造优势产业，培育新兴产业，以调整优化产业结构，促进企业转型升级。国家在 2016 年进一步提出全面振兴东北等老工业基地的意见，不断提升东北等老工业基地的发展活力、内生动力和整体竞争力。在之后针对老工业基地振兴的会议中强调：东北等老工业基地要坚持振兴政策，推动高质量发展。高质量发展关键在于产业结构优化调整、企业实现转型升级。具体而言，老工业基地振兴政策是促进国家产业结构调整、区域协调发展而实施的一项区域政策，国家高度重视振兴东北等老工业基地在经济高质量发展中的重要作用。因此，本节以全国范围内老工业基地为研究对象，探究振兴政策能否促进企业升级，推动经济高质量发展。

（二）研究假设

老工业基地振兴政策作为区域政策，能够不断增强区域内产业集聚（路江涌和陶志刚，2006，2007），发挥聚集经济效应（董香书和肖翔，2017），以此促进产业结构升级和企业生产率提高（陈建军和胡晨光，2008）。一方面，老工业基地振兴政策中改造传统优势产业和发展高新技术产业等特定产业扶持政策，能够形成专业化企业集聚，吸引高素质人才流入，加大企业间竞争，推动资源优化配置和企业生产率提高，实现聚集经济效应。产业集聚是实现工业企业转型升级的重要途径（孙晓华和郭旭，2015）。另一方面，老工业基地振兴政策加大了基础设施投资、财政补贴、税收优惠力度，而基础设施建设支持政策和税收政策是形成产业集聚的重要因素（Martin and Rogers，1995；金煜等，2006），因此能够吸引国内外企业进入，带动资本、人才等生产要素向老工业基地汇集，有利于加强企业间的关联，促进中间品市场的发展，降低资源获取难度和成本，实现聚集经济效应。

产业集聚对聚集区内企业升级的推动作用主要表现在技术外部性和金融外部性两方面。一方面，老工业基地的聚集经济效应能够促进技术创新和扩散，对企业全要素生产率产生显著促进作用，实现企业升级（范剑勇等，2014）。第一，在老工业基地振兴政策中，政府对企业实行了转移支付和中央预算内投资等财政补贴政策以及减免税收和享受所得税优惠等税收优惠政策。这些财税政策的实施能够直接增加企业的可支配利润，减少企业自有投资比例并降低研发风险，提高企业研发投资积极性，促使企业增加研发资金投入，提高技术创新能力（王彦超等，2019；卫舒羽和肖鹏，2021）。第二，积极推动高新技术类企业集聚能够吸引高素质人才流入，提高企业中研发人员比例，提高企业自主研发创新能力（黄小勇和龙小宁，2020）。这种自主研发创新能力的提高能够优化企业内部资源配置效率，使资本和劳动等生产要素在企业不同部门间流动，有利于降低企业信息传递和技术交流的成本，并通过技术溢出推动技术在不同企业间扩散，提高企业全要素生产率（彭中文和何新城，2011）。第三，产业集聚能为企业创造良好的区域创新环境，带动资金、科技人才的集聚，实现"产学研"有效结合，形成区域创新网络，促进区域内整体企业的技术创新。

另一方面，老工业基地的聚集经济效应能够缓解企业融资约束，对企业全要素生产率具有促进作用（安礼伟和蒋元明，2020）。融资约束会限制企业全要素生产率的提高：第一，企业面临融资约束时会选择回报率高、风险较低的投资项目，减少企业研发投入（熊广勤等，2019），降低资本配置效率，不利于生产率提高。第二，融资约束会抑制企业的固定资产投资行为，使其放弃有利的投资机会，导致资源配置扭曲，不利于企业升级（任曙明和吕镯，2014）。相反，当日常周转经营的流动资金充足时，企业可以进行长期的研发创新活动，以此带动企业升级。因此，缓解企业融资约束可以使企业获得资金支撑，有动力进行投资和规模扩张，从而促进企业升级。那么，老工业基地振兴政策对企业的影响是否也遵循同样的传导路径？融资约束理论认为，政府实施产业扶持政策对产业发展进行直接干预和间接引导，通过优化外部融资环境，帮助企业缓解"融资难，融资贵"问题（巫岑等，2019）。因此，老工业基地振兴政策中建立专门股权投资基金、支持企业发行债券和贷款优惠等一系列融资政策，为企业转型升级提供了良好的外部融资环境，同时产业集聚缓解了企业与银行之间信息不对称的问题，企业更容易获得银行贷款来补充现金流，缓解企业的融资约束（王克敏等，2017）。老工业基地振兴政策影响企业升级的作用路径如图7-1所示。

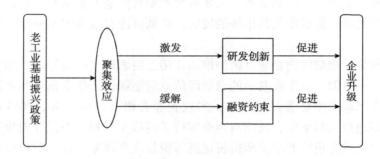

图7-1 老工业基地振兴政策影响企业升级的作用路径

基于以上分析，提出以下研究假设：

H1：老工业基地振兴政策能够促进企业升级。

H2：老工业基地振兴政策通过激发企业研发创新促进企业升级。

H3：老工业基地振兴政策通过缓解企业融资约束促进企业升级。

三、研究设计

（一）识别策略

近年来，在对企业升级的研究中大多数学者使用全要素生产率衡量，其涵盖全面且综合性强，能够反映企业是否实现升级。全要素生产率不仅能够体现企业技术创新能力的提高，而且能够反映企业资本配置和要素组合效率的改善。因此，本节采用全要素生产率衡量上市公司企业升级。

1. 全要素生产率的测算

目前常见的测算全要素生产率的方法有OLS法、OP法（Olley-Pakes法）、LP法（Levinsohn-Petrin法）以及广义矩估计法（GMM法）。学术界对各种测算全要素生产率方法的准确性存在较大争议，通常认为OLS法会出现同时性偏差和样本选择偏差，GMM法需要样本具有足够长的时间跨度，OP法在计算时则要求投资为非负数，从而会造成估计样本的缺失。因此，本节借鉴鲁晓东和连玉君

（2012）的研究，采用 LP 法测算 2000～2019 年上市公司的全要素生产率并进行回归分析。生产函数如式（7-1）所示：

$$\ln Y_{it}=\alpha_0+\alpha_1\ln L_{it}+\alpha_2\ln K_{it}+\alpha_3\ln M_{it}+\varepsilon_{it} \tag{7-1}$$

其中，Y_{it} 为企业 i 在 t 时期的营业收入；L_{it}、K_{it}、M_{it} 为劳动力、资本和中间品投入变量，分别以支付给职工以及为职工支付的现金、固定资产净值和购买商品与劳务的现金流出来衡量。本节用残差对数度量企业全要素生产率（$\ln TFP$）。

2. 模型设定与变量定义

我国在 2003 年正式实行《关于实施东北地区等老工业基地振兴战略的若干意见》这一区域政策，并在 2007 年加入中部六个省份的 26 个地级市作为第二批政策实施城市，2013 年确定全国范围内的 95 个地级市为第三批政策实施城市。由于不同城市受到政策冲击的时点不一，这种分批政策的实施可视为一项准自然实验，所以本节选择多期双重差分法探究老工业基地振兴政策对企业升级的影响。本节选择政策实施城市的上市公司作为处理组，将未实施政策城市的上市公司作为控制组。需要特别说明的是，2003 年 10 月，中共中央、国务院出台了《中共中央　国务院关于实施东北地区等老工业基地振兴战略的若干意见》，但 2004 年相关政策才落地实施，所以本节选择 2004 年作为实施振兴政策冲击年。基于 2004 年、2007 年和 2013 年政策实施的不同城市，构建如下多期双重差分模型：

$$\ln TFP_{it}=\beta_0+\beta_1 DID_{it}+\beta_2 X_{it}+\mu_i+\lambda_t+\varepsilon_{it} \tag{7-2}$$

其中，i 代表个体，t 代表年份；$\ln TFP$ 为被解释变量，代表企业全要素生产率；DID_{it}（$treat_i \times post_t$）为核心解释变量，本节关注的是系数 β_1 是否显著，即与控制组相比，老工业基地城市（处理组）在振兴政策实施之后企业是否实现升级；$treat_i$ 即老工业基地振兴政策实施的虚拟变量，在 2004 年、2007 年、2013 年任一年实施政策城市的上市公司赋值为 1，未实施政策城市的上市公司赋值为 0；$post_t$ 即振兴政策的时间虚拟变量，实施振兴政策的当年及以后的年份赋值为 1，其余年份赋值为 0；那么，DID_{it} 即若 i 城市在 t 年份实施振兴政策，则取值为 1，其余取值为 0；X_{it} 为一系列控制变量；μ_i 和 λ_t 分别为个体固定效应和年份固定效应；ε_{it} 为随机扰动项。

本节被解释变量选取上市公司当年的全要素生产率对数（$\ln TFP$），反映政策对企业升级的影响。核心解释变量是老工业基地振兴政策，即政策实施的虚拟变量和政策实施时间虚拟变量的交叉项（DID）。控制变量包括：①企业年龄（Age），用企业所在年份减去企业成立日期。②企业性质（SOE），企业是国有企业赋值为 1，民营企业赋值为 0。③企业规模（$\ln Size$），用企业年总资产的对数表示。④盈利能力（*Profitability*），企业当年的营业利润占营业收入的比重。⑤资产负债率（*ALR*），企业当年总负债占总资产的比重。⑥现金流量（*Cash flow*），企业当年营业活动产生的现金流占营业收入的比重。⑦成长能力（ln-*Growth*），用企业资产增长率对数表示。

（二）数据来源

本节使用 2000~2019 年全国上市公司的面板数据作为样本进行实证分析，主要数据来源于国泰安数据库。本节对数据进行了如下处理：①因金融类行业与其他行业的会计准则有很大不同，相关数据不具有可比性，所以剔除金融类样本数据，且 ST 类数据对本节来说没有研究意义，故予以剔除。②剔除主要变量数据缺失的样本。③为了消除异常值、极端值对估计结果的影响，对连续型变量按照双边各剔除 1% 的方式进行 Winsorize 缩尾处理。

四、实证结果与分析

（一）基准回归结果

表 7-1 报告了模型（7-2）的平均处理效应估计结果，其中列（1）为不包含控制变量的情况下振兴政策对企业全要素生产率的影响，估计结果显著为正，表明振兴政策提高了老工业基地城市中上市公司的全要素生产率。列（2）为包含控制变量的情况下振兴政策对企业全要素生产率的影响，核心解释变量的系数依旧显著为正，由此可知老工业基地振兴政策显著提高了政策实施城市中上市公司的全要素生产率，表明老工业基地振兴政策不仅仅是依靠转移支付、减免税收、专项投资等直接补贴的措施实现对企业"输血"式的扶持，更是在政策实施过程中激发了企业内生动力，在"量"的基础上实现企业"质"的增长，用"造血"的方式促进了老工业基地城市的企业升级。

表 7-1　老工业基地振兴政策与企业全要素生产率

变量	(1)	(2)
	ln*TFP*	ln*TFP*
DID	0.3067 *** （0.0000）	0.0707 *** （0.0009）
Age	—	0.0107 *** （0.0000）
SOE	—	−0.0271 （0.5963）

续表

变量	（1）	（2）
	ln*TFP*	ln*TFP*
ln*Size*	—	0.4541 *** (0.0000)
Profitability	—	0.5739 *** (0.0000)
ALR	—	0.4123 *** (0.0000)
Cash flow	—	0.0354 (0.1145)
ln*Growth*	—	−0.1114 *** (0.0000)
_*cons*	11.7473 *** (0.0000)	1.4879 *** (0.0000)
控制个体	是	是
控制城市	是	是
控制行业	是	是
样本量	3.7e+04	3.3e+04
R-squared	0.7639	0.8780

注：p-values in parentheses；＊表示 p<0.1，＊＊表示 p<0.05，＊＊＊表示 p<0.01。下同。

（二）平行趋势检验

运用双重差分模型需要满足的前提条件是平行趋势假定，即老工业基地振兴政策实施之前实验组与控制组的全要素生产率在时间趋势上基本保持一致。本节参考李青原和章尹赛楠（2021）的做法进行平行趋势检验。本节根据企业所在城市实施振兴政策的确切年份，将样本区间分为五段：样本起始年份至实施振兴政策的前两年、实施振兴政策的前一年、实施振兴政策当年、实施振兴政策的后一年、实施振兴政策的后两年至样本结束年份，从而构造五个指示变量 DID（−2）、DID（−1）、DID（0）、DID（1）和 DID（2），当"城市—企业"处于子样本区间则为 1，否则为 0。根据表 7-2 检验结果来看，DID（−2）和 DID（−1）的系数不显著，表明在老工业基地振兴政策实施之前，实验组与控制组的企业全要素生产率没有显著差异，即实验组和控制组具有可比性。

表 7-2　平行趋势检验

	lnTFP
DID（-2）	-0.0118
	(0.6454)
DID（-1）	0.0368
	(0.1011)
DID（0）	-0.0370***
	(0.0022)
DID（1）	-0.0210**
	(0.0429)
DID（2）	0.0312***
	(0.0003)
控制个体	是
控制城市	是
控制行业	是
控制变量	是
R-squared	0.8783
N	3.5e+04

（三）稳健性检验

1. 倾向得分匹配法检验

本节将全国未实施老工业基地振兴政策城市的上市公司作为控制组，而未实施政策城市的上市公司与实施政策城市的上市公司因早期城市行业发展方向、发展速度、工业基础不同，导致实验组与控制组的企业特征可能存在差异，而存在的差异会使估计结果有所偏差，进一步对本节的基本结论造成影响，并且老工业基地城市因体制机制、产业结构等问题本身较非老工业基地城市发展缓慢，其样本可能会存在选择偏差的问题，样本选择偏差可能会进一步导致内生性问题。因此，为了避免出现以上问题我们将利用倾向得分匹配（PSM）的方法选取合适的控制组，再根据基本估计模型进行 PSM-DID 检验。在该部分，我们使用核匹配、近邻匹配和卡尺匹配三种匹配方法进行检验。首先，根据企业层面的控制变量通过 Logit 概率模型对实验组和控制组计算倾向得分值，然后采用核匹配、近邻匹配（一对三匹配）和卡尺匹配（卡尺选择 0.01）进行得分匹配，其中三种方法都通过了平衡性检验，即倾向得分在实验组与控制组之间不具有显著性差异，最后利用基本估计模型重新进行 DID 回归。

由表7-3可知，通过三种匹配方法进行的 PSM-DID 检验其核心解释变量系数虽然有所不同，但系数都为正且在1%的水平上显著，同时从数值上相对于基准回归值更大，这表明在使用更加精确的匹配样本后，整个政策效应变得更强，这也和预期相一致。这也说明老工业基地振兴政策对企业全要素生产率有显著的正向影响，与基准回归的结果保持一致，表明即使排除了实验组与控制组的企业特征差异，选取不同的控制组，本节的研究结果依然稳健。

表7-3　倾向得分匹配法匹配检验

PSM-DID	（1） 核匹配 ln*TFP*	（2） 近邻匹配 ln*TFP*	（3） 卡尺匹配 ln*TFP*
_DID	0. 0468 *** （0. 0000）	0. 1623 *** （0. 0000）	0. 1516 *** （0. 0000）
控制个体	是	是	是
控制城市	是	是	是
控制行业	是	是	是
控制变量	是	是	是
R-squared	0. 5822	0. 1642	0. 4751
N	3. 3e+04	3. 3e+04	3. 3e+04

　　2. 排除其他政策的干扰

　　2007 年，中部地区 26 个城市成为第二批实施振兴政策的老工业基地城市。2006 年国家出台《中共中央　国务院关于促进中部地区崛起的若干意见》，明确了中部地区"三基地、一枢纽"的定位。现有研究指出，中部地区崛起战略能够促进产业结构升级（徐春秀和汪振辰，2020）。这样看来，2006 年实施的中部地区崛起政策会对 2007 年实施老工业基地振兴政策的中部地区 26 个老工业城市产生政策干扰，进一步干扰振兴政策对中部地区 26 个城市的企业全要素生产率的影响效果。因此，为了排除中部地区崛起政策的干扰，本节剔除了实施中部地区崛起政策城市的上市公司样本进行稳健性测试。从表 7-4 列（1）的回归结果可以看出，核心解释变量的估计系数依然显著为正。这说明，在排除了其他政策干扰后，老工业基地振兴政策依旧显著提高了企业的全要素生产率，助推企业升级，实现政策"造血"功能，表明本节的研究结论是稳健的。

表7-4　其他稳健性检验

变量	(1) 排除其他政策干扰 ln*TFP*	(2) 替换代理变量 *lp*	(3) 政策叠加效应 ln*TFP*
DID	0.0531 * (0.0645)	0.1416 *** (0.0001)	0.0450 ** (0.0383)
控制个体	是	是	是
控制城市	是	是	是
控制行业	是	是	是
控制变量	是	是	是
R-squared	0.8788	0.7510	0.8859
N	2.8e+04	3.3e+04	2.2e+04

3. 替换代理变量

虽然全要素生产率涵盖的信息更加全面、综合性更强，但正如前文所言，计算方法的选择会对全要素生产率的结果产生较大影响，即使在同一种方法下，不同的参数设置也会使结果出现差异，因此，也有学者使用劳动生产率刻画企业升级（王桂军和卢潇潇，2019）。为了使本节的估计结果更加稳健，本节以劳动生产率量化企业升级进行稳健性检验。如表7-4第（2）列估计结果所示，在对劳动生产率（*lp*）的回归中，核心解释变量的估计系数在1%的水平上显著为正，说明无论是检验全要素生产率还是劳动生产率，老工业基地振兴政策都显著促进了企业升级，增强了企业内生动力，实现"造血"的政策初衷。因此，本节的结论是稳健的。

4. 政策叠加效应

为了适应把握引领经济发展新常态，贯彻落实发展新理念，加快实现东北地区等老工业基地全面振兴，2016年中共中央、国务院颁布了《中共中央　国务院关于全面振兴东北地区等老工业基地的若干意见》（以下简称《意见》），为后续振兴工作进行了更全面、更系统的指导，这一文件的出台可能会对实证结果产生叠加效应，即样本期如果包括2015年之后的数据可能导致结果更加显著，因此本节将2015年之后的样本剔除，观察系数变化。结果如表7-4第（3）列所示，*DID*系数（0.0450**）的大小与显著性较基准回归（0.0707***）均有所下降，证明2015年出台的《意见》确实具有叠加效应，但政策效果依然显著，符合本节的预期。同时，《意见》的叠加效应意味着中共中央、国务院关于实施东北地区等老工业基地振兴战略重大决策是正确的，而且随着老工业基地振兴规划的深入实施，不断推陈出新的政策文件也更加符合时代发展，推动老工业基地向形态更高级、分工更优化、结构更合理的阶段振兴。

五、影响机制分析

上述研究表明，老工业基地振兴政策提升了企业全要素生产率，促进了企业升级。那么，老工业基地振兴政策通过何种作用机制来影响企业全要素生产率的？基于前文的理论分析，振兴政策可能通过提高企业的研发创新能力和缓解企业的融资约束进而促进企业全要素生产率的提高。因此，为厘清振兴政策对企业全要素生产率的作用机制，本节借鉴温忠麟等（2004）提出的中介效应检验方法，构建如下中介效应检验方程：

$$\ln TFP_{it} = \beta_0 + \beta_1 DID_{it} + \beta_2 X_{it} + u_i + \lambda_t + \varepsilon_{it} \tag{7-3}$$

$$M_{it} = \alpha_o + \alpha_1 DID_{it} + \alpha_3 X_{it} + u_i + \lambda_t + \varepsilon_{it} \tag{7-4}$$

$$\ln TFP_{it} = \lambda_0 + \lambda_1 DID_{it} + \lambda_2 M_{it} + \lambda_3 X_{it} + u_i + \lambda_t + \varepsilon_{it} \tag{7-5}$$

其中，M_{it} 为中介变量：$\ln Innovation$（研发投入对数），衡量研发创新活动强度；SAS（SA 指数），参考 Hadlock 和 Pierce（2010）的方法，计算观测年度企业的 SA[①] 指数，SA 指数为负，取值越大，表明融资约束程度越高。根据中介效应模型的检验步骤，当回归中 λ_1 和 λ_2 都显著，则为部分中介效应；若 λ_2 显著且 λ_1 不显著，则为完全中介效应。

（一）研发创新

创新是引领发展的第一动力，是企业升级的关键（王桂军和卢潇潇，2019）。老工业基地振兴政策的出台为企业提供财税优惠政策和人才培养、引进政策，有利于减轻企业资金负担和激励企业增加研发创新投入，即当企业获得财税优惠政策时，企业平均研发创新强度会显著提高（卫舒羽和肖鹏，2021），并且人才引进能增加企业研发人员比例，从而增强企业自主创新能力，进而提高企业全要素生产率，促进企业升级。如表 7-5 所示，第（1）列 DID 的估计系数显著为正；第（2）列 DID 的估计系数在 1%的水平上显著为正，说明老工业基地振兴政策提高了企业研发创新强度；第（3）列中 DID 和 $\ln Innovation$ 的估计系数分别在 10%、5%的水平上显著为正，中介效应为正，说明企业的研发创新活动会提高企业的全要素生产率，与预期结论一致。中介变量 $\ln Innovation$ 为部分中介变量，即老工业基地振兴政策促进企业研发创新进而提高企业全要素生产率，从而实现企业升级，达到政策"造血"的效果。

---

① 使用公式 $-0.737 \times Size + 0.043 \times Size^2 - 0.04 \times Age$ 计算 SA 指数，其中，$Size$ 为企业规模，用企业总资产对数衡量；Age 为企业年龄，用企业所在年份减去企业成立日期。

表 7-5 中介效应（ln*Innovation*）

变量	(1) ln*TFP*	(2) ln*Innovation*	(3) ln*TFP*
DID	0.0707 *** （0.0009）	0.1778 *** （0.0022）	0.0363 * （0.0891）
ln*Innovation*	—	—	0.0088 ** （0.0204）
_*cons*	2.1981 *** （0.0000）	-11.2053 *** （0.0000）	2.2968 *** （0.0000）
控制个体	是	是	是
控制城市	是	是	是
控制行业	是	是	是
控制变量	是	是	是
R-squared	0.9132	0.7188	0.9133
N	3.3e+04	1.9e+04	1.9e+04

（二）融资约束

融资约束会阻碍企业全要素生产率的提升（任曙明和吕镯，2014）。老工业基地振兴政策通过加大一般性转移支付和信贷支持等财政支持力度以及支持企业发行债券等融资政策，能够改善企业的外部融资环境，可以有效降低老工业基地城市企业的融资约束，促进企业加大研发投入，增强企业自主创新能力，激发企业活力和内生动力。同时，融资约束的缓解能够促使企业加大固定资产投资，扩大生产规模，进而提升企业全要素生产率，实现政策"造血"的目的。如表 7-6 所示，第（1）列中 *DID* 的估计系数在 1% 的水平上显著为正；第（2）列中 *DID* 的估计系数在 5% 的水平上显著为负，说明老工业基地振兴政策降低了企业融资约束；第（3）列中 *DID* 的估计系数在 1% 水平上显著为正，*SAS* 的估计系数在 1% 的水平上显著为负，中介效应为正，表明降低企业融资约束可以提高企业全要素生产率，符合预期结论。*SAS* 为部分中介变量，即老工业基地振兴政策降低企业融资约束进而提高企业全要素生产率，实现"造血"式的企业升级。

表 7-6 中介效应（*SAS*）

变量	(1) ln*TFP*	(2) *SAS*	(3) ln*TFP*
DID	0.0707 *** （0.0009）	-0.1035 ** （0.0136）	0.0698 *** （0.0010）

续表

变量	(1) lnTFP	(2) SAS	(3) lnTFP
SAS			-0.3752*** (0.0000)
_cons	1.4879*** (0.0000)	1.7363*** (0.0000)	-6.5098*** (0.0001)
控制个体	是	是	是
控制城市	是	是	是
控制行业	是	是	是
控制变量	是	是	是
R-squared	0.8780	0.8865	0.8786
N	3.3e+04	3.3e+04	3.3e+04

六、结论与政策建议

本节对老工业基地振兴政策的实施效果进行评估，并检验了振兴政策对相关企业全要素生产率的作用机制。基准回归结果表明，老工业基地振兴政策显著提高了企业全要素生产率，真正实现了政策为企业"造血"的功能，促进了企业升级。作用机制检验表明，老工业基地振兴政策通过加大企业研发创新活动的强度和缓解企业融资约束提升企业全要素生产率。基于上述结论，本节提出以下建议：

（1）继续加大对老工业基地振兴政策的支持力度，优化产业结构。老工业基地城市内的企业通过税收优惠、转移支付等财政政策支持，转型升级效果明显，但老工业基地城市体制机制、经济结构问题突出，转型面临较多困难，仍需要振兴政策的支持。针对老工业基地以第二产业为主的产业结构不合理的情况，需大力发展服务业和新兴产业，尤其是大力发展现代生产性服务业，通过其与制造业的良性互动来改善老工业基地的产业结构不合理现象；同时大力发展具有高附加价值的技术密集型和知识密集型产业，培育高新技术产业集群，提高产品技术创新能力，改变传统的工业技术水平，通过技术创新推进老工业基地企业升级。

（2）继续增强老工业基地科技创新能力和动力。充分用好老工业基地原有的科技资源优势，进一步深化科技体制改革，转变政府管理科技模式，切实规范技术市场秩序，完善专利申请、保护等促进创新的制度保障；搭建完善的科技创新平台，鼓励高校、企业、科研机构合作开展创新活动，积极营造良好的创新环境；完善创新人才培养、引进、使用的体制机制，激发每个企业、每个人的创新动力，不断推出创新产品，切实增强区域创新活力和企业市场竞争能力，提高整体企业的自主研发创新能力，促进老工业基地企业转型升级。

第二节　革命老区振兴规划缩小区域发展差距成效

革命老区在历史上为抗战胜利、中华人民共和国成立以及我国社会建设作出了重大牺牲和重要贡献，老区振兴发展始终是党和国家重点关注的问题。自党的十八大以来，我国经济发展进入新时代，区域协调发展也相应进入精准施策期，革命老区振兴规划顺应时代形成了兼具系统性、独立性和层次性的"1258"政策体系，实现了从"输血"到"输血"与"造血"结合的政策支持模式。在革命老区振兴规划的驱动下，老区经济蓬勃发展，但与其他地区的发展差距是否缩小，是否符合新时代区域协调发展中"缩小并最终消除区域发展差距"的内涵，仍有待检验。本节首先总结了革命老区振兴发展的历程、成就和经验，在理论上分析革命老区振兴规划的"输血效应"和"造血效应"；其次，在实证上通过双重差分的方法，利用 2000~2020 年县域面板数据，实证检验了革命老区振兴规划具有显著缩小区域差距的作用；最后，根据理论分析与实证结果给予相应的政策建议与未来展望，以期为进一步振兴革命老区提供有效的政策思路。

一、引言

自中华人民共和国成立以来，为了实现区域协调发展，国家先后实施了西部大开发、东北振兴、中部崛起、东部率先发展的区域发展总体战略，以及不断推进京津冀协同发展、长江经济带发展、粤港澳大湾区建设、长三角区域一体化发展、黄河流域生态保护和高质量发展等区域发展重大战略实施，在这一系列重大战略的驱动下，我国区域间发展差距正逐步缩小。然而，在取得一定成效的同时，我国区域间发展差距较大的客观事实依然存在，各区域分化现象逐渐显现，无序开发与恶性竞争仍然存在，区域发展不平衡不充分问题依然比较突出，区域发展机制仍不完善，难以适应新时代实施区域协调发展战略需要[①]。其中，革命老区因其特殊的历史性和自然条件更是成为实现我国新时代区域协调发展的关键短板（张明林和李华旭，2021）。革命老区（以下简称"老区"）是中国革命老

---

① 参见《中共中央　国务院关于建立更加有效的区域协调发展新机制的意见》。

根据地的简称，是指土地革命战争时期和抗日战争时期，在中国共产党领导下创建的革命根据地，在革命过程和社会主义建设过程中，老区和老区人民作出了重大牺牲和重要贡献。中华人民共和国成立以来，在党中央和国务院的关心支持下，老区发展稳步推进，但由于多处于省交界地区，受自然禀赋和历史条件制约，老区发展仍相对滞后，基础设施不足、人民生活水平不高的矛盾仍比较突出。因此，振兴革命老区、缩小相对发展差距成为实现新时代区域协调发展的重点工作之一。中共中央办公厅、国务院办公厅在 2016 年印发的《关于加大脱贫攻坚力度支持革命老区开发建设的指导意见》总体要求中强调，到 2020 年要实现革命老区城乡居民人均可支配收入增长幅度高于全国平均水平，基本公共服务主要领域指标接近全国平均水平，这意味着中央政府对于缩小革命老区与其他地区的差距具有坚定决心。

为了振兴革命老区发展、缩小区域差距，自党的十八大以来，国家逐步进入了区域协调发展的精准施策期，并针对革命老区的特殊问题部署了"1258"政策体系（即 1 个总体指导意见、2 个区域性政策意见、5 个重点老区振兴发展规划、8 个涉及老区的片区区域发展与扶贫攻坚规划）①，并且为了支持新时代革命老区振兴发展，支持革命老区巩固拓展脱贫攻坚成果，国家发展和改革委员会同相关部门和地方在 2021 年之后进一步出台了"1+N+X"的政策体系（"1"指 2021 年 1 月国务院出台的《关于新时代支持革命老区振兴发展的意见》。"N"指国家发展改革委会同相关部门印发的"十四五"时期支持革命老区巩固拓展脱贫攻坚成果衔接推进乡村振兴、基础设施建设、红色旅游发展、生态保护修复等相关领域的"4"个专项实施方案，明确了新时代支持革命老区振兴发展的重点领域。"X"指国务院办公厅、国家发展改革委等部门印发的对口支援、对口合作和示范区建设方案等专项政策文件，精准支持革命老区振兴发展）。在这些精准政策和振兴规划的共同驱动下，革命老区在经济发展、基础设施建设、公共服务、生态环境以及农业生产等方面均取得了较大进展（龚斌磊等，2022；张启正等，2022），但新时代区域协调发展的含义不仅仅包含数值的绝对增长，还要求缩小区域间相对差距，然而革命老区振兴规划是否具有缩小区域差距的效应仍

---

① 1 个总体指导意见指《关于加大脱贫攻坚力度支持革命老区开发建设的指导意见》；2 个区域性政策意见指《国务院关于支持赣南等原中央苏区振兴发展的若干意见》《国务院办公厅关于山东省沂蒙革命老区参照执行中部地区有关政策的通知》；5 个重点老区振兴发展规划指《陕甘宁革命老区振兴规划》《赣闽粤原中央苏区振兴发展规划》《大别山革命老区振兴发展规划》《左右江革命老区振兴发展规划》《川陕革命老区振兴发展规划》；8 个涉及老区的片区区域发展与扶贫攻坚规划指《燕山—太行山片区区域发展与扶贫攻坚规划》《武陵山片区区域发展与扶贫攻坚规划》《秦巴山片区区域发展与扶贫攻坚规划》《滇桂黔石漠化片区区域发展与扶贫攻坚规划》《六盘山片区区域发展与扶贫攻坚规划》《吕梁山片区区域发展与扶贫攻坚规划》《大别山片区区域发展与扶贫攻坚规划》《罗霄山片区区域发展与扶贫攻坚规划》。

有待检验。

为了能够全面分析革命老区振兴规划是否具有缩小区域差距的作用，本节首先系统梳理革命老区发展的历程，阐述老区振兴规划的历史背景；其次从理论上分析其影响机理，革命老区振兴规划能够通过"输血"和"造血"两种效应促进老区发展、缩小区域差距；再次实证上本节采用双重差分的方法对理论进行验证；最后根据理论分析与实证结果进行总结，并提出具有针对性的政策建议与未来展望。

二、革命老区发展的历程

在全党全国各族人民迈上全面建设社会主义现代化国家新征程、向第二个百年奋斗目标进军之际，系统回顾革命老区振兴发展的历程，不仅有利于总结中华人民共和国成立以来，尤其是自党的十八大以来革命老区振兴发展的成功经验与重大进展，更对支持党的二十大胜利召开、实现新时代区域协调发展具有重要意义。在针对革命老区振兴规划的政策研究中，龚斌磊等（2022）将革命老区的振兴规划以党的十八大为节点分为两个主要阶段，本节在前人研究的基础上将更细致地回顾革命老区振兴发展历程，并分为中华人民共和国成立之前（1927~1949年）、中华人民共和国成立至改革开放之前（1949~1978年）、改革开放至党的十八大之前（1978~2012年）、党的十八大至今（2012年至今）四个主要阶段：

（一）中华人民共和国成立之前（1927~1949年）：革命老区的初创与贡献阶段

（1）土地革命时期，革命老区的开端。在1927年后，中国革命形势进入低潮，中共中央紧急召开八七会议，确定了土地革命和武装斗争的总方针，并派毛泽东同志到湘赣边界领导秋收起义，在井冈山地区开展游击战争和土地革命，建立革命政权，直到1928年2月，中国第一个农村革命根据地——井冈山革命根据地初步建成，由此拉开了革命老区建立和发展的帷幕。

（2）抗日战争时期，抗日革命根据地的创建与发展。在抗日战争爆发后，中国共产党领导军队和人民在广大地区建立起敌后抗战根据地，其中1937年11月聂荣臻在山西五台山创立的晋察冀根据地成为中国第一个抗日根据地，从此开辟了中国抗日战争的敌后战场，直到抗战后期，已经形成了晋察冀、晋绥、晋冀豫、冀鲁豫、陕甘宁、冀热辽、山东、苏北、湘鄂赣、鄂豫皖等主要抗日根据地。党领导的军队在这些地区由最初的4万人发展到120多万人，为争取抗日战争和解放战争的胜利奠定了良好的基础。

总体来看，在革命老区初步创立至中华人民共和国成立之前的二十多年间，革命老区一直处于贡献阶段，为坚持长期斗争提供了充足的人力、物力和财力

（苟护生和童章舜，2022），为抗战胜利和中华人民共和国成立作出了重大贡献和牺牲。

（二）中华人民共和国成立至改革开放之前（1949~1978年）：革命老区的战后恢复阶段

中华人民共和国成立以后，党和政府对恢复革命老区发展高度重视，中华人民共和国之初，毛泽东同志就复电延安和陕甘宁边区，迅速恢复战争的创伤，发展经济建设和文化建设[①]；周恩来同志也指出：无论从政治或经济上都必须十分重视加强老根据地的工作[②]；1952年，中央人民政府政务院发布了《中央人民政府政务院关于加强老根据地工作的指示》，将加强经济建设作为振兴革命老区的中心环节，后又确定了782个老区县由国家给予重点扶持。这一时期老区的振兴政策主要致力于恢复战后建设，为后续振兴规划的实施奠定了良好基础。

（三）改革开放至党的十八大之前（1978~2012年）：振兴革命老区的专项特惠政策探索阶段

改革开放初期，基于我国区域发展不平衡、不协调的客观事实，邓小平提出了先富带动后富的发展思想，为后续国家扶持革命老区发展奠定了经济基础。在这一思想的指导下，1979年，国务院批准印发《关于免征革命老根据地社队企业工商所得税问题的通知》（以下简称《通知》），《通知》中明确了革命老区的划定标准，并给予一定的免税政策，在很大程度上改善了老区工商业发展的环境。自改革开放之后，国家经济逐渐恢复，开始给予革命老区经济与政策上的帮扶。1980年，中央财政设立了支援老革命根据地、少数民族地区、边境和边远地区、贫困地区的发展资金。1986年，在国家重点扶持贫困县时，规定的扶持标准为农民人均年纯收入低于150元，对革命老区的标准则放宽至200元。为了进一步促进革命老区的建设和发展，1990年7月，党中央批准建立了中国老区建设促进会，这是在国家民政部正式注册登记的全国性社会团体，其举办的多次老区调研和服务为后续制定革命老区振兴政策提供了客观依据。

进入21世纪后，国家对革命老区的扶持逐渐从经济方面扩展到基础设施建设、公共服务、产业发展、生态建设等方面（韩广富和刘心蕊，2019）。2001年，为了资助革命老区提升公共服务和基础建设水平，中央财政在一般性转移支付中纳入了老区转移支付，直到2005年，由最初的5.02亿元增加到16.52亿元（金人庆，2006），后于2006年划入专项转移支付。2004年，中共中央办公厅、国务院办公厅印发了《2004—2010年全国红色旅游发展规划纲要》，提出在加强革命传统教育、弘扬和培育民族精神的同时，将红色旅游打造成革命老区新的增

① 毛泽东：《毛泽东文集》，人民出版社1996年版。
② 周恩来：《周恩来选集》，人民出版社1997年版。

长点，为革命老区经济社会发展注入新的生机活力。2008年，为贯彻落实党的十七大关于"要进一步加大对革命老区、民族地区、边疆地区、贫困地区发展扶持力度"精神，财政部、国务院扶贫办印发了《中央专项彩票公益金支持扶贫事业项目管理办法》，后来结合三年实施彩票公益金扶贫项目的工作实际，于2011年将其修订为《中央专项彩票公益金支持贫困革命老区整村推进项目资金管理办法》，明确资金使用范围包括贫困村基础设施建设、贫困村环境和公共服务设施建设和产业发展。

这一时期国家对革命老区开始实施"输血"政策，逐渐由经济补助扩展到产业发展、基础设施建设、公共服务等方面，采取了多项特惠政策，使老区面貌焕然一新。根据国家统计局公布的《中国农村贫困监测报告（2011）》显示，"十一五"期间老区扶贫县的贫困人口减少了286.6万人，平均每年减少57万人，贫困发生率（贫困人口占乡村人口的比重）下降了6.8个百分点，GDP由2005年的2769.6亿元增加到2010年的6864.4亿元，年平均增长率为19.9%，其他财政收入、农民生活条件、基础设施等指标均有所提升，为党的十八大以后革命老区精准振兴政策的实施奠定了良好基础。

（四）党的十八大至今（2012年至今）：革命老区振兴规划的深入推进与精准实施阶段

自中华人民共和国成立至党的十八大召开之前，在党中央的关注与支持下，革命老区的经济、建设、民生等方面日渐恢复。但由于多处于省交界地区，受自然禀赋和历史条件的制约，老区发展仍相对滞后，基础设施不足、人民生活水平不高的矛盾仍比较突出，与大部分地区的差距仍然较大，并且这一时期制定的大多专项特惠政策对所有革命老区具有普适性，缺少对不同老区不同特征的针对性和系统性，因此，自党的十八大召开之后，革命老区的振兴规划逐渐进入精准施策期，并形成了较为系统的"1258"政策体系。

2011年，国务院办公厅下发了《国务院办公厅关于山东沂蒙革命老区参照执行中部地区有关政策的通知》，同意将沂蒙老区18个县（市、区）在安排中央预算内投资等资金时参照执行中部地区政策，在农业农村、基础设施、产业发展、社会事业、扶贫开发、生态建设六个方面，中央预算内资金、中央转移支付以及其他相关资金将加大扶持力度，适当降低中央投资项目的地方投资比例。2012年3月，为振兴陕甘宁革命老区，增强老区可持续发展能力，国家发展改革委印发了《陕甘宁革命老区振兴规划》，其中涵盖了空间布局、交通建设、水资源、生态环境、能源、产业、乡村振兴、公共服务等多项振兴规划，为实现老区振兴营造了良好的政策环境，规划期为2012~2020年。2012年6月，为支持赣南等原中央苏区振兴发展，国务院发布了《国务院关于支持赣南等原中央苏区振兴发展的若干意见》（以下简称《意见》），提出要在经济、民生、公共服务等方面缩小赣南等原中央苏区与全国平均水平的差距。2014 年，为贯彻落实《意见》精神，进一步细化实化赣南等原中央苏区振兴政策，国务院批复了《赣闽粤原中央苏区振兴发展规划》，规划期为 2014~2020 年。2015 年 2 月，为支持左右江革命老区解决发展困境，加快经济社会发展，国务院批复同意实施《左右江革命老区振兴规划》，支持在交通、产业、金融、扶贫、生态、国土开发与保护等领域深化改革，进一步扩大开放，为全国革命老区振兴提供可复制、可推广的发展模式，规划期为 2015~2025 年。2015 年 6 月，国务院同意批复《大别山革命老区振兴发展规划》，旨在发挥大别山革命老区比较优势，尽快改变贫困落后面貌，并进一步明确了发展现代农业、促进产业结构优化升级、优化城乡建设布局、推进基础设施建设、加强生态建设和环境保护、完善基本公共服务、加快重点领域改革七个方面的重点任务，规划期为 2015~2020 年。2016 年，为支持川陕革命老区加快发展建设与脱贫攻坚步伐，国务院批复同意《川陕革命老区振兴发展规划》，提出在财政、金融、投资、土地、资源开发、生态补偿、帮扶和干部人才八个方面支持川陕革命老区振兴发展。再加上 2011~2013 年国务院先后批复实施的八个涉及革命老区的片区区域发展与扶贫攻坚规划，《川陕革命老区振兴发展规划》的出台标志着国家支持革命老区振兴发展与脱贫攻坚的"1258"政策体系全面形成。

自党的十八大召开以来，革命老区振兴规划进入了深入推进与精准实施阶段，"1258"政策体系全面形成，老区发展也因此取得了重大成就，如自 2012 年《陕甘宁革命老区振兴规划》实施以来，甘肃革命老区综合经济实力大幅提升，截至 2021 年底，全省老区完成生产总值 1511.71 亿元，比 2012 年增长 67%；一般公共预算收入达到 107.2 亿元，比 2012 年增长 42%。自 2016 年《川陕革命老区振兴发展规划》出台以来，四川省老区发展取得了重要进展，2021 年川陕革命老区五市地区生产总值突破万亿元，占全省比重比 2015 年提高 0.4 个百分点；城乡居民人均可支配收入分别达到 36653 元、17079 元，分别是 2015 年的 1.49倍、1.59 倍；常住人口城镇化率达到 50.3%，比 2015 年提高 7.6 个百分点；全省 361.4 万名革命老区贫困群众如期脱贫，其中川陕革命老区五市 28 个贫困县（市、区）全部摘帽，4076 个贫困村全部出列，237 万贫困人口全部脱贫①。因此，从上述数据来看，革命老区振兴规划取得了显著成就，为缩小老区与其他地区的差距、促进我国总体区域协调发展奠定了坚实基础。

---

①　资料来源：《中国县域统计年鉴》《中国区域经济统计年鉴》以及各省级统计年鉴、各地级市统计年鉴。

三、革命老区振兴规划缩小区域差距的理论分析

在战争年代，革命老区为我党取得最终胜利和中华人民共和国成立做出了巨大贡献，但同时也经历了严重的战争创伤，为恢复老区经济，自中华人民共和国成立至党的十八大之前党中央和国务院采取了一系列政策帮扶老区发展，并取得了显著成效，然而由于地理位置偏僻、自然资源缺乏等原因，革命老区与其他区域的发展差距仍然存在，并且由于党的十八大之前针对革命老区的特惠政策主要从宏观层面考虑，大部分政策对所有老区具有适用性，并镶嵌于一般意义上欠发达地区的支持政策之内，相对缺乏针对性、独立性和系统性。党的十八大召开之后，我国的区域协调发展进入新时代，对革命老区的支持政策也进入新阶段，并逐渐转入精准施策期，形成了全面、独立、系统的"1258"政策体系，而这些精准规划将通过"输血效应"与"造血效应"缩小革命老区与其他地区的发展差距。"输血效应"即振兴规划将为革命老区发展直接提供资金、物质上的支持，改善发展环境、基础设施等条件；"造血效应"即支持革命老区发展的长效机制，通过支持当地产业发展，提高生产能力，吸纳劳动力，改善人民生活。两种效应的存在将促使落后革命老区快速发展，缩小与其他地区的发展差距。

（一）输血效应

目前，在针对区域发展规划或地区财政支持政策的研究中，"输血效应"通常被认为是快速充实物质基础、促进区域发展、缩小区域差距的有效途径，"输血效应"的核心理念在于区域发展规划为目标区域提供的物质支援、转移支付、资金支持等可以直接用于建设基础设施、提高人民生活水平、改善区域面貌。在五个重点老区振兴发展规划中，《陕甘宁革命老区振兴规划》将"进一步加大政策支持和资金投入，加强基础设施建设"列入总体要求，并在具体措施中提出在扶贫开发方面要加大中央财政扶贫资金投入以及中央和省级财政一般性转移支付力度，切实改善困难群众生产生活条件；在财税金融政策方面，加大财政贴息、费用补贴，鼓励和引导金融机构加大对老区重点工程和建设项目的信贷支持；在投资政策方面，中央和地方财政性投资优先向老区民生工程、基础设施和生态环境等领域倾斜。《赣闽粤原中央苏区振兴发展规划》指出在安排中央预算内投资和国外优惠贷款等资金时，赣南等原中央苏区将参照执行西部地区政策，进一步加大基础设施的投入力度。《大别山革命老区振兴发展规划》将加大力度支持区域内重大基础设施建设、建立健全覆盖城乡的基本公共服务体系列入规划任务。《左右江革命老区振兴规划》指出左右江革命老区在发展过程中面临着来自历史、自然、地理等方面的诸多特殊困难，需要采取更加有力的措施予以支持，以加快左右江革命老区经济社会发展。《川陕革命老区振兴发展规划》指出在政策

制定、资金投入、项目安排和体制创新等方面加大对川陕革命老区的支持力度。因此，五个重点老区振兴发展规划文件均要求为老区发展经济、改善民生、完善基础设施等方面大力提供资金支持与物质支援，以"输血"模式促进老区区域发展和缩小区域差距。

（二）造血效应

"输血效应"是在前期帮助欠发达地区走上振兴发展轨道的必要手段和基础，能够在短期内快速改善欠发达地区面貌，而"造血效应"则是推动欠发达地区在振兴发展轨道上持续前进的动力。振兴老区发展、缩小区域差距仅靠"输血效应"只能在短期取得显著成效，难以取得长效机制。因此，通过"造血效应"发挥老区优势、促进产业发展、吸引外来投资以及引进人才，是当下建立长效机制的必要手段。相比于党的十八大之前的老区特惠政策侧重"输血"，党的十八大之后形成的"1258"政策体系则更加注重"造血"。第一，在空间布局方面，革命老区振兴规划依据各区域特点统筹空间布局，划定区域内部各大功能区，明确功能区发展侧重点，互相协调实现"组团发展"，进而为老区振兴发展指明方向。第二，在老区产业发展方面，振兴规划充分发挥老区的红色文化，促进红色旅游业和文化产业发展，同时推进农业、制造业、能源产业以及其他服务业的协同发展，致力于为老区打造多元化、现代化的产业体系。第三，在合作发展方面，振兴规划基于老区独特的边界区位条件，采取打破边界、组团发展的模式，对内削弱省、市、县之间的行政区划壁垒，推动内部区域合作，积极探索政策共用、利益共享、风险共担机制，实现产业对接、市场统一、资源共享等一体化发展模式；对外强化与周边地区和各大城市群、沿海地区的经贸联系，提升对外开放水平，加强联动发展。在合作发展方面，振兴规划致力于同时扩大老区的对内对外开放程度，探索老区独特的联动发展新模式。

综合上述分析，革命老区振兴规划更加倾向于"造血效应"，探索更加适合老区发展的独特模式，为老区振兴发展指明方向，并辅以物质、财政上的支持，采取"输血"与"造血"结合的支援模式，以振兴老区发展、缩小区域差距。基于此，本节提出假设：

H1：革命老区振兴规划具有促进老区发展、缩小区域差距的作用。

四、模型设定与数据来源

（一）模型设定

为了验证革命老区振兴规划是否具有缩小区域差距的作用，本节将在实证研究中采用多期双重差分法，模型设定如下：

$$Yd_{it} = \alpha_0 + \beta_1 did_{it} + \gamma X_{it} + \lambda_t + \sigma_i + \varepsilon_{it} \tag{7-6}$$

其中，t 为年份，i 为县（县级市、区），Yd_{it} 为 t 年 i 县与全国平均水平的差距，did_{it} 代表 t 年 i 县是否实施革命老区振兴规划的虚拟变量，以五个重点老区振兴发展规划文件为划定标准，如果该地区实施了革命老区振兴规划，那么该年及之后年份的变量值为 1，否则为 0；X_{it} 为一系列控制变量，用于控制影响地区发展差距的其他变量；λ_t 为年份固定效应；σ_i 为县（县级市、区）个体固定效应；ε_{it} 为误差项；α_0 为常数项；γ 为控制变量的系数；β_1 为本书关注的核心系数，代表了革命老区振兴规划对地区发展差距的影响方向及程度。

（二）变量测度及数据来源

本节实证研究采用 2000~2020 年中国县域非平衡面板数据，数据来源于《中国县域统计年鉴》《中国区域经济统计年鉴》以及各省级历年统计年鉴、各地级市历年统计年鉴。主要变量解释及测度如下：

（1）被解释变量，区域差距。本节研究的主要内容为革命老区振兴规划是否具有缩小区域差距的作用，因此被解释变量为区域差距，又由于革命老区振兴规划主要从促进经济发展、提升居民生活水平、完善公共服务三方面进行规划，其他诸如产业发展、建设基础设施等均为此三方面服务，因此本节研究的区域差距将从经济发展、居民生活、公共服务供给三个方面衡量。其中，经济发展差距包括人均 GDP 差距（$ydpgdp$）、人均第一产业增加值差距（$ydpyc$）、人均第二产业增加值差距（$ydpec$）、人均第三产业增加值差距（$ydpsc$）；居民生活差距包括城镇居民人均可支配收入差距（$ydczsr$）、农村居民人均可支配收入差距（$ydncsr$）；公共服务供给差距包括人均地方一般公共预算支出差距（$ydpzc$）、人均医院卫生床位数差距（$ydpcw$）。各类差距均参考倪鹏飞等（2014）、陈明生等（2022）的做法，使用县级人均相关变量与全国人均相关变量对数的离差表示区域发展差距，即：

$$Yd_{it} = \left| \ln y_{it} - \overline{\ln y_t} \right| \tag{7-7}$$

（2）解释变量，革命老区振兴规划政策变量（did）。本节以实施革命老区振兴规划的县（县级市、区）作为处理组，鉴于对照组需要与处理组具备相似的特征，本节选择其他未实施振兴规划的革命老区为对照组，在后续实证中对照组也加入了非革命老区县作为稳健性检验。各县（县级市、区）是否实施革命老区振兴规划的政策变量来自五个重点老区振兴发展规划文件。

（3）控制变量。本节以尽可能减少回归中存在的遗漏变量偏误为标准选择相关的控制变量。设定控制变量具体如下：县域人口对数（$lnpop$）、固定电话用户数对数（$lndhyh$）、地方财政一般预算收入对数（$lnyssr$）、城乡居民储蓄存款余额对数（$lnckye$）、年末金融机构各项贷款余额对数（$lndkye$）、粮食总产量对数（$lnlscl$）、规模以上工业企业数对数（$lngmgqs$）、全社会固定资产投资额对数（lng-

dzc）、社会消费品零售总额对数（ln*xfpls*）、普通中学在校学生数对数（ln*zxxs*）。
主要变量描述性统计如表7-7所示。

表7-7 主要变量描述性统计

变量			变量名称	观测值	均值	标准差	最大值	最小值
被解释变量	经济发展差距	*ydpgdp*	人均GDP差距	24696	0.715	0.452	0.000	2.584
		ydpyc	人均第一产业增加值差距	24872	0.415	0.364	0.000	5.974
		ydpec	人均第二产业增加值差距	24872	0.934	0.675	0.000	11.684
		ydpsc	人均第三产业增加值差距	24577	0.936	0.518	0.000	2.964
	居民生活差距	*ydczsr*	城镇居民人均可支配收入差距	12941	0.311	0.179	0.000	1.574
		ydncsr	农村居民人均可支配收入差距	22168	0.313	0.258	0.000	1.868
	公共服务供给差距	*ydpzc*	人均地方一般公共预算支出差距	25365	0.732	0.393	0.000	3.607
		ydpcw	人均医院卫生床位数差距	24525	0.474	0.309	0.000	4.277
解释变量		*did*	革命老区振兴规划政策变量	26814	0.060	0.238	0.000	1.000
控制变量		ln*pop*	县域人口对数	26277	3.773	0.699	1.163	6.132
		ln*dhyh*	固定电话用户数对数	24044	10.728	1.015	2.565	13.794
		ln*yssr*	地方财政一般预算收入对数	25776	10.377	1.442	5.030	15.409
		ln*ckye*	城乡居民储蓄存款余额对数	24317	13.008	1.256	7.361	16.953
		ln*dkye*	年末金融机构各项贷款余额对数	24465	12.787	1.339	6.240	17.743
		ln*lscl*	粮食总产量对数	24687	12.063	1.078	4.205	15.108
		ln*gmgqs*	规模以上工业企业数对数	24690	4.035	1.267	0.000	8.115
		ln*gdzc*	全社会固定资产投资额对数	18884	12.732	1.488	6.720	16.366
		ln*xfpls*	社会消费品零售总额对数	23127	12.288	1.336	6.700	16.531
		ln*zxxs*	普通中学在校学生数对数	25184	10.909	0.787	7.431	13.135

五、实证结果与分析

（一）基准回归

根据式（7-6）的设定，首先检验革命老区振兴规划是否具有缩小区域差距的作用，实证结果如表7-8、表7-9所示，表7-8为革命老区振兴规划对区域经济发展差距的影响，第（1）至第（4）列分别为人均GDP差距（*ydpgdp*）、人均第一产业增加值差距（*ydpyc*）、人均第二产业增加值差距（*ydpec*）、人均第三产业增加值差距（ydpsc），回归结果显示除人均第一产业增加值差距（ydpyc）外，其他 did 系数均显著为负，表明革命老区振兴规划具有显著缩小区域经济差距的作用。表 7-9 为革命老区振兴规划对居民生活差距和公共服务差距的影响，第（1）（2）列分别为居民生活差距中的城镇居民人均可支配收入差距（ydczsr）和农村居民人均可支配收入差距（ydncsr），结果显示农村居民人均可支配收入差距（ydncsr）的 did 系数显著为负，而城镇居民人均可支配收入差距（ydczsr）的 did 系数并不显著，表明革命老区振兴规划具有显著缩小农村居民生活水平差距的作用，而对城镇居民并无明显作用，可能的原因在于革命老区的农村居民生活水平差距相对于城镇居民更大，在五个重点老区振兴发展规划中，均将乡村振兴作为重点任务之一，并给予大量财政支持和政策优惠，因此规划对推进农村建设和改善农村居民生活的作用更加显著。表 7-9 第（3）（4）列为公共服务供给差距中的人均地方一般公共预算支出差距（ydpzc）、人均医院卫生床位数差距（ydpcw），结果显示人均地方一般公共预算支出差距（ydpzc）的 did 系数显著为负，而人均医院卫生床位数差距（ydpcw）的 did 系数并不显著，但已足够说明革命老区振兴规划具有显著缩小公共服务供给差距的作用。综合上述结果和分析，革命老区振兴规划具有缩小经济发展差距、居民生活差距和公共服务供给差距的作用。

表 7-8　基准回归 1：经济发展差距

变量	(1) ydpgdp	(2) ydpyc	(3) ydpec	(4) ydpsc
did	−0.0612*** (0.0157)	0.0000 (0.0141)	−0.1204*** (0.0309)	−0.0515*** (0.0144)
lnpop	0.5640*** (0.0922)	−0.2964*** (0.0763)	0.2274 (0.1646)	0.7305*** (0.0892)
lndhyh	0.0024 (0.0087)	−0.0041 (0.0067)	−0.0183 (0.0147)	0.0208** (0.0098)
lnyssr	−0.0817*** (0.0116)	0.0210*** (0.0078)	−0.0821*** (0.0201)	−0.0786*** (0.0118)
lnckye	−0.0286 (0.0218)	−0.0077 (0.0116)	−0.1151*** (0.0116)	−0.0955*** (0.0116)
lndkye	−0.0401*** (0.0121)	−0.0124 (0.0094)	−0.0571*** (0.0205)	−0.0397*** (0.0128)
lnlscl	−0.0250* (0.0138)	0.0218 (0.0174)	0.0141 (0.0228)	0.0032 (0.0153)

续表

变量	（1） ydpgdp	（2） ydpyc	（3） ydpec	（4） ydpsc
ln*gmgqs*	−0.0378 *** （0.0094）	0.0154 ** （0.0074）	−0.1186 *** （0.0175）	−0.0094 （0.0100）
ln*gdzc*	−0.0604 *** （0.0079）	0.0225 *** （0.0062）	−0.1223 *** （0.0137）	−0.0383 *** （0.0081）
ln*xfpls*	−0.0607 ** （0.0243）	−0.0349 ** （0.0154）	0.0058 （0.0394）	−0.2183 *** （0.0286）
ln*zxxs*	0.0255 （0.0239）	0.0646 *** （0.0190）	0.0543 （0.0411）	−0.0477 * （0.0253）
常数项	1.9278 ** （0.7529）	0.7088 * （0.3797）	4.4808 *** （1.1294）	4.1262 *** （0.7575）
个体	控制	控制	控制	控制
年份	控制	控制	控制	控制
N	17227	17265	17265	17227
R^2	0.8909	0.8431	0.8475	0.8993

注：***、**、*分别表示系数估计值在1%、5%、10%水平上显著，括号内为聚类到县域层面的稳健标准误。下同。

表7-9 基准回归2：居民生活差距、公共服务供给差距

变量	（1） ydczsr	（2） ydncsr	（3） ydpzc	（4） ydpcw
did	−0.0050 （0.0056）	−0.0640 *** （0.0085）	−0.0421 *** （0.0142）	0.0440 （0.0344）
ln*pop*	−0.1017 ** （0.0455）	−0.1706 *** （0.0546）	0.3498 *** （0.0740）	0.0594 （0.1314）
ln*dhyh*	−0.0009 （0.0042）	−0.0114 ** （0.0048）	−0.0279 *** （0.0068）	−0.0177 （0.0106）
ln*yssr*	−0.0330 *** （0.0055）	−0.0132 ** （0.0060）	−0.1344 *** （0.0115）	0.0200 （0.0182）
ln*ckye*	0.0233 ** （0.0098）	−0.0054 （0.0097）	−0.0708 *** （0.0195）	−0.0984 ** （0.0355）
ln*dkye*	−0.0152 ** （0.0068）	−0.0240 *** （0.0070）	0.0303 *** （0.0108）	0.0162 （0.0189）

续表

变量	(1) ydczsr	(2) ydncsr	(3) ydpzc	(4) ydpcw
ln*lscl*	−0.0062 (0.0091)	−0.0417*** (0.0111)	0.0045 (0.0138)	0.0194 (0.0212)
ln*gmgqs*	0.0103** (0.0049)	−0.0105** (0.0051)	−0.0450*** (0.0075)	−0.0506*** (0.0138)
ln*gdzc*	−0.0256*** (0.0066)	−0.0053 (0.0054)	−0.0373*** (0.0059)	−0.0117 (0.0150)
ln*xfpls*	−0.0604*** (0.0148)	0.0104 (0.0119)	0.0149 (0.0199)	−0.0668*** (0.0229)
ln*zxxs*	0.0048 (0.0131)	0.0393*** (0.0150)	0.0224 (0.0199)	−0.0561 (0.0409)
常数项	2.0448*** (0.3305)	1.6696*** (0.3043)	1.7968*** (0.5994)	2.8408*** (0.8317)
个体	控制	控制	控制	控制
年份	控制	控制	控制	控制
N	7996	16019	17265	17265
R^2	0.8852	0.8726	0.8610	0.6915

（二）稳健性检验

1. 事前平行趋势检验

满足平行趋势假设是双重差分估计结果满足一致性的必要前提，处理组与控制组在政策实施之前不应该被观察到存在显著差异，这样所得政策的评估效果才更有说服力。本节通过事件研究法将基准模型中的革命老区振兴规划政策变量（*did*）替换为距离政策实施当年第几年的虚拟变量，如政策实施前第二年则 $k=2$，政策实施后第二年则 $j=2$，$j=0$ 为政策实施当年，将回归方程改为式（7-8）的形式再进行回归估计（闫昊生等，2021；姚鹏等，2021）。其中，P_k 代表地区实行革命老区振兴规划的前 k 年，L_j 代表地区实行革命老区振兴规划的后 j 年，其余变量含义与基准回归方程相同。本节以人均 GDP 差距为例进行平行趋势检验，结果如图 7-2 所示，革命老区振兴规划实施之前的系数估计值基本都不显著，而实施当年及以后年份基本都显著，既验证了平行趋势假设，又表明政策效果具有一定的持续性。

$$y_{i,t} = \alpha_0 + \sum_{k=1}^{4}\beta_k P_k + \sum_{j=0}^{4}\beta_j L_j + \gamma X_{i,t} + \lambda_t + \sigma_i + \varepsilon_{i,t} \qquad (7\text{-}8)$$

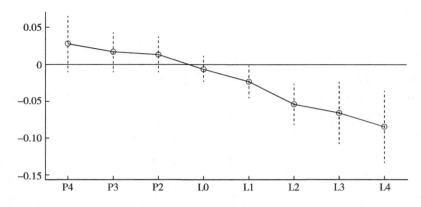

图 7-2 人均 GDP 差距的平行趋势检验

注：虚线表示 90% 的置信区间。

2. 更换对照组

虽然双重差分要求处理组与对照组具有相似特征，但革命老区振兴规划不单单只着眼于已实施地区与未实施地区进行对比，还要了解当与全国各县对比时，是否仍然具有相同的政策效果。因此，本节将对照组由未实施规划的革命老区扩展到全国各县（县级市、区），回归结果如表 7-10 所示，有关经济发展差距、居民生活差距、公共服务供给差距的相关变量依然显著为负，表明即使以全国各县作为对照，革命老区振兴规划依然具有显著缩小区域差距的作用，对照组的变化并不会对本节基准结果产生明显影响，验证了本节结果的稳健性。

表 7-10 稳健性检验：更换对照组

变量	（1） ydpgdp	（2） ydpec	（3） ydpsc	（4） ydncsr	（5） ydpzc
did	−0.0427 *** （0.0139）	−0.0743 *** （0.0259）	−0.0451 *** （0.0121）	−0.0384 *** （0.0076）	−0.0534 *** （0.0115）
控制变量	控制	控制	控制	控制	控制
常数项	2.2139 *** （0.5183）	4.9467 *** （0.7785）	4.2734 *** （0.5346）	1.5942 *** （0.2394）	0.9766 ** （0.4523）
个体	控制	控制	控制	控制	控制
年份	控制	控制	控制	控制	控制
N	29438	29497	29437	25829	29497
R^2	0.8934	0.8551	0.9008	0.8769	0.8323

3. 安慰剂检验

为了进一步检验政策效应的可靠性，本节进行安慰剂检验，验证是否只有改革试点效果显著。五个重点老区振兴发展规划分别于 2012 年、2014 年、2015 年、2016 年开始实施，分别列入 65 县、97 县、115 县、77 县作为规划地区，所以本节在 2000~2020 年 21 个年份中随机抽取 4 个年份作为假设的政策实施节点，在第一个假设年份中随机抽取 65 个县作为假设的规划地区，在第二个假设年份中随机抽取 97 个县作为假设的规划地区，在第三个假设年份中随机抽取 115 个县作为假设的规划地区，在第四个假设年份中随机抽取 77 个县作为假设的规划地区，从而构造"伪"处理组和对照组，重复上述过程 300 次，回归结果如图 7-3 所示。由图 7-3 可知，安慰剂检验回归结果估计值呈现出以 0 为中心的，接近正态分布的模型，且基准回归系数位于安慰剂检验回归分布的左侧尾端，说明实际中得到的基准回归结果在这一分布中为明显的异常值。这意味着，在 300 次的随机试验中，能够"偶然"得到基准回归结果是小概率事件，从而验证回归结果的稳健性。

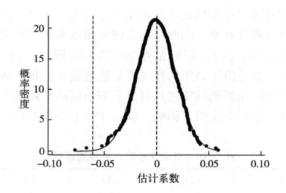

图 7-3　人均 GDP 差距的安慰剂检验

（三）革命老区等级的异质性分析

我国对革命老区的划分标准并非一成不变，而是具有明确等级性质的分类标准：一个县（县级市、区）中，如果老区乡镇的数量占全县（市、区）乡镇的 90% 以上，属于一类老区县（市、区）；如果占 50%~89%，则为二类老区县（市、区）；如果占 30%~49%，则为三类老区县（市、区）；30% 以下则为四类老区县（市、区）。因此，在革命老区内部也存在着等级差异，一类老区乡镇数量占全县比重最大，可能具备更明显的老区特征，与其他地区的发展差距可能更大，在这些地区实施革命老区振兴规划的政策效果可能更加显著；四类老区乡镇数量占全县比重最小，其特征可能与普通县更加接近，与其他地区的发展差距可能更小，因此振兴规划的政策效果可能不如前三类老区显著。总而言之，革命老区振兴规划缩小区域差距的效应可能随着老区乡镇数量占比的下降而减弱。为了验证这一理论，本节以老区分类为根据做异质性分析，一、二类老区划分为高占比革命老区，三、四类老区划分为低占比革命老区。根据预期，革命老区振兴规划缩小区域差距的效应在高占比革命老区更显著，在低占比革命老区则较弱。以人均 GDP 差距为例的回归结果如表 7-11 所示，第（1）列高占比革命老区的 did 系数显然比第（2）列低占比革命老区更显著且数值更大，这意味着革命老区振兴规划缩小区域差距的效应随着老区乡镇数量占比的下降而减弱。

表 7-11　革命老区等级的异质性分析

变量	（1） 高占比革命老区	（2） 低占比革命老区
did	-0.0600*** (0.0167)	-0.0568** (0.0263)
控制变量	控制	控制
常数项	3.0174*** (0.5887)	1.2969 (1.5991)
个体	控制	控制
年份	控制	控制
N	12605	5884
R^2	0.8995	0.8913

六、小结

在总结了革命老区振兴发展的历程、成就、经验，及理论分析"输血效应"和"造血效应"后，本节通过双重差分的方法，利用 2000～2020 年县域面板数据，对革命老区振兴规划缩小区域差距这一效果进行了实证检验，结果表明规划显著缩小了老区与其他地区的经济发展差距、居民生活差距和公共服务供给差距。

根据理论分析与实证结果，本节针对革命老区振兴发展问题提出以下政策建议：第一，革命老区振兴规划需进一步增强"造血效应"，尤其是在农业生产方面，需注重生产力的提升，基准回归结果显示，革命老区振兴规划显著缩小了农村居民人均收入差距，但并未对人均第一产业增加值差距产生影响，表明规划可能通过财政补贴等方式缩小了农民的财产性收入差距，但并未弥补实际农业生产上的差距，因此规划应进一步加强农业生产上的"造血效应"，加大财政支农力度，完善农业基础设施建设，创造更良好的农业生产条件，同时发展当地特色农业，为当地农业发展积蓄内源动力。第二，为全体居民增收提供条件，基准回归结果显示，革命老区振兴规划显著缩小了第二、第三产业增加值的差距，但并未对城镇居民人均收入差距产生影响，这表明规划提高了老区第二、第三产业生产能力，却未能因此缩小城镇居民收入差距，可能的原因在于生产能力的提升并非主要由居民技能素养的提升而带来，因此规划中需完善对提升城镇居民工作能力和技能素养的相关政策，增强居民自我"造血"能力，靠个人努力获取更高的幸福感。

随着新时代我国区域协调发展战略的深入推进以及国际形势的变化，革命老区振兴规划也进入了新阶段，2021 年国务院发布了《关于新时代支持革命老区振兴发展的意见》（以下简称《意见》），提出到 2025 年革命老区脱贫攻坚成果全面巩固拓展等一系列短期目标，以及到 2035 年，革命老区与全国同步基本实现社会主义现代化等一系列长期目标，并针对各项目标给出系统性建议，为了实现这些目标，革命老区振兴发展自 2021 年以来，以《意见》为统领，在"1258"政策体系的基础上逐渐形成了"1+N+X"的新政策体系，在范围更广、维度更深的层次上对革命老区振兴发展进行规划，并对未来革命老区振兴发展走向提供了更精确、更具有针对性的指导。当今，革命老区的振兴发展依然十分艰巨，我们应以习近平新时代中国特色社会主义经济思想为指导，围绕党中央对促进区域协调发展提出的新理念、新思想、新战略，帮助革命老区激发内生动力，发挥老区特色优势，扬长避短，走出一条新时代革命老区振兴之路。

第三节　对口支援政策增强边疆地区造血功能成效

对口支援政策对推动我国西部民族地区经济与社会较快发展，实现区域协调发展具有重要作用，其援助效果受到学界广泛关注。本节以 2010 年新一轮对口援疆的实施作为对口支援政策这项准自然实验的切入点，利用双重差分方法考察对口支援政策对企业升级的影响及其作用机制。研究发现，对口支援政策改变了以往"输血"式支援，促进了企业的升级；系列稳健性检验后，结果依然成立。机制分析发现在政策激励下，资金援助、技术援助和人才援助分别通过缓解企业面临的融资约束、提升企业创新能力和提高劳动者的专业技能素质，推动了企业的升级。本节的研究结果有利于正确认识对口支援的政策效果，为对口支援政策的实施和推广提供借鉴。

一、问题提出

对口支援政策是党中央在改革开放和社会主义现代化建设时期制定的具有中国特色的援助政策，目的是推动西部地区经济与社会较快发展，缩小我国西部地区与东、中部地区区域差距。在"十二五"规划开局之年，党中央、国务院召开新疆工作座谈会，作出了推进新疆跨越式发展和长治久安的新的战略部署，开始了新一轮对口援疆工作。本次援助注重"输血"式援助与"造血"式援助的紧密结合，即以资金援助为基础，项目援助为载体，干部援疆、人才援疆、科技援疆与产业援疆等多种形式齐头并进，改变了 20 世纪 80 年代"输血"式的支援方式。

事实上，对口支援政策源于区域援助政策。在关于区域援助政策的研究中，学者们考察了对地区经济增长和就业的影响效应，但研究结论莫衷一是。董珍和白仲林（2019）提出对口援藏改变了西藏的经济增长和产业结构演进路径，凸显出了政策效应。刘金山和徐明（2017）认为对口支援政策显著促进了新疆不同地区的经济增长，表现为地区生产总值（GDP）和人均 GDP 的增长，且援助效果在北疆地区表现更为强劲。肖金成等（2020）认为西部大开发经历了两个十年，取得了重大历史性成就。西部地区经济总量占全国的比重从开发初期的 17% 提升到 20% 以上，与其他地区的人均 GDP 的差距也明显缩小。刘瑞明和赵仁杰（2015）研究西部大开发对地区经济发展的影响时，发现西部大开发过程中存在"政策陷阱"，政策实施效果较差，政策效应没有得到发挥。

2010 年，十九省市对口援疆工作正式启动。自该项目启动至今已有十九年，但研究对口援疆影响的文献多从宏观层面评价对口援疆的政策效果，缺少对微观企业影响的研究。企业作为一个地区经济发展的基础，其发展更值得关注。值得关注的问题有：对口援疆能否促进当地企业的升级？如果对口援疆政策能够促进企业升级，其中的作用机制是怎样的？

二、理论机制与研究假设

自 2010 年以来，新一轮对口援疆政策改变了以往政策采取的"普惠制"的方法，援助对象具有特定性；援助方式秉承"授人以鱼，不如授人以渔"的指导思想，以"输血"与"造血"相结合的方式进行援助。具体来说，对口支援新疆主要涉及基础设施援助、公共服务援助和经济援助。首先，基础设施援助能改善生活设施、生产设施和生态环境质量，进一步改善新疆的经济环境和投资环境。企业嵌入于特定的环境中，其行为方式必然会受到所处环境的制约和影响，所以经济环境的改善会促使企业通过市场以相对较低的交易成本获得所需资源，积极转型升级。其次，就公共服务援助而言，教育援助作为公共服务的一部分能够帮助新疆积累人力资本，进一步地，人力资本的积累能为企业提供高素质的管理人才和技术人才，增强企业创新能力和研发投资水平（方臻旻和傅元海，2012），为企业升级提供内在动力，有利于区域间经济的均衡发展（廖楚晖和杨超，2008）。最后，经济援助分直接的经济援助和间接的经济援助两类。其中，直接的经济援助提供的资金能解除企业受到的资金条件限制，引导企业充分利用特色资源，积极开发特色资源，提升企业价值；间接的经济援助一般指产业援疆，支援省市通过援建工业园区、产业园区以及建设农业示范园、经贸合作交流平台等，吸引支援地企业入驻，以产业促就业的方式提高当地就业率。同时，促进当地企业提高竞争意识，提升公司竞争力，积极进行转型升级。

综上所述，企业在各种政策支持下，更加注重抓住机遇，为了自身的生存和更好的发展，在市场环境的推动下，积极选择升级战略。由此提出 H1：

H1：对口支援政策能够促进企业的升级。

在提出对口支援政策能够促进新疆企业升级的基础上，本节以要素流动为基础，以资金、人才与技术三种要素为中介，试图从资金援助、人才援助以及技术援助三个角度出发，深入剖析对口支援政策对企业升级影响的理论机制，并构建了以下的理论分析框架（见图7-4）。

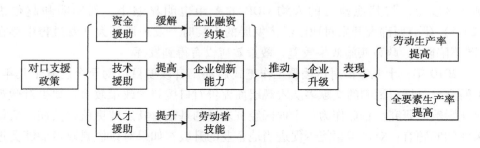

图7-4 对口支援政策与企业升级路径

企业升级是指企业通过获得技术能力或市场能力改善自身的竞争能力，使企业进入获利更高的资本密集型和技术密集型经济领域的过程（李林木和汪冲，2017），升级过程中资金、技术创新和人力资本起到了极为重要的作用，它们是企业进入高附加值产业获取更高收益率，实现低成本和低价格优势的最重要因素。关于资金对于企业的影响，大多数文献将其与融资约束相联系，认为外部资金的进入在一定程度上能缓解企业面临的融资约束，促使企业进行各项投资活动，提升自身的价值。关于技术与创新，比较优势理论和技术追赶理论认为研发创新是企业升级的重要途径（王桂军和卢潇潇，2019），企业创新能力是企业转型升级最关键的因素（孔伟杰，2012）；企业转型升级过程中与企业自主创新能力的提升是密不可分的，企业自主创新能力的形成是工业转型升级最关键的因素（金碚，2011）。因此，企业创新能力在企业决策转型升级行为中起到最为关键的作用。综上所述，关于资金、创新以及人力资本对于企业的作用，大多数学者的结论是一致的，即融资约束和创新能力的薄弱会限制企业自身发展，阻碍企业转型升级。人力资本的扩张和培训力度的加大能促进企业升级（毛其淋，2019）。换而言之，融资约束、研发创新以及人力资本都是助推企业升级的重要路径。

在对口援疆的政策中，拨付资金仍然是一种重要的支援方式，因为新疆经济发展水平相对较低，自我发展能力较弱，所以需要先为其发展提供必要的资金，以便为新疆发展提供资金支持。除了拨付资金，经济援助的另一方式为提供人才支持，为企业发展提供人力资源。在人才支援政策中，国家提出要发挥援疆干部的知识和专长，有针对性地对企业建设等问题建言献策，同时要引进各领域的专业人才到支援地省市进行专项培训，提高受援地区劳动力的专业技能素质。除此之外，政府通过技术支持为企业营造了良好的技术创新外部环境，有利于推动企业升级（毛蕴诗等，2015）。综上所述，资金、技术以及人力资本与企业升级之间存在密切联系，且这种影响是积极正向的。

基于政策内容，本节认为在以中央为主、地方参与的对口支援政策实施过程中，地方政府会将接受的援助资金、技术以及人力资本向当地企业倾斜，通过缓解企业的资金约束、提供技术支援解除创新能力的限制、提供人才支持削弱人才需求的限制同时提升劳动力的专业技能素质，促进企业升级和发展。由此，本节提出对口支援政策促进企业升级的以下三个作用机制：

H2：对口支援政策通过资金效应缓解企业的融资约束，有利于企业进行各种投资活动，提升自身在价值链上的位置，促进企业升级。

H3：对口支援政策对新疆的技术支援能够使企业提升自身的创新能力，进而促进企业劳动生产率的提高，推动企业升级。

H4：对口支援政策通过人才支援为新疆带去高技术人才，通过职能培训等方式提高企业的劳动者专业技能素质，为企业升级做好人才储备，以促进企业积极开展升级活动。

三、研究设计与识别策略

（一）模型设定

本节以西北五省作为准自然实验的研究对象，满足双重差分方法的同质性假设。因为陕西、甘肃、青海、宁夏和新疆同属于西北五省，经济发展水平相近，所以适合作为本节的研究样本。具体而言，以新疆的企业作为处理组，其他省份的企业作为对照组，进一步根据对口支援政策执行时间，将 1998～2013 年西北五省的企业划分为四组子样本，即对口支援之前的处理组、对口支援之后的处理组、对口支援之前的对照组以及对口支援之后的对照组，通过设置政策虚拟变量（treat）和时间虚拟变量（post）区分上述四组子样本，treat=1 代表新疆的工业企业，treat=0 代表其他四省的工业企业，post=0 代表对口支援政策实施之前的年份，post=1 代表对口支援政策实施之后的年份。根据以上界定，构造以下双重差分模型（DID）：

$$LP_{it} = \theta(treat_{it} \times post_{it}) + \beta_k X_{it} + \lambda_t + \mu_i + \varepsilon_{it} \tag{7-9}$$

其中，i、t 分别代表企业、年份，LP_{it} 表示企业升级水平，具体以企业的劳动生产率表示，在稳健性检验部分替换为上市公司全要素生产率（Total Factory Produtivity，TFP）和以其他方法测算的企业的劳动生产率；treat 为企业分组变量，treat 等于 1 为处理组，等于 0 代表对照组；post 为时间分组变量，1998～2009 年取值为 0，2010～2013 年取值为 1。

式（7-9）中交互项 treat×post 用于识别对口支援政策的政策效果，即对口支援对新疆企业升级的影响，所以 θ 是本节主要关注的回归系数。X 代表控制变量，参考已有文献，本节对企业规模、企业年龄、成长能力、资本结构、资产收益率和所有权性质进行了控制。其中，企业规模（size）以企业总资产的自然对数表示；企业年龄（age）以当年减去企业成立年份加 1 表示；成长能力（growth）以营业收入增长率表示；资本结构（lev）以企业资产负债率表示；资产收益率（ROA）用净利润与资产总额计算得到；SOE 表示企业性质。λ_t 表示时间固定效应；μ_i 表示不随时间变化的企业个体效应。

（二）数据说明

基准回归中的数据来源于中国工业企业数据库，稳健性检验中的数据来源于国泰安数据库，创新变量的数据来源于中国国家知识产权局的专利数据库，机制分析中的数据来源于国家统计局和新疆历年统计年鉴。

关于企业升级的衡量指标，本节采用李永友和严岑（2018）提出的劳动生产率来衡量。对于劳动生产率的具体代理变量，考虑到利用中国工业企业数据库计算全要素生产率存在一定的局限性，另外，新疆的上市公司数量较少且多集中于乌鲁木齐和克拉玛依，不能完全覆盖对口支援政策中接受支援的地区和企业，所以为准确评价对口支援的政策效应，同时考虑到测算数据的准确性和样本数量的问题，在基准回归中选取人均工业总产值作为劳动生产率的具体代理变量。参考相关文献，国际劳工组织（ILO）采用就业人口所带来的产出测算劳动生产率（即不变价格 GDP 与就业人口之比），范爱军和韩青（2009）对劳动生产率的计算采用人均实际国内生产总值计算。故根据中国工业企业数据库中数据的可获得性，本节选取人均产出衡量企业升级，即用企业工业总产值和全部从业人员人数比值得到企业的劳动生产率（$LP1$）。

四、实证分析

（一）基准分析结果

根据已有研究，对口支援对受援地的经济发展起到了很大的促进作用，那么企业作为地区经济发展的基础，是否会受政策影响促进自身的升级和发展？本部分利用 1998～2013 年的中国工业企业数据库，选取西北五省规模以上工业企业作为样本研究对口支援与企业升级之间的关系。基准回归选用固定效应模型，重点关注交互项 $treat \times post$ 的系数是否显著，即与对照组相比，受援地（处理组）在政策实施后企业劳动生产率是否有更多的提升（或减少）。

表 7-12 第（1）列的回归结果显示，交互项 $treat \times post$ 系数在 5% 的水平上显著为正，说明对口支援政策显著促进了企业的升级。因此，H1 得到验证，即对口支援政策能够促进企业加快转型升级，推动企业劳动生产率的提升。

表 7-12　基准回归和稳健性检验回归结果

变量	（1） $LP1$	（2） TFP	（3） $lp2$
$treat \times post$	0.1148 **	0.1230 **	0.0141 ***
	(2.1426)	(2.2603)	(3.4445)
Constant	0.0911 **	−0.3970	−0.01
	(2.3943)	(−0.8885)	(−1.51)
Controls	控制	控制	控制
个体固定效应	控制	控制	控制
年份固定效应	控制	控制	控制
Observations	4262	2009	4264

注：***、**、* 分别表示在 1%、5%、10% 的水平上显著，下同。

（二）稳健性检验

由于在对口支援政策实施过程中青海省藏区也接受了援助，故在本部分中将青海省的企业删除，以消除对稳健性测试产生的影响。

1. 内生性问题

上文证实了对口支援政策能够促进企业升级，但也有可能是企业升级的成效进一步促进对口支援政策实施力度的加大，即本节可能存在反向因果的内生性问题。为了解决此内生性问题，本节参考寇宗来和刘学悦（2020）对于内生性问题的处理方法，从平行趋势检验的角度来说明双重差分方法在本节中的适用性。

基准分析的结论表明，相比于对照组，新疆企业的劳动生产率提升效应更大，说明对口支援政策促进了受援地企业的升级，但一个合理的质疑是，在2010年之前新疆的企业劳动生产率本来就高于样本中其他省份的企业。本节为了得到更为准确、科学的结论，同时为了避免内生性的存在，借鉴 Jacobson 等（1993）的做法，利用事件研究法来进行平行趋势检验，并考察2010年新一轮对口援疆政策实施之后的动态效应。

本节选择政策实施的前一期作为参照组。同时，为避免青海藏区接受对口支援政策带来的影响，平行趋势检验剔除了青海省的样本。平行趋势回归结果显示，从2012年开始，政策对新疆企业的正向促进作用逐渐显现，在1%的置信水平上显著为正，一直到观测年度结束，这种积极的政策效应持续存在，验证了基准分析结果的合理性。同时，对比2010年新一轮对口支援新疆政策实施之前，以往政策并不存在显著的正向促进作用。本节通过直观图形的方式描述了上述结果的变化过程（见图7-5）。

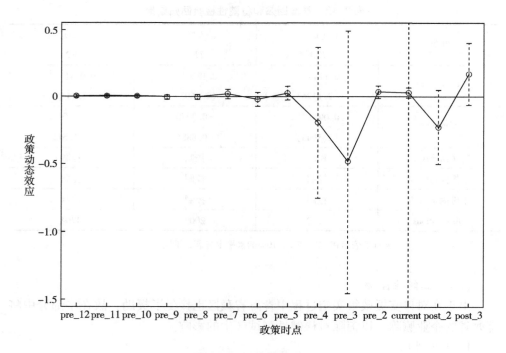

图7-5 平行趋势检验

图 7-5 呈现了 1998~2013 年对口支援政策的动态效应。从图 7-5 中可以看出，在试点年份（图中为 current）之前，对口支援的政策效果并不显著异于 0，这说明政策实施之前处理组和对照组不存在显著差异，即满足平行趋势的假设，而政策实施后第二年的政策效应显著为负，之后很快回到 0 并超过 0，最终呈现显著的正效应，说明尽管对口支援政策在实施后的两年内产生了一个负效应，但随后很快消失并且转为正向促进效应。

2. 更换被解释变量的稳健性测试

参考已有文献，衡量企业升级的指标除劳动生产率（LP1）外，还可以使用全要素生产率（TFP）作为代理变量，因此本节以新疆企业的 TFP 作为 LP1 的替代指标，检验结果的稳健性。关于全要素生产率的计算，由于中国工业企业数据库的"工业增加值""固定资产折旧"等指标在 2008 年之后缺失，因此本部分选择 1998~2019 年上市公司为样本，选用 LP 方法测算全要素生产率。

参照有关文献，全要素生产率的详细测算变量如下：以上市公司的营业收入取自然对数作为产出变量（lnY）的代理变量，劳动力投入（lnL）用支付给职工以及为职工支付的现金取自然对数，资本投入（lnK）用资产负债表中的固定资产净值取自然对数加以衡量，中间投入（lnM）用现金流量表中的购买商品与劳务的现金流出取自然对数来衡量。为避免异常值对结果的影响，本节删除了 ST、*ST 以及 S*ST 的公司。

由表 7-12 中第（2）列可以看出，核心解释变量 treat×post 的系数显著为正，表明对口支援政策对企业升级具有正向促进作用，提高了对企业的造血能力。进一步说明对口支援政策推动了企业的升级，提高了企业的造血能力，改变了以往输血的状态，同时说明基准回归结果是稳健的。

3. 改变劳动生产率测算方式的稳健性检验

劳动生产率的测算方法有多种，最常用的选用人均产出（工业总产值/职工人数）和人均工业增加值（工业增加值/平均就业人数）作为代理变量，但由于中国工业企业数据库中工业增加值的数据缺失问题，前文中选用人均产出作为劳动生产率的代理变量。为检验其结果的稳健性，参考王桂军和卢潇潇（2019）对于劳动生产率的测算方法，对企业的劳动生产率重新进行计算。具体测算方法如式（7-10）所示：

$$LP_{it} = \frac{depreciation_{it} + wage_{it} + tax_{it} + profit_{it}}{staff_{it}} \tag{7-10}$$

其中，i 和 t 分别表示企业个体和年份，公式左边的 LP 表示劳动生产率，公式右边分数式的分母 staff 表示公司当期从业人数，分子表示企业的增加值，具体由固定资产折旧（depreciation）、劳动者报酬（wage）、生产税净额（tax）和营业利润（*profit*）构成。其中，固定资产折旧用企业固定资产期初余额乘以折旧率表示，根据国家税务总局的有关规定，折旧率统一确定为12%；劳动者报酬以本年应付工资总额和本年应付福利费总额之和表示；生产税净额以企业当期应缴流转税总额表示，具体等于"营业税金及附加"当期发生额加上企业当期应交增值税，最终计算得到劳动生产率。

表7-12第（3）列的回归结果显示，在改变劳动生产率的测算方法后，交互项 *treat×post* 的系数通过了1%的显著性检验，进一步证明了基准分析结果的稳健性。

五、机制分析

（一）资金援助效应——基于融资约束视角

自新一轮对口支援政策实施以来，各支援省市以资金援助为基础开展各类援助活动，为新疆的企业带来了充裕的资金，但考虑到以往"普惠制"存在的问题，直接的资金援助是否能够缓解企业面临的融资约束，促使企业积极投资进而促进企业升级，还有待验证。因此本部分设计了以下计量模型，验证H2。

$$SA_{it} = \alpha_i treat \times post_{it} + \beta_i X_{it} + \varepsilon_{it} \tag{7-11}$$

$$LP_{it} = \lambda_i SA_{it} + \gamma_i X_{it} + \varepsilon_{it} \tag{7-12}$$

关于融资约束的代表性测度方法有 KZ 指数、WW 指数和 SA 指数等，但上述指数具有共同的不足，即包含很多具有内生性的金融变量，比如现金流和杠杆等，而融资约束与这些金融变量之间相互决定。除此之外，由于本节使用的是中国工业企业数据库，没有股利支付以及托宾 Q 等指标，无法准确计算 KZ 指数，因此为了避免内生性问题以及计算方便，本节参考鞠晓生等（2013）的做法，选用 SA 指数衡量企业的融资约束程度，即按照 KZ 方法，依据企业财务报告划分企业融资约束类型，然后仅使用企业规模和企业年龄两个随时间变化不大且具有很强外生性的变量构建，具体如下：

$$SA = -0.737 \times size + 0.043 \times size^2 - 0.04 \times age \tag{7-13}$$

其中，*size* 表示企业规模，用企业总资产取对数表示，*age* 表示企业年龄。将 *treat×post* 直接对企业的融资约束 SA 回归，结果如表7-13中（1）（2）列所示。结果显示 *treat×post* 对融资约束 SA 的回归系数为负，且通过1%的显著性检验，SA 对 *LP*1 的回归系数在5%的置信水平上显著为负这说明对口支援政策缓解了企业的融资约束，进而促进了企业劳动生产率的提高。验证了对口支援政策中资金的援助效应即H2。

（二）技术援助效应——基于企业创新视角

为验证H3，本节选用公司当年独立申请的发明数量作为创新变量的代理指标，研究 19 省市对口援疆过程中技术援助与企业升级之间的作用机制。计量模型如下：

$$Innovation_{it} = \varphi_i treat \times post_{it} + \beta_i X_{it} + \varepsilon_{it} \tag{7-14}$$

$$LP_{it} = \lambda_i Innovation_{it} + \gamma_i X_{it} + \varepsilon_{it} \tag{7-15}$$

回归结果如表 7-13（3）（4）列所示，交互项 $treat \times post$ 的系数为 1% 的置信水平上正向显著，$Innovation$ 的估计系数通过了 10% 的显著性检验，这表明对口支援政策技术支援通过提高企业创新能力促进了企业的升级，H3 得到验证。同时，技术支援改变了以往"输血"式的对口支援，从"予渔"出发，通过提高企业创新能力，促进企业升级，推动企业长久发展。

（三）人才援助效应——基于人力资本投入视角

本节认为人才援助效应通过为企业提供人力资本的方式来增强企业实力，为企业转型升级做好基础准备，推动企业的升级。故建立以下计量模型来验证 H4：

$$RLZB_{it} = \rho_i treat \times post_{it} + \beta_i X_{it} + \varepsilon_{it} \tag{7-16}$$

$$LP_{it} = \lambda_i RLZB_{it} + \gamma_i X_{it} + \varepsilon_{it} \tag{7-17}$$

鉴于数据的可获得性，人力资本投入选用高校在校大学生人数的占比来表示，用交互项 $treat \times post$ 直接对人力资本 $RLZB$ 回归，结果如表 7-13（5）列所示，回归系数为正且通过了显著性检验，（6）列 $RLZB$ 的系数显著为正，表明对口支援政策通过增加企业的人力资本，缓解面临的高技能人才的约束，促进企业劳动者素质的提高，进而推动企业劳动生产率的提高。

表 7-13　资金、技术、人才与企业升级

变量	资金效应		创新效应		人才效应	
	（1）	（2）	（3）	（4）	（5）	（6）
	SA	LP1	Innovation	LP1	RLZB	LP1
$treat \times post$	-0.0112***		0.8681***		0.0037***	
	(-4.6153)		(15.9662)		(1.1e+15)	
SA		-0.0994**				
		(-1.9758)				
Innovation				0.0119*		
				(1.8040)		
RLZB						9.8906*
						(1.87)
Constant	0.0346***	0.1216***	1.2468***	0.1162***	0.0094***	-0.1346***
	(5.2520)	(3.0086)	(12.2051)	(2.6862)	(2.3e+15)	(-3.1555)
Controls	控制	控制	控制	控制	控制	控制
Observations	4366	54494	4603	2428	558	503

六、小结

对口支援政策目前仍在进行中，但随着国内经济发展的变化，对口支援是否能发挥效益最大化，支援省份是否需要转变支援方式和支援强度成为亟须回答的现实问题。本节在研究对口支援政策能否促进企业升级的基础上，进一步研究了对口支援与企业升级之间的作用机制。实证结果显示：①对口支援政策能够推动企业升级，促进企业劳动生产率的提升。在稳健性检验中，以上市公司全要素生产率作为衡量企业升级的代理变量，呈现出同样的正相关关系。②对口支援政策对企业升级的正向促进作用是通过资金援助缓解企业面临的融资约束、技术支援带来的创新能力提升以及人才支援带来的劳动者专业技能素质的提高实现的。其中对口援疆政策的创新效应最大，资金效应和人才效应依次排列。

针对本节的研究结论，提出以下几点政策建议：第一，要规范健全政府职能，强化政府的服务职能，提高行政效能。完善政府经济调节、市场监管、社会管理和公共服务职能，减少政府对微观经济活动的干预，努力解决政府职能缺位、越位和错位的问题，做到"有所为，有所不为"，为企业发展创造良好的外部环境。第二，要结合新形势下的经济发展要求、兼顾受援地区的发展进程，不断开拓思路、创新手段、深化内涵，不断完善政策体系，有针对性地提出支援计划。要改变支援对象和支援方式的泛化，探索对口支援新模式，建立对口支援工作的长效机制，开创对口支援合作全面"升级加力"的新局面。第三，要建立良好的对话与合作机制。各支援省市在援助过程中从规划制定、项目落实到资金管理等方面，要加强与受援地之间的沟通，避免造成援助项目的重复建设和资金浪费，减少不必要的损失。

第八章　新时代促进区域协调
发展的政策建议

　　推动区域协调发展是新时代深入贯彻落实五大新发展理念，全面推进共同富裕，建设现代化经济体系的战略任务与必然要求，也是"十四五"时期国家重大战略之一。自党的十八大以来，以习近平同志为核心的党中央高度重视区域协调发展工作，并针对当前及今后一段时期我国区域发展的重点任务作出明确部署，提出并实施了共建"一带一路"、京津冀协同发展、长江经济带发展、黄河流域生态保护和高质量发展等，推动区域协调发展新格局加快形成。党的十九大报告首次将"区域协调发展战略"列为决胜全面建成小康社会、开启全面建设社会主义现代化国家新征程的七大战略之一（魏后凯等，2020），强调要建立更加有效的区域协调发展新机制。基于此，本章将在前述内容的基础上，围绕完善区域协调发展机制、转换区域高质量发展动力、优化区域经济与人口承载力等层面，系统阐述新时代如何通过区域政策工具的综合运用，建立更加有效的区域协调发展新机制，推动形成区域协调发展新格局，促进区域协调发展。

第一节　新时代促进区域协调发展的
政策体系与总体思路

　　党的十九大报告指出：加大力度支持革命老区、民族地区、边疆地区、贫困地区加快发展，强化举措推进西部大开发形成新格局、深化改革加快东北等老工业基地振兴，发挥优势推动中部地区崛起，创新引领率先实现东部地区优化发展，建立更加有效的区域协调发展新机制。区域经济是国民经济体系的重要组成部分，新时代实施区域协调发展战略，对于增强区域协调性，扩展区域发展新空间具有重要战略意义（姚鹏和叶振宇，2019）。习近平总书记强调，做好区域协调发展"一盘棋"这篇大文章，不能简单要求各地区在经济发展上达到同一水平，而是要根据各地区的条件，走合理分工、优化发展的路子。因此，应立足各地区比较优势，进一步建立健全全面有效的区域协调发展新机制，通过合理的顶层设计，充分发挥地方政府积极性与主动性，依靠政府区域政策的施行与推进，实现区域高质量协调发展。

区域政策，作为政府主要是中央政府干预区域经济的重要工具，通过政府的集中安排，可以有目的地针对某些区域问题灵活运用奖励或限制各类区域政策工具，以改变由市场机制作用所形成的一些空间结果，促使区域经济的发展与区域间经济格局的协调，并保持区域收入分配的合理（陈秀山和陈斐，2013）。本节将全面梳理中国促进区域协调发展政策体系，为新时代构建区域协调发展新机制提供政策参考。同时，在现有政策体系的基础上，总结提出新时代促进区域协调发展的根本遵循与需处理好的重大关系。

一、促进区域协调发展的政策体系

党的十九届五中全会通过《中共中央关于制定国民经济和社会发展第十四个五年规划和二〇三五年远景目标的建议》（以下简称《建议》）指出，坚持实施区域发展重大战略、区域协调发展战略、主体功能区战略、健全区域协调发展体制机制，完善新型城镇化战略，构建高质量发展的国土空间布局和支撑体系。《建议》首次归纳提出中国区域发展五大战略，并提出未来远景目标。本书将以此为依据，在借鉴既有研究的基础上，系统总结中国促进区域协调发展的政策体系，具体包括五大区域发展战略与四大区域发展政策及其政策目标、政策对象（见表8-1）。

表 8-1　促进区域协调发展的政策体系

政策目标	最终目标	五大核心目标
	区域协调发展	发挥各地区比较优势 缩小区域发展差距 实现基本公共服务均等化 基础设施通达程度比较均衡 人民基本生活保障水平基本相当
政策体系	政策类型	政策内容
	五大区域发展战略	区域梯度发展战略 统筹区域协调发展战略 主体功能区战略 区域发展重大战略 新型城镇化战略
	四大区域发展政策	区域发展先行先试政策 中央财政转移支付和税收优惠政策 地区协作和对口支援政策 跨区域协同发展政策
主要政策对象	问题区域	落后区域、萧条区域、膨胀区域

（一）促进区域协调发展政策体系的五大核心目标

近年来，在区域发展总体战略引领下，中国区域发展空间布局逐步优化，区域良性互动格局加快形成。但在国内外环境不断变化的背景下，区域协调发展面临诸多机遇与挑战，主要表现在区域发展差距仍然较大，区域经济发展分化态势明显、发展动力极化现象日益突出，东部地区转型升级压力激增，中西部地区发展相对滞后，资源型产业比重偏高，老少边穷地区发展相对滞后，局部区域无序开发问题突出，促进区域协调发展的体制机制不完善等方面。

推动区域协调发展向更高水平和更高质量迈进，必须建立更加有效的区域协调发展新机制。要坚持和加强党对区域协调发展工作的领导，立足发挥各地区比较优势和缩小区域差距，围绕努力实现基本公共服务均等化、基础设施通达程度比较均衡、人民基本生活保障水平大体相当的目标，深化改革开放，坚决破除地区之间的利益藩篱和政策壁垒，加快形成统筹有力、竞争有序、绿色协调、共享共赢的区域发展新机制。[①]

因此，新时代促进区域协调发展政策体系的五大核心目标是：发挥各地区比较优势、缩小区域发展差距、实现基本公共服务均等化、基础设施通达程度比较均衡、人民基本生活保障水平基本相当。五大核心目标相互关联，层层递进。发挥各地区比较优势是推动形成优势互补高质量发展的区域经济布局的重要前提，缩小区域发展差距是构建区域协调发展新格局的基本要求，实现基本公共服务均等化、基础设施通达程度比较均衡、人民基本生活保障水平基本相当是促进区域协调高质量发展的远景目标。新时代促进区域协调发展体制机制健全，要以能否实现区域协调发展五大核心目标为评价依据与客观遵循，围绕五大核心目标要求，实现最终目标——区域协调发展。

（二）五大区域发展战略

自改革开放以来，中国区域发展主要有以下五大发展战略，即区域梯度发展战略、统筹区域协调发展战略、主体功能区战略、区域发展重大战略、新型城镇化战略（刘应杰，2021）。

（1）区域梯度发展战略。自改革开放以来，在邓小平"两个大局"思想的引领下，中国区域经济发展实现巨大突破，打破传统片面强调均衡发展的传统布局模式，承认地区间发展非均衡的客观发展规律，强调集中资金和资源进行重点发展，同时在地区间形成产业结构转换的连续关系，从而使产业空间分布与地区经济互相联系，产业结构与产业布局相结合，经济发展与产业政策相结合。由此形成了区域梯度发展战略，即区域经济发展方面采取了由东到西的梯度发展战

---

① 中共中央宣传部、国家发展和改革委员会：《习近平经济思想学习纲要》，人民出版社 2022 年版。

略，经济发展从东部地区向中西部地区逐步推进。在区域梯度发展战略引领下，中国形成东中西梯度发展布局。

（2）统筹区域协调发展战略。在区域梯度发展战略引领下，中国区域经济长期呈现非均衡发展态势。当中国经济总体上已经达到中等收入水平的发展阶段后，区域经济就须向均衡化方向转化。自20世纪90年代起，中国将促进区域协调发展提高到战略高度，先后制定实施西部大开发战略、东北振兴战略、促进中部地区崛起战略、鼓励东部地区率先发展战略，由此形成统筹区域协调发展战略。

（3）主体功能区战略。主体功能区战略就是要按照主体功能定位划分政策单元，对重点开发地区、生态脆弱地区、能源资源地区等制定差异化政策，精准施策，推动形成主体功能约束有效、国土开发有序的空间发展格局。在主体功能区战略引领下，区域经济发展逐步形成以"两横三纵"为主体的城市化战略格局、以"七区二十三带"为主体的农业战略格局和以"两屏三带"为主体的生态安全战略格局，推动资源环境承载力与区域经济高质量协调发展。

（4）区域发展重大战略。立足新发展阶段，践行五大新发展理念，坚持区域发展重大战略，增强区域经济与资源环境人口承载力，创新转换区域高质量发展动力，是推动形成区域协调发展新格局、促进区域协调发展的关键抓手。在区域发展重大战略导向下，我国逐步提出京津冀协同发展、粤港澳大湾区建设、长三角区域一体化发展、长江经济带发展、黄河流域生态保护和高质量发展、海南全面深化改革开放等"3+2+1"六大区域战略，引领区域高质量发展。

（5）新型城镇化战略。中央政府坚持走以人为本、四化同步、优化布局、生态文明、文化传承的中国特色新型城镇化道路，明确"十四五"时期深入推进以人为核心的新型城镇化战略。新型城镇化战略是统筹城乡发展，破解新时代不平衡不充分主要矛盾的重要抓手（陈明星等，2019）。在新型城镇化战略引领下，城乡区域发展，围绕加快农业转移人口市民化、优化城镇化空间布局和形态、推动新型城市建设、提升城市治理水平、推动城乡融合发展等层面精准发力，推动新型城镇化水平不断提升①。

（三）四大区域发展政策

为深入贯彻落实区域发展战略，中国政府逐步制定实施四类区域发展政策，具体包括：区域发展先行先试政策、中央财政转移支付和税收优惠政策、地区协作和对口支援政策、跨区域协同发展政策（刘应杰，2021）。

（1）区域发展先行先试政策。作为中国典型的"试点—推广"区域发展政

---

① 参见国家发展和改革委员会《"十四五"新型城镇化实施方案》，http：//www.gov.cn/zhengce/zhengceku/2022-07/12/content_5700632.htm。

策，区域发展先行先试政策成为中国区域经济发展积累经验、总结教训、推广应用的重要抓手。自改革开放以来，从经济特区、沿海开放城市到经济开放区、高新技术园区，再到自由贸易试验区、综合保税区、国家创新城市、低碳城市、文明城市等，中国围绕经济发展、创新创业、绿色环保、生态保护、社会文明等层面推进区域发展先行先试政策。推动国家战略在地方先行先试，积极发挥国家战略对于高质量发展的引领作用，已成为促进区域经济协调发展的重要方式。

（2）中央财政转移支付和税收优惠政策。自 1994 年分税制改革以来，中央政府财政转移支付已成为缩小地区发展差距、实现基本公共服务均等化的重要制度安排（缪小林等，2017）。2022 年中央对地方转移支付近 9.8 万亿元，规模为历年来最大；同时，较 2021 年上涨 1.5 万亿元，增长 18%，增幅创历史新高。中央政府财政转移支付制度，有助于缓解地方财政支出压力，兜底民生底线，推动地方政府民生保障工作有力有效。在中央政府转移支付制度保障缓解财政压力的同时，中央政府积极推进减税降费工作，助力企业纾困解难，成为新时期转变经济发展动力，推动高质量发展的重要举措。

（3）地区协作和对口支援政策。深化东西部扶贫协作和对口支援政策，是推进发达地区与欠发达地区协调发展、协同发展、共同发展的重大战略，也是先富带动后富、实现共同富裕的重要抓手。在地方协作和对口支援政策引领下，东部发达省份推进东西产业协作、劳务协作、人才支援，创新区域援助形式，形成"闽宁模式"等先进模式；西部欠发达省份围绕"输血"与"造血"并举，推动区域经济发展水平和自我发展能力不断提升。地区协作和对口支援政策是中国区域发展政策一大创举，是"全国一盘棋"思想的体现。

（4）跨区域协同发展政策。在区域协调发展战略导向下，跨区域协同发展成为区域高质量发展的新的增长极。京津冀协同发展、粤港澳大湾区建设、长三角区域一体化发展、长江经济带发展、黄河流域生态保护和高质量发展等区域发展重大战略，依托经济带、城市群、都市圈协同发展带动区域协调发展，强化东西合作、南北互动，在区域经济发展中发挥带动和辐射作用。

二、新时代促进区域协调发展的总体思路与重点问题

中国特色社会主义进入新时代，社会主要矛盾已转化为人民日益增长的美好生活需要和不平衡不充分的发展之间的矛盾，同时我国经济发展出现阶段性变化，经济增长从中高速转向高质量发展。这些变化意味着我国区域协调发展的总体思路要做出相应的调整，要充分体现五大新发展理念的要求和历史阶段的变化。自党的十八大以来，中国区域协调发展水平明显提升，区域发展的平衡性与协调性显著增强，优势互补、高质量发展的区域经济布局初步形成。但是，我国仍处于社会主义初级阶段，区域协调发展面临诸多困难与挑战，"区域经济发展分化态势明显，发展动力极化现象日益突出，部分区域发展面临较大困难"。新时代促进区域协调发展的总体思路要着力解决好区域协调发展面临的重要问题。

（一）新时代促进区域协调发展的总体思路

习近平总书记在《推动形成优势互补高质量发展的区域经济布局》重要文章中指出，新形势下促进区域协调发展，总的思路是：按照客观经济规律调整完善区域政策体系，发挥各地区比较优势，促进各类要素合理流动和高效集聚，增强创新发展动力，加快构建高质量发展的动力系统，增强中心城市和城市群等经济发展优势区域的经济和人口承载能力，增强其他地区在保障粮食安全、生态安全、边疆安全等方面的功能，形成优势互补、高质量发展的区域经济布局。

（二）新时代促进区域协调发展需处理好的重点问题

在促进区域协调发展总体思路引领下，我国区域协调发展需处理好以下重点问题：

（1）处理好公平与效率的关系。相较于区域非均衡发展阶段单一追求效率原则，新时代促进区域协调高质量发展，需要秉持"公平与效率并重"的现实逻辑导向，牢牢把握"公平与效率兼顾，实现高质量协调发展"的基本原则（刘耀彬和郑维伟，2022）。新时代促进区域协调发展，一方面需要深化区域协调发展体制机制改革，建立更加有效的区域协调发展新机制，完善地方政府区域协调发展绩效考核体系建设，促使中央与地方目标一致，激发地方政府在缩小区域差距、促进区域高质量协调发展中的积极作用，提高效率。另一方面，需要加强顶层设计，通过中央政府财政转移制度兜底民生底线，通过税收优惠制度助推企业纾困转型，推动区域创新转换发展动力，推进共同富裕，保障公平。

（2）处理好政府与市场的关系。新时代促进区域协调发展，需要正确处理好政府与市场的关系，坚持市场主导和政府引导的方针，既要充分发挥市场机制在要素流动、要素集聚、资源配置中的主导作用，又要合理利用政府在区域协调发展新机制建立过程中的引导作用。坚持"有为政府"与"有效市场"有机结合，充分发挥政府在区域公共产品供给、保障民生水平、缩小区域差距、促进城乡融合发展中的积极作用，同时充分发挥市场在要素配置中的决定性作用，推动区域市场一体化，实现"全国一盘棋"的治理目标。

（3）处理好自然与经济的关系。新时代促进区域协调发展，需要处理好区域自然条件与区域经济发展的关系。在加强生态文明建设，推进高质量发展的重要时期，习近平总书记提出，"绿水青山就是金山银山"的重要论断，这是新时代促进区域协调发展的根本遵循与科学指南。新时代促进区域协调发展，需根据各地区资源禀赋、环境状况，合理规划城市、人口、产业发展，宜水则水、宜山则山、宜粮则粮、宜农则农、宜工则工、宜商则商，促进区域资源环境承载力与区域经济高质量协调发展。

（4）处理好发达地区与欠发达地区间的关系。进入 21 世纪以来，习近平总书记针对区域协调发展面临的新情况新问题作出科学概括，当前区域协调发展面临区域经济发展分化态势明显，发展动力极化现象日益突出，部分区域发展面临较大困难的突出问题。新形势下促进区域协调发展，需处理好发达地区和欠发达地区的关系，特别是东北等老工业基地、西部边疆地区、革命老区等问题区域的发展问题。新时代促进区域协调发展，需深化东西协作和对口支援政策，围绕产业转型升级、发展动力转换、发展水平提升、民生保障水平提升等多领域开展对口合作等区域合作，统筹发达地区和欠发达地区协调发展。

（5）处理好对内合作和对外开放间的关系。新时代促进区域协调发展，需处理好对内合作和对外开放间的关系，全面提高对内对外开放水平。对内合作，创新推动区域重大战略对接，强化互联互通机制建设，推动要素自由有序流动，健全国内统一大市场，畅通国民经济循环；对外开放，依靠共建"一带一路"、自由贸易港试验区等对外开放新机制，以高水平开放促进高质量发展，促进国内国际双循环。

第二节　新时代促进区域协调发展的具体政策建议

深入实施区域协调发展战略对于缩小地区发展差距、促进区域公平发展、全面推进共同富裕具有重要现实意义。当前，我国区域协调发展步入稳步推进的正常轨道上，国家战略导向清晰明确、区域政策体系逐步完善，但新形势下我国区域发展不协调、不充分问题仍然比较突出，亟须从认识到政策双重层面做出相应的调整，进而实现高水平、高质量的区域协调发展。本节将在前述实证分析与理论分析的基础上，系统提出新时代促进区域协调发展的具体政策建议。

一、着力提升问题区域的发展能力

（1）着力提高欠发达地区自主发展能力。在当前巩固脱贫攻坚与乡村振兴的关键衔接期，把巩固脱贫成果，预防规模性返贫作为集中攻坚的重点工作，建立欠发达地区脱贫致富的长效机制，培育区域经济增长点，增强地区发展动力。

（2）着力提高萧条区域产业转型升级水平。全面推进东北老工业基地振兴，以国有企业改革为抓手，深入推进市场化导向的体制机制改革，推动经济结构战略性调整，加快推进传统落后的资源驱动型重化工型产业与产品退出市场，改善营商环境，培育壮大接续替代产业，大力发展民营经济，鼓励中小企业壮大发展，推动战略性新兴产业发展。以碳中和目标推动资源型城市转型升级，加快制定"碳达峰、碳中和"整体规划，推动资源型城市绿色转型，以新能源改革为抓手，降低万元 GDP 能耗，引导能源结构优化。

（3）着力提高欠发达地区经济发展水平。支持特殊地区发展，加大区域基础设施、生态建设、教育发展、就业培训等方面投入，鼓励特色优势产业发展。立足革命老区实际，以革命老区振兴政策为抓手，加大对革命老区的扶持力度，因地制宜引导革命老区走差异化高质量发展道路，走绿色低碳转型发展道路，同时以补齐民生短板为抓手，加大基础设施与公共服务设施投资力度，促进民生改善。同时，以对口支援、对口合作等区域援助政策支持边疆地区与少数民族地区经济发展水平提升，以沿边开发开放为抓手，推动沿边地区经济高质量发展。

（4）着力提高发达地区自主调节能力。针对"大城市病"这一日益突出并具有普遍性的问题，国家不能单纯针对北京采取非首都功能疏解方式解决这一问题，而是应该在全国范围内统筹实施"大城市病"集中整治专项行动，同步针对城市规划和建设的相关法律法规进行全面修订，并对有关体制机制提出与时俱进的配套改革措施。通过集中整治"大城市病"，优化提升我国超大、特大和大城市的功能，增强城市自主调节能力，发挥这些中心城市对区域发展的辐射带动力。

（5）着力提高生态问题区域环境修复能力。经过多年的开发建设，我国区域性生态环境问题比较突出，京津冀雾霾，长江流域、黄河流域水环境等问题已严重威胁到区域可持续发展，如不及时、妥善解决可能会影响到国家高质量发展的全局。在现阶段及今后一段时期，按照国家战略总体部署，加快推进区域生态环境协同治理，在京津冀协同发展、长江经济带建设、黄河流域生态保护与高质量发展中探索新经验新方法新机制，在节能减排、绿色减排、低碳发展、产业布局优化调整、机制建设等方面取得新的突破，增强区域生态环境修复能力。

二、深化要素跨区域流动的体制机制改革

促进要素自由流动是我国区域协调发展战略追求的目标之一，是解决区域发展不协调、不充分的一个关键突破口。自改革开放以来，我国要素流动体制障碍逐渐减少，促进要素跨区域流动的市场机制日趋健全，要素流动更加顺畅，但现实中，我国要素跨区域流动尚不充分，制约要素跨区域流动的体制顽疾仍然存在。下一步，解决要素跨区域自由流动的关键在于：

（1）完善要素价格形成机制。无论是自然资源还是劳动力、技术，均要建

立相应的市场化定价机制，让价格信号引导资源要素在区域之间形成合理、高效配置。各级政府应减少对自然资源产品或劳动力价格形成机制的直接干预，压缩政府性定价的范围，纠正对自然资源产品、劳动力等要素的不合理补贴行为，让要素资源的价格能真实地反映市场供需变化，让资源富集地区能够真正获得较高的经济收益。

（2）防范地方保护主义兴起。建议国家组织实施社会主义市场秩序的专项督察，对地方政府截留资源、封锁市场、违规为本地企业提供保护伞等行为要依法依规进行严肃处理，引导地方政府按照国家区域发展总体战略主动推进区域协同发展。同时，建立健全区际利益补偿机制，完善资源输出地与输入地之间的利益补偿机制，加快建立资源开发补偿机制，调节地区间经济关系，避免以邻为壑等地方保护主义兴起。

（3）降低要素跨区域流动成本。在国家交通主干网络基本建成的条件下，未来应优化交通基础设施投资的方向，重点解决跨区域的断头路、瓶颈路、城际铁路等线路建设，加快交通一体化进程。同时，充分利用日趋完善的现代交通基础设施网络，大力发展现代物流业，破解物流"最后一公里"、物流枢纽发展滞后等问题，实现物畅其流。

（4）引导劳动要素自由有序流动。建立以居住证为载体的基本公共服务体系。深入推进户籍制度改革，因地制宜、分类引导、循序渐进推进流动人口市民化，实施便民化的居住证登记制度，使居住证真正成为流动人口异地享受均等化公共服务的"护身符"。

（5）促进资本和土地要素自由流动。深入推进土地要素市场化改革，统筹推进农地入市，深化"亩均论英雄"改革，提高土地要素市场化配置效率；深入推进资本要素市场化配置，加大对先进制造业、现代服务业、战略性新兴产业、绿色低碳循环经济的金融支持力度。

三、完善区域协调发展的配套政策

（1）促进中央政府转移支付成效提升。加快中央财政对中西部地区的转移支付力度，在专项资金或项目安排方面，按照事权划分的类型，对于市级及以上政府事权范围内的项目，尽可能降低直至取消中西部地区县级财政配套比例，减轻中西部地区的财力负担。中央财政应对中西部地区跨区域的交通基础设施、重大生态环境治理工程、公共服务设施等重点项目予以大力支持，加大对中西部地区特别是欠发达地区基础教育的投入力度。对中西部地区重点功能平台，中央要酌情考虑予以特殊的税收优惠政策，提高对外来资本的吸引力。加大中央和地方财政支持力度，填补资源型地区、老工业基地等地区城镇职工养老保险资金不足问题，彻底解决历史遗留问题。

（2）促进欠发达地区人力资本提升。提高中西部地区特别是欠发达地区九年义务教育和职业教育办学质量，实施职业教育免除学杂费和奖补政策。加大对资源转型地区、老工业基地等特殊区域下岗职工转岗再就业培训，建立以企业为主体再就业培训体系。实施中西部偏远地区和东北等老工业基地特殊的高层次人才引进和留用政策，通过定向培养、专项计划、委托培养等方式大力培养适应地区经济社会发展的专业人才。建立人才流动的培养基金返还机制，对于跨区域就业的人才，原则上按照工作年限予以人才输出地必要的培养成本返还。

（3）促进土地资源合理配置。在提高土地利用效率的前提下，各省可以根据主体功能区的类型在省域内实现城镇建设用地指标跨地市有偿流转，严格控制限制开发区和禁止开发区城镇建设用地的使用规模，鼓励这两类区域将城镇建设用地指标流转到其他类型区域使用。探索建立优化国土空间开发的机制，提高城镇建设用地综合利用效益，建立建设用地低效使用的惩罚问责机制，实现城镇建设用地使用效益与城镇建设用地指标安排的联动，对于建设用地擅自改变用途、批而未用、低效利用等现象予以核减一定比例的用地指标。禁止农村地区私自建房，将农村集体建设用地纳入城市建设用地执法管理范围。

四、健全区域协调发展的体制机制

（1）完善区域干预机制。针对区域问题日益增多，中央要采取合并同类项的办法，将不同类型的区域问题适当归类，成立相应的领导小组及其办公室，及时出台和实施相关的区域规划和政策措施，以有效解决"大城市病"、老工业基地振兴发展问题、资源型地区转型问题等。另外，为了全面领导区域经济工作，我国应借鉴欧盟做法，尽快建立国家区域行政管理机关，将国家部委相关职能集中起来，组建"国家区域发展委员会"，负责组织开展涉及区域发展、区域协调、国土空间规划等相关工作。

（2）完善区域合作机制。坚持优势互补、互利共赢的原则，继续深入推进以地方政府为主导的区域经济合作，规范政府合作行为，明确政府合作行为的"负面清单"。鼓励区域合作市场化运作，支持企业开展跨区域产业协作，吸引东部企业到中西部和东北投资。鼓励央企优化调整下属企业的区域布局，将下属企业产生的利润更多地留在地方，支持中西部和东北发展。顺应区域协同发展的形势，支持多层次、多形式、多领域的功能平台合作，促进政企良性互动，引导社会资本参与功能平台建设。

（3）深化区域互助机制。完善发达地区对口帮扶体制，因地制宜探索产业帮扶、干部交流、人才培养等多种帮扶模式，鼓励有条件的地方探索政府主导、市场介入、公众参与的社会化对口帮扶模式。此外，为了改变长期以来对口帮扶的单向利益输出做法，我国应建立互利共赢的可持续的帮扶机制，使发达地区在对口帮扶中拓展发展新空间。

（4）完善区域补偿政策。在推动长江经济带绿色发展中，探索建立流域上中下游生态保护补偿机制，形成以纵向、横向相结合的财政补偿为主、以市场化的排污权转让为补充的生态补偿体系。依托重点生态功能区开展生态补偿示范区建设，按照生态功能区面积和区域人口设计生态补偿基金实施方案，建立生态保护、居民就业转换、建设用地指标跨地市流转等多种形式的经济补偿，确保生态功能区居民生活水平和基本公共服务与其他地区相当。完善国家农产品主产区建设的配套支持政策，建立粮食直补与市场价格挂钩的调节机制，加大对农产品主产区的财政转移支付，促进区际利益协调平衡。

五、完善促进区域互动发展体制机制

为了深入推动不同板块之间互动和国土空间优化开发，我国需要建立跨区域板块和跨功能区的协调机制，以实现区域发展利益更大化和补偿区域发展利益。

（1）建立以经济带为纽带，带动板块联动发展机制。在区域发展总体战略的框架下，统筹东部率先发展、中部崛起、西部开发和东北振兴的关系，平衡中央对各区域的政策支持力度。以长江经济带建设为契机，进一步完善东部、中部和西部的联动发展机制，促进产业、交通和生态三个领域率先突破，实现长江上中下游产业转移协作、现代综合交通体系建设和生态环境协同治理，实现发展机会共享、利益横向补偿和区域互补。以丝绸之路经济带为纽带，以经济带沿线城市为节点，推动四大板块相关地区的协调联动，共同开展国际产能合作和全方位对外开放。

（2）建立以主体功能区为基础带动不同功能区域协调发展。全国和省级层面的主体功能区规划已编制完成，各类型功能区已进行划分，但由于支撑主体功能区体系的相关体制机制不健全，所以主体功能区规划体系尚未进入实质性操作阶段。对此，下一步要加快建立与主体功能区规划体系相适应的利益补偿机制、官员政绩考核评价体系和配套政策体系，着眼于解决不同类型主体功能区发展的利益诉求和主要矛盾。

六、创新产业转移协作方式

我国区域发展不平衡突出，地区间发展机会差距大，地区比较优势不能充分发挥，地区发展潜力处于待激发状态，进一步优化产业布局与促进产业转移是缓解区域发展不平衡不充分的重要途径。

（1）全方位深入推进产业跨地区梯度转移。在国家层面，要支持产业向长江经济带、丝绸之路经济带境内段、西江经济带等主要联结带的纵深转移，充分利用我国内陆的比较优势和市场，同时也要在京津冀地区探索城市群或都市圈内部的产业转移新机制新模式，为超大城市、特大城市产业疏解转移提供可借鉴可推广的经验。

（2）探索地方特色的合作园区发展模式。继续推动以政府为主导的跨地协作的合作园区建设，探索规划共编、园区共建、利益共享、风险共担的机制，把合作园区作为产业跨区域转移的承接载体。积极探索市场化的产业园区合作，鼓励社会资本组建园区开发专业企业，由专业企业根据市场规则在全国布局建设一批统一品牌、连锁式管理、一体化招商、菜单式服务、平台化运作的产业园区，形成政企合作新样板。在园区转型升级中，支持一批传统工业园区直接委托专业园区开发企业开发、招商引资和服务管理，建立公私合作的责任分担和利益分享机制，打造产业合作新平台。

（3）鼓励在省域或行政区域面积较大的市域建立产业园区合作机制。为了深入实施《全国主体功能区规划》和优化国土开发，禁止在生态功能区新建产业园区，引导生态功能区所在县（市、区）到本市或本省重点开发区域租地或以建设用地指标置换空间等形式设立合作园区，通过自主管理或委托管理形式对合作园区进行管理，并建立相应的责任分担、利益分享等合作机制。

参考文献

［1］安虎森、周江涛：《影响我国南北经济差距的主要因素分析》，《经济纵横》2021 年第 7 期。

［2］安礼伟、蒋元明：《长三角区域规划与先进制造业企业全要素生产率——基于 PSM-DID 模型的经验研究》，《产业经济研究》2020 年第 4 期。

［3］安树伟、董红燕：《京津冀协同发展战略实施效果中期评估》，《经济问题》2022 年第 4 期。

［4］白俊红、王林东：《创新驱动是否促进了经济增长质量的提升？》，《科学学研究》2016 年第 11 期。

［5］薄文广、陈飞：《京津冀协同发展：挑战与困境》，《南开学报（哲学社会科学版）》2015 年第 1 期。

［6］蔡绍洪、谷城、张再杰：《时空演化视角下我国西部地区人口—资源—环境—经济协调发展研究》，《生态经济》2022 年第 2 期。

［7］曹琳霞、陆玉麒、马颖忆：《基于烟羽模型的江苏港口腹地范围划分》，《地域研究与开发》2016 年第 5 期。

［8］陈凡、周民良：《中部崛起战略与区域产业结构转型升级——来自中国城市面板数据的经验证据》，《中国软科学》2022 年第 2 期。

［9］陈斐、孙伟、袁丰：《长江三角洲区域一体化空间：合作、分工与差异》，商务印书馆 2018 年版。

［10］陈建军、胡晨光：《产业集聚的集聚效应——以长江三角洲次区域为例的理论和实证分析》，《管理世界》2008 年第 6 期。

［11］陈健：《新发展阶段共同富裕目标下区域协调发展研究》，《云南民族大学学报（哲学社会科学版）》2020 年第 4 期。

［12］陈健、郭冠清：《马克思主义区域协调发展思想：从经典理论到中国发展》，《经济纵横》2020 年第 6 期。

［13］陈磊、胡立君、何芳：《长江经济带发展战略对产业集聚的影响》，

《中南财经政法大学学报》2021 年第 1 期。

[14] 陈明生、郑玉璐、姚笛：《基础设施升级、劳动力流动与区域经济差距——来自高铁开通和智慧城市建设的证据》，《经济问题探索》2022 年第 5 期。

[15] 陈明星、隋昱文、郭莎莎：《中国新型城镇化在"十九大"后发展的新态势》，《地理研究》2019 年第 1 期。

[16] 陈朴、林垚、刘凯：《全国统一大市场建设、资源配置效率与中国经济增长》，《经济研究》2021 年第 6 期。

[17] 陈婉玲、陈亦雨：《区域协调发展的利益调整与法治进路》，《上海财经大学学报》2021 年第 6 期。

[18] 陈伟雄、杨婷：《中国区域经济发展 70 年演进的历程及其走向》，《区域经济评论》2019 年第 5 期。

[19] 陈秀山、陈斐：《区域协调发展：目标、路径、评价》，商务印书馆 2013 年版。

[20] 陈耀：《新一轮东北振兴战略要思考的几个关键问题》，《经济纵横》2017 年第 1 期。

[21] 陈映：《我国宏观区域经济发展战略的历史演变》，《求索》2004 年第 9 期。

[22] 陈兆荣、雷勋平：《基于熵权可拓的我国能源安全评价模型》，《系统工程》2015 年第 7 期。

[23] 程亚维、苏文芝、王东霞：《基于 Moldflow 与 BP 神经网络算法的三相铜牌注塑参数优化与预测分析》，《塑料科技》2021 年第 9 期。

[24] 程永生、张德元、赵梦婵：《黄河流域生态保护和高质量发展的时空演变与驱动因素》，《经济体制改革》2021 年第 5 期。

[25] 崔航、李书峰、王维才：《网约车需求对城镇居民出行的影响研究——以北京市为例》，《城市发展研究》2017 年第 5 期。

[26] 崔晶、李雪涛、初楠臣：《欠发达地区高铁可达性与经济社会的协调性研究》，《经济地理》2020 年第 3 期。

[27] 崔琳：《以战略规划引领区域协调发展推进区域治理》，《宏观经济管理》2022 年第 8 期。

[28] 代壮、陈汐、马晓磊：《半自动驾驶公交车辆编组与调度优化》，《北京航空航天大学学报》2020 年第 12 期。

[29] 戴德颐：《基于资源异质性的南北经济发展差距研究》，《技术经济与管理研究》2020 年第 1 期。

[30] 单雪芹、李美瑶、沈士为：《长江经济带战略经济增长效应研究——

基于 DID 方法检验》，《建设管理研究》2020 年第 1 期。

［31］邓楚雄、赵浩、谢炳庚等：《土地资源错配对中国城市工业绿色全要素生产率的影响》，《地理学报》2021 年第 8 期。

［32］邓宏兵、刘晓桐：《长江中游城市群发展质量提升模式与路径》，《华中师范大学学报（自然科学版）》2019 年第 5 期。

［33］邓睦军、龚勤林：《中国区域政策的空间属性与重构路径》，《中国软科学》2018 年第 4 期。

［34］邓祥征、杨开忠、单菁菁等：《黄河流域城市群与产业转型发展》，《自然资源学报》2021 年第 2 期。

［35］邓翔、袁满、李双强：《西部大开发二十年基础设施建设效果评估》，《西南民族大学学报（人文社会科学版）》2021 年第 6 期。

［36］邓忠奇、高廷帆、朱峰：《地区差距与供给侧结构性改革——"三期叠加"下的内生增长》，《经济研究》2020 年第 10 期。

［37］董香书、肖翔：《"振兴东北老工业基地"有利于产值还是利润？——来自中国工业企业数据的证据》，《管理世界》2017 年第 7 期。

［38］董香书、肖翔：《三大区域政策提高了劳动报酬比重吗？——基于中国工业企业数据的实证研究》，《经济学动态》2016 年第 8 期。

［39］董雪兵、池若楠：《中国区域经济差异与收敛的时空演进特征》，《经济地理》2020 年第 10 期。

［40］董艳梅：《中央转移支付对欠发达地区的财力均等化效应研究》，《经济理论与经济管理》2013 年第 10 期。

［41］董珍、白仲林：《对口支援、区域经济增长与产业结构升级——以对口援藏为例》，《西南民族大学学报（人文社会科学版）》2019 年第 3 期。

［42］杜宇、吴传清：《中国南北经济差距扩大：现象、成因与对策》，《安徽大学学报（哲学社会科学版）》2020 年第 1 期。

［43］樊福卓、张彦、于秋阳：《长三角分工协同与一体化》，上海人民出版社 2019 年版。

［44］樊杰、王亚飞、王怡轩：《基于地理单元的区域高质量发展研究——兼论黄河流域同长江流域发展的条件差异及重点》，《经济地理》2020 年第 1 期。

［45］樊杰、赵浩、郭锐：《我国区域发展差距变化的新趋势与应对策略》，《经济地理》2022 年第 1 期。

［46］樊一江、谢雨蓉、汪鸣：《我国多式联运系统建设的思路与任务》，《宏观经济研究》2017 年第 7 期。

［47］范爱军、韩青：《菲利普斯曲线与中国通货膨胀动态拟合》，《金融研

究》2009 年第 9 期。

［48］范柏乃、张莹：《区域协调发展的理念认知、驱动机制与政策设计：文献综述》，《兰州学刊》2021 年第 4 期。

［49］范恒山：《促进区域协调发展的任务重点》，《区域经济评论》2022 年第 3 期。

［50］范剑勇、冯猛、李方文：《产业集聚与企业全要素生产率》，《世界经济》2014 年第 5 期。

［51］方创琳：《改革开放 40 年来中国城镇化与城市群取得的重要进展与展望》，《经济地理》2018 年第 9 期。

［52］方创琳：《京津冀城市群协同发展的理论基础与规律性分析》，《地理科学进展》2017 年第 1 期。

［53］方创琳、王振波、马海涛：《中国城市群形成发育规律的理论认知与地理学贡献》，《地理学报》2018 年第 4 期。

［54］方臻旻、傅元海：《知识产权、人力资本与外资企业研发水平——基于知识产权和就业流动约束的检验》，《经济学家》2012 年第 9 期。

［55］淦未宇、徐细雄、易娟：《我国西部大开发战略实施效果的阶段性评价与改进对策》，《经济地理》2011 年第 1 期。

［56］高文武、徐明阳、范佳健等：《经济发展、城乡二元化对城乡居民收入差距影响的实证分析》，《统计与决策》2018 年第 3 期。

［57］高新才、韩雪：《黄河流域碳排放的空间分异及影响因素研究》，《经济经纬》2022 年第 1 期。

［58］龚斌磊、张启正、袁菱苒等：《革命老区振兴发展的政策创新与效果评估》，《管理世界》2022 年第 8 期。

［59］龚韩湘、吴泽埔、伍宝玲等：《广东省医疗卫生资源空间集聚特征评价分析》，《中国卫生经济》2017 年第 5 期。

［60］苟护生、童章舜：《新时代革命老区振兴发展的历史逻辑和现实意义》，《理论视野》2022 年第 7 期。

［61］郭炳南、唐利、姜彦彦等：《长江经济带生态福利绩效的区域差异与空间收敛》，《生态经济》2022 年第 7 期。

［62］郭冠清：《论习近平新时代中国特色社会主义经济思想》，《上海经济研究》2018 年第 10 期。

［63］郭晗：《京津冀协同发展的政策评价——基于面板数据的双重差分模型》，《经济研究导刊》2021 年第 18 期。

［64］郭腾云、徐勇、马国霞等：《区域经济空间结构理论与方法的回顾》，

《地理科学进展》2009 年第 1 期。

[65] 郭晓合、王来全：《边界效应与长三角区域经济一体化问题研究》，《统计与信息论坛》2012 年第 5 期。

[66] 郭子瑞、陈志强、池日光等：《基于 GA-BP 神经网络的餐厨垃圾合成 PHA 工艺产量预测》，《环境工程》2022 年第 4 期。

[67] 韩广富、刘心蕊：《改革开放以来革命老区扶贫脱贫的历史进程及经验启示》，《当代中国史研究》2019 年第 1 期。

[68] 韩君、杜文豪、吴俊珺：《黄河流域高质量发展水平测度研究》，《西安财经大学学报》2021 年第 1 期。

[69] 郝凤霞、张诗葭：《长三角城市群交通基础设施、经济联系和集聚——基于空间视角的分析》，《经济问题探索》2021 年第 3 期。

[70] 何爱平、李清华：《马克思现代化视野下中国式现代化道路的逻辑进路》，《中国特色社会主义研究》2022 年第 1 期。

[71] 何登辉、王克稳：《我国区域合作：困境、成因及法律规制》，《城市规划》2018 年第 11 期。

[72] 何亭葶：《高质量发展阶段成渝城市群城乡一体化发展研究》，贵州财经大学硕士学位论文，2022 年。

[73] 和军、张紫薇：《新一轮东北振兴战略背景与重点——兼评东北振兴战略实施效果》，《中国特色社会主义研究》2017 年第 6 期。

[74] 贺业红：《农村电商发展对我国城乡收入差距的影响效应分析》，《商业经济研究》2020 年第 16 期。

[75] 洪银兴：《完善产权制度和要素市场化配置机制研究》，《中国工业经济》2018 年第 6 期。

[76] 侯胜鹏：《中国中部地区发展现代农业的 SWOT 分析》，《南方农村》2014 年第 11 期。

[77] 胡彬：《长三角区域高质量一体化：背景、挑战与内涵》，《科学发展》2019 年第 4 期。

[78] 胡海青、张茜、王兆群等：《中国水利投资与经济社会可持续发展关系研究》，《生态经济》2021 年第 12 期。

[79] 胡海洋、姚晨、胡淑婷：《新时代区域协调发展战略的效果评价研究——基于中部崛起战略下的实证研究》，《工业技术经济》2019 年第 4 期。

[80] 胡学英、叶国良、高建设：《制造业高质量发展目标下中部地区工业竞争力评价研究》，《长江师范学院学报》2022 年第 4 期。

[81] 胡艳、张安伟：《长三角区域一体化生态优化效应研究》，《城市问题》

2020 年第 6 期。

[82] 黄俊：《城市群发展历程对比研究分析——以成渝城市群和国内外发达城市群对比为例》，西南财经大学硕士学位论文，2011 年。

[83] 黄勤、林鑫：《长江经济带建设的指标体系与发展类型测度》，《改革》2015 年第 12 期。

[84] 黄群慧、黄阳华、贺俊等：《面向中上等收入阶段的中国工业化战略研究》，《中国社会科学》2017 年第 12 期。

[85] 黄小勇、龙小宁：《在集聚中走向创新——专利生产中的集聚经济效应研究》，《产业经济研究》2020 年第 1 期。

[86] 黄禹铭：《东北三省城乡协调发展格局及影响因素》，《地理科学》2019 年第 8 期。

[87] 黄征学：《统筹东中西、协调南北方的思路建议》，《宏观经济管理》2016 年第 9 期。

[88] 惠宁、马微、刘鑫鑫：《互联网发展对中国区域创新能力的影响及地区差异研究》，《北京工业大学学报（社会科学版）》2021 年第 2 期。

[89] 纪祥裕：《中部崛起战略对城市环境质量的影响研究——基于 PSM-DID 方法的分析》，《经济问题探索》2020 年第 8 期。

[90] 贾伟、秦富：《区域贸易结构变化对经济增长的影响分析》，《当代经济科学》2012 年第 6 期。

[91] 贾彦宁：《东北振兴战略的政策评估及提升路径研究——基于 PSM-DID 方法的经验估计》，《经济问题探索》2018 年第 12 期。

[92] 剪强：《成渝城市群城乡一体化发展水平及影响因素研究》，成都理工大学硕士学位论文，2020 年。

[93] 姜磊、柏玲、吴玉鸣：《中国省域经济、资源与环境协调分析——兼论三系统耦合公式及其扩展形式》，《自然资源学报》2017 年第 5 期。

[94] 蒋媛媛：《长江经济带战略对长三角一体化的影响》，《上海经济》2016 年第 2 期。

[95] 金碚：《中国工业的转型升级》，《中国工业经济》2011 年第 7 期。

[96] 金人庆：《完善促进基本公共服务均等化的公共财政制度》，《中国财政》2006 年第 11 期。

[97] 金煜、陈钊、陆铭：《中国的地区工业集聚：经济地理、新经济地理与经济政策》，《经济研究》2006 年第 4 期。

[98] 靳春平、廖涛：《西部大开发对地区经济发展的影响——以四川为例》，《财经科学》2006 年第 6 期。

[99] 靖学青：《长江经济带产业转移与区域协调发展研究》，《求索》2017 年第 3 期。

[100] 鞠晓生、卢荻、虞义华：《融资约束、营运资本管理与企业创新可持续性》，《经济研究》2013 年第 1 期。

[101] 孔伟杰：《制造业企业转型升级影响因素研究——基于浙江省制造业企业大样本问卷调查的实证研究》，《管理世界》2012 年第 9 期。

[102] 孔祥智、谢东东：《缩小差距、城乡融合与共同富裕》，《南京农业大学学报（社会科学版）》2022 年第 1 期。

[103] 寇宗来、刘学悦：《中国企业的专利行为：特征事实以及来自创新政策的影响》，《经济研究》2020 年第 3 期。

[104] 李斌、杨冉、卢娟：《中部崛起战略存在政策陷阱吗？——基于 PSM-DID 方法的经验证据》，《中国经济问题》2019 年第 3 期。

[105] 李朝鲜：《区域价格收敛视角下中国国内市场一体化的演变特征分析》，《北京工商大学学报（社会科学版）》2020 年第 5 期。

[106] 李储、徐泽：《改革开放以来长江经济带的政策变迁：脉络、机制与模式》，《华东经济管理》2020 年第 2 期。

[107] 李丹、裴育、陈欢：《财政转移支付是"输血"还是"造血"——基于国定扶贫县的实证研究》，《财贸经济》2019 年第 6 期。

[108] 李繁荣：《绿色发展：补齐全面建成小康社会的生态短板——基于政策文本和实践成效的梳理》，《经济问题》2020 年第 12 期。

[109] 李国平、彭思奇、曾先峰等：《中国西部大开发战略经济效应评价——基于经济增长质量的视角》，《当代经济科学》2011 年第 4 期。

[110] 李国正：《城乡二元体制、生产要素流动与城乡融合》，《湖湘论坛》2020 年第 1 期。

[111] 李华、董艳玲、蔡倩：《高质量发展视阈下中国财政治理的健全逻辑、提升潜力与平衡路径》，《财政研究》2022 年第 4 期。

[112] 李建伟：《我国劳动力供求格局、技术进步与经济潜在增长率》，《管理世界》2020 年第 4 期。

[113] 李金龙、雷娟：《中国大都市区治理的制约因素及突破思路——兼论国外大都市区治理经验对我国的启示》，《探索》2010 年第 3 期。

[114] 李兰冰：《中国区域协调发展的逻辑框架与理论解释》，《经济学动态》2020 年第 1 期。

[115] 李林木、汪冲：《税费负担、创新能力与企业升级——来自"新三板"挂牌公司的经验证据》，《经济研究》2017 年第 11 期。

［116］李梦、胡宝清、范航清等：《基于耦合协调度模型的广西沿海地区陆海统筹度评价》，《海洋开发与管理》2017 年第 7 期。

［117］李青原、章尹赛楠：《金融开放与资源配置效率——来自外资银行进入中国的证据》，《中国工业经济》2021 年第 5 期。

［118］李秋峰、党耀国：《区域 3E 系统协调发展预警体系及其应用》，《现代经济探讨》2012 年第 9 期。

［119］李汝资、刘耀彬、王文刚等：《长江经济带城市绿色全要素生产率时空分异及区域问题识别》，《地理科学》2018 年第 9 期。

［120］李世奇、朱平芳：《长三角一体化评价的指标探索及其新发现》，《南京社会科学》2017 年第 7 期。

［121］李松龄：《新时代区域协调发展战略的路径选择与制度安排》，《湖湘论坛》2018 年第 4 期。

［122］李卫平、周海沙：《公共财政框架下农村卫生发展的政策选择》，《中国卫生经济》2006 年第 8 期。

［123］李雪静：《新时代多层次资本市场制度建设的新思考》，《上海立信会计金融学院学报》2018 年第 4 期。

［124］李雪松、孙博文：《长江中游城市群区域一体化的测度与比较》，《长江流域资源与环境》2013 年第 8 期。

［125］李永友、严岑：《服务业"营改增"能带动制造业升级吗?》，《经济研究》2018 年第 4 期。

［126］李月起：《新时代成渝城市群协调发展策略研究》，《西部论坛》2018 年第 3 期。

［127］李振福、于少强、段钰：《基于烟羽模型的环渤海邮轮母港东三省消费腹地划分》，《地域研究与开发》2020 年第 2 期。

［128］李政、于凡修：《东北地区实现创新驱动发展的动力机制与基本路径》，《社会科学辑刊》2017 年第 1 期。

［129］李志强、詹锋、周丽琴：《基于 BP 网络算法的区域协调发展预测与预警研究》，《统计研究》2006 年第 4 期。

［130］连飞：《中国经济与生态环境协调发展预警系统研究——基于因子分析和 BP 神经网络模型》，《经济与管理》2008 年第 12 期。

［131］梁凯膺、刘瑜：《缩小东北城乡居民收入差距的措施与政策》，《吉林省经济管理干部学院学报》2013 年第 2 期。

［132］梁龙武、王振波、方创琳等：《京津冀城市群城市化与生态环境时空分异及协同发展格局》，《生态学报》2019 年第 4 期。

［133］廖楚晖、杨超：《人力资本结构与地区经济增长差异》，《财贸经济》2008 年第 7 期。

［134］廖理、谷军健、袁伟等：《新冠疫情导致小微企业生存率下降》，《清华金融评论》2021 年第 2 期。

［135］廖祖君、侯宏凯：《新中国成立以来我国推动区域协调发展的历程、模式与展望》，《企业经济》2021 年第 6 期。

［136］林伯强、徐斌：《研发投入、碳强度与区域二氧化碳排放》，《厦门大学学报（哲学社会科学版）》2020 年第 4 期。

［137］林繁、王谨：《对口支援的宏观经济效应及作用机制研究》，《经济论坛》2021 年第 12 期。

［138］林江彪、王亚娟、张小红等：《黄河流域城市资源环境效率时空特征及影响因素》，《自然资源学报》2021 年第 1 期。

［139］林靖宇、邓睦军、李蔚：《中国区域协调发展的空间政策选择》，《经济问题探索》2020 年第 8 期。

［140］刘秉镰、边杨、周密等：《中国区域经济发展 70 年回顾及未来展望》，《中国工业经济》2019 年第 9 期。

［141］刘秉镰、朱俊丰、周玉龙：《中国区域经济理论演进与未来展望》，《管理世界》2020 年第 2 期。

［142］刘承智、潘爱玲、谢涤宇：《我国碳排放权交易市场价格波动问题探讨》，《价格理论与实践》2014 年第 8 期。

［143］刘春艳、凌建春、寇林元等：《GA-BP 神经网络与 BP 神经网络性能比较》，《中国卫生统计》2013 年第 2 期。

［144］刘德权、邢玉升：《"一带一路"战略下东北地区产业结构转型升级研究》，《求是学刊》2016 年第 3 期。

［145］刘登娟、吕一清：《长江经济带成渝城市群环境与经济协调发展评价》，《经济体制改革》2017 年第 2 期。

［146］刘华军、彭莹、裴延峰等：《全要素生产率是否已经成为中国地区经济差距的决定力量?》，《财经研究》2018 年第 6 期。

［147］刘华军、孙东旭、丁晓晓：《中国居民收入的南北差距分析》，《中国人口科学》2022 年第 4 期。

［148］刘慧、刘卫东：《"一带一路"建设与我国区域发展战略的关系研究》，《中国科学院院刊》2017 年第 4 期。

［149］刘慧、叶尔肯·吾扎提：《中国西部地区生态扶贫策略研究》，《中国人口·资源与环境》2013 年第 10 期。

［150］刘金山、徐明：《对口支援政策有效吗？——来自 19 省市对口援疆自然实验的证据》，《世界经济文汇》2017 年第 4 期。

［151］刘峻源、周威平：《江苏沿江港口群空间协调发展研究》，《南通大学学报（社会科学版）》2020 年第 3 期。

［152］刘琳轲、梁流涛、高攀等：《黄河流域生态保护与高质量发展的耦合关系及交互响应》，《自然资源学报》2021 年第 1 期。

［153］刘让群、牛靖、姚鹏：《东北地区产业发展的回顾与展望》，《区域经济评论》2021 年第 3 期。

［154］刘瑞明、赵仁杰：《西部大开发:增长驱动还是政策陷阱——基于 PSM-DID 方法的研究》，《中国工业经济》2015 年第 6 期。

［155］刘修岩、李松林、陈子扬：《多中心空间发展模式与地区收入差距》，《中国工业经济》2017 年第 10 期。

［156］刘学良、续继、宋炳妮：《中国区域发展不平衡的历史动态、表现和成因——东西差距和南北差距的视角》，《产业经济评论》2022 年第 2 期。

［157］刘耀彬、喻群、李汝资：《长江中游城市群一体化演进格局及其竞争份额潜力研究》，《企业经济》2017 年第 6 期。

［158］刘耀彬、郑维伟：《新时代区域协调发展新格局的战略选择》，《华东经济管理》2022 年第 2 期。

［159］刘应杰：《中国的区域发展战略和区域政策》，《区域经济评论》2021 年第 1 期。

［160］刘玉萍、李裕良：《中国教育投入的非均衡性与动态变化》，《统计与决策》2022 年第 15 期。

［161］刘志彪、陈柳：《长三角区域一体化发展的示范价值与动力机制》，《改革》2018 年第 12 期。

［162］刘志彪、孔令池：《长三角区域一体化发展特征、问题及基本策略》，《安徽大学学报（哲学社会科学版）》2019 年第 3 期。

［163］卢辉、徐辉：《长江经济带生态保护与经济高质量发展耦合关系的实证》，《统计与决策》2022 年第 14 期。

［164］卢建中、程浩：《改进 GA 优化 BP 神经网络的短时交通流预测》，《合肥工业大学学报（自然科学版）》2015 年第 1 期。

［165］鲁晓东、连玉君：《中国工业企业全要素生产率估计：1999—2007》，《经济学（季刊）》2012 年第 2 期。

［166］陆大道：《二〇〇〇年我国工业生产力布局总图的科学基础》，《地理科学》1986 年第 2 期。

［167］陆大道：《我国区域开发的宏观战略》，《地理学报》1987 年第 2 期。

［168］陆张维、徐丽华、吴次芳等：《西部大开发战略对于中国区域均衡发展的绩效评价》，《自然资源学报》2013 年第 3 期。

［169］路江涌、陶志刚：《我国制造业区域集聚程度决定因素的研究》，《经济学（季刊）》2007 年第 3 期。

［170］路江涌、陶志刚：《中国制造业区域聚集及国际比较》，《经济研究》2006 年第 3 期。

［171］吕承超、崔悦：《中国南北经济差距及其趋势预测》，《中央财经大学学报》2022 年第 6 期。

［172］吕承超、索琪、杨欢：《"南北"还是"东西"地区经济差距大？——中国地区经济差距及其影响因素的比较研究》，《数量经济技术经济研究》2021 年第 9 期。

［173］吕萍、余思琪：《我国新型城镇化与乡村振兴协调发展趋势研究》，《经济纵横》2021 年第 11 期。

［174］栾贵勤：《中国区域经济发展大事典》，吉林人民出版社 2011 年版。

［175］罗秉鑫：《论商品零售价格指数波动对我国经济增长的影响》，《商业经济研究》2017 年第 11 期。

［176］骆永民：《中国城乡基础设施差距的经济效应分析——基于空间面板计量模型》，《中国农村经济》2010 年第 3 期。

［177］马静、李小帆、张红：《长江中游城市群城市发展质量系统协调性研究》，《经济地理》2016 年第 7 期。

［178］马明娟、李强、殷文琦等：《碳中和目标下基于 GA-BP 神经网络的碳交易定价模型及其模拟研究》，《生态经济》2022 年第 3 期。

［179］马强、王军：《城镇化缩小城乡收入差距的机制与效应——基于中国 271 个城市面板数据的分析》，《城市问题》2018 年第 10 期。

［180］毛汉英：《京津冀协同发展的机制创新与区域政策研究》，《地理科学进展》2017 年第 1 期。

［181］毛牧然：《"新东北现象"的成因分析与破解对策》，《第十四届沈阳科学学术年会论文集（经管社科）》2017 年。

［182］毛其淋：《人力资本推动中国加工贸易升级了吗？》，《经济研究》2019 年第 1 期。

［183］毛蕴诗、张伟涛、魏姝羽：《企业转型升级：中国管理研究的前沿领域——基于 SSCI 和 CSSCI（2002—2013 年）的文献研究》，《学术研究》2015 年第 1 期。

新时代我国区域协调发展成效研究

［184］孟美侠、曹希广、张学良：《开发区政策影响中国产业空间集聚吗——基于跨越行政边界的集聚视角》，《中国工业经济》2019年第11期。

［185］缪小林、王婷、高跃光：《转移支付对城乡公共服务差距的影响——不同经济赶超省份的分组比较》，《经济研究》2017年第2期。

［186］倪鹏飞、刘伟、黄斯赫：《证券市场、资本空间配置与区域经济协调发展——基于空间经济学的研究视角》，《经济研究》2014年第5期。

［187］聂洪光、陈永庆：《新一轮振兴背景下东北地区低碳经济发展潜力》，《学术交流》2018年第1期。

［188］聂辉华、方明月、李涛：《增值税转型对企业行为和绩效的影响——以东北地区为例》，《管理世界》2009年第5期。

［189］欧进锋、许抄军、刘雨骐：《基于"五大发展理念"的经济高质量发展水平测度——广东省21个地级市的实证分析》，《经济地理》2020年第6期。

［190］潘家文、钱谦、伏云发等：《最优权动态控制学习机制的多种群遗传算法》，《计算机科学与探索》2021年第12期。

［191］庞丹、边悦玲、张晓峰：《共同富裕视域下中国区域协调发展的现实困境与创新路径》，《新疆社会科学》2022年第3期。

［192］彭镇华、吴志军、习明明：《城乡收入差距、政府发展战略与空间溢出效应——基于长江经济带的实证研究》，《江西社会科学》2018年第9期。

［193］彭中文、何新城：《所有权性质、产业集聚与FDI技术效率溢出——来自中国装备制造业的经验证据》，《财经研究》2011年第6期。

［194］齐晶晶、何自力、杨志强：《环渤海经济圈聚集效应和扩散效应分析》，《经济与管理研究》2009年第4期。

［195］任保平、豆渊博：《碳中和目标下黄河流域产业结构调整的制约因素及其路径》，《内蒙古社会科学》2022年第1期。

［196］任保平、朱晓萌：《新时代我国区域经济高质量发展转型和政策调整研究》，《财经问题研究》2021年第4期。

［197］任曙明、吕镯：《融资约束、政府补贴与全要素生产率——来自中国装备制造企业的实证研究》，《管理世界》2014年第11期。

［198］芮旸、杨华、杨坤：《陕西省黄河流域农业高质量发展的时空演化特征及影响机理》，《中国农业大学学报》2021年第5期。

［199］邵帅、郝晋伟：《县域城乡一体化规划关键问题初探——以渭南市华县为例》，《与包容——2012中国城市规划年会论文集（01.城市化与区域规划研究）》2012年。

［200］邵帅、齐中英：《西部地区的能源开发与经济增长——基于"资源诅

咒"假说的实证分析》,《经济研究》2008 年第 4 期。

[201] 沈冠辰、朱显平:《东北老工业基地人口资源与经济发展研究》,《人口学刊》2017 年第 3 期。

[202] 沈国兵、徐源晗、袁征宇:《新冠疫情全球蔓延对我国就业的影响及机制分析》,《经济问题探索》2021 年第 12 期。

[203] 沈洪涛、黄楠:《碳排放权交易机制能提高企业价值吗》,《财贸经济》2019 年第 1 期。

[204] 沈颂东、陈鑫强、韩明友:《东北振兴的产业重构与空间布局——基于振兴目标、资源优势和物流成本的综合分析》,《经济纵横》2020 年第 6 期。

[205] 盛斌、毛其淋:《贸易开放、国内市场一体化与中国省际经济增长:1985~2008 年》,《世界经济》2011 年第 11 期。

[206] 盛来运、郑鑫、周平等:《我国经济发展南北差距扩大的原因分析》,《管理世界》2018 年第 9 期。

[207] 石碧华:《中国区域经济发展 70 年的回顾和展望》,《中国经济学人(英文版)》2019 年第 4 期。

[208] 石琳:《产业结构高度化下的东北资源型城市转型》,《税务与经济》2019 年第 5 期。

[209] 时和兴:《论当代中国行政改革中的权力调整》,《社会科学战线》1994 年第 5 期。

[210] 宋德勇、朱文博、王班班等:《企业集团内部是否存在"污染避难所"》,《中国工业经济》2021 年第 10 期。

[211] 宋建波、武春友:《城市化与生态环境协调发展评价研究——以长江三角洲城市群为例》,《中国软科学》2010 年第 2 期。

[212] 宋晓晶:《新发展阶段关于我国南北区域差异的分析与思考》,《商业经济》2022 年第 8 期。

[213] 宋洋、吴昊:《珠三角区域一体化、地区专业化与产业布局的实证分析》,《统计与决策》2018 年第 16 期。

[214] 苏白燕、许强、黄健等:《基于动态数据驱动的地质灾害监测预警系统设计与实现》,《成都理工大学学报(自然科学版)》2018 年第 5 期。

[215] 孙斌栋、丁嵩:《大城市有利于小城市的经济增长吗?——来自长三角城市群的证据》,《地理研究》2016 年第 9 期。

[216] 孙斌栋、郑燕:《我国区域发展战略的回顾、评价与启示》,《人文地理》2014 年第 5 期。

[217] 孙才志、杨羽頔、邹玮:《海洋经济调整优化背景下的环渤海海洋产

业布局研究》，《中国软科学》2013 年第 10 期。

[218] 孙德林、谭鑫、黄丽等：《国际金融危机背景下中部地区物流产业发展战略研究》，《第七届中国软科学学术年会论文集（上）》2009 年。

[219] 孙久文：《论新时代区域协调发展战略的发展与创新》，《国家行政学院学报》2018 年第 4 期。

[220] 孙久文：《"十四五"规划与新时代区域经济发展》，《中国经济报告》2021a 年第 3 期。

[221] 孙久文：《以区域合作促进区域发展新格局形成》，《开放导报》2021b 年第 4 期。

[222] 孙久文、程芸倩：《中部地区高质量发展的成效、特征及对策建议》，《治理现代化研究》2022 年第 2 期。

[223] 孙久文、蒋治：《新发展格局下区域协调发展的战略骨架与路径构想》，《中共中央党校（国家行政学院）学报》2022 年第 4 期。

[224] 孙久文、苏玺鉴、闫昊生：《东北振兴政策效果评价——基于 Oaxaca-Blinder 回归的实证分析》，《吉林大学社会科学学报》2020 年第 2 期。

[225] 孙久文、易淑昶：《中国区域协调发展的实践创新与重点任务》，《浙江工商大学学报》2022 年第 2 期。

[226] 孙久文、原倩：《京津冀协同发展战略的比较和演进重点》，《经济社会体制比较》2014 年第 5 期。

[227] 孙久文、张皓：《我国区域发展差距的多尺度考察及其"十四五"趋向》，《改革》2021 年第 11 期。

[228] 孙平军、张可秋、何田：《东北三省收缩城市城乡一体化收缩效应及其作用机理研究》，《地理科学进展》2022 年第 7 期。

[229] 孙威、林晓娜、张平宇：《"四大板块"战略实施效果评估与"十三五"规划建议》，《中国科学院院刊》2016 年第 1 期。

[230] 孙文中、孙玉杰：《家庭生态系统：农村留守儿童关爱服务体系的建构路径》，《社会工作与管理》2019 年第 4 期。

[231] 孙晓华、郭旭：《工业集聚效应的来源：劳动还是资本》，《中国工业经济》2015 年第 11 期。

[232] 孙钰、姜宁宁、崔寅：《京津冀生态文明与城市化协调发展的时序与空间演变》，《中国人口·资源与环境》2020 年第 2 期。

[233] 覃成林、张震、贾善铭：《东部地区率先发展战略：变迁、成效与新构想》，《北京工业大学学报（社会科学版）》2020 年第 4 期。

[234] 汤碧杰：《区域经济协调发展存在的问题及路径思考》，《现代工业经

济和信息化》2020 年第 5 期。

［235］汤吉军、戚振宇：《新时代深化改革推动东北地区经济高质量发展——加快东北老工业基地全面振兴高端论坛综述》，《中国工业经济》2019 年第 3 期。

［236］汤金宝、胡恩华：《中学教师组织支持感对工作满意度的作用机制研究》，《数学的实践与认识》2017 年第 24 期。

［237］唐珏岚：《区域固定资产投资失衡的人力资本因素分析》，《上海市经济学会学术年刊（2007）》，2008 年。

［238］滕堂伟、林蕙灵、胡森林：《长三角更高质量一体化发展：成效进展、空间分异与空间关联》，《安徽大学学报（哲学社会科学版）》2020 年第 5 期。

［239］田成诗、陈雨：《中国省际农业碳排放测算及低碳化水平评价——基于衍生指标与 TOPSIS 法的运用》，《自然资源学报》2021 年第 2 期。

［240］田光辉、赵宏波、苗长虹：《基于五大发展理念视角的河南省区域发展状态评价》，《经济经纬》2018 年第 1 期。

［241］田鹏颖：《协调：从发展理念到方法论创新》，《中国特色社会主义研究》2016 年第 3 期。

［242］田莎莎、季闯：《成渝城市群经济协调发展的路径研究》，《湖北经济学院学报（人文社会科学版）》2018 年第 4 期。

［243］田双全、黄应绘：《从城乡居民收入差距看西部大开发的实施效果》，《经济问题探索》2010 年第 9 期。

［244］童玉芬、宫倩楠：《新时期北京市人口调控政策的效果评估——基于三重差分法的准自然实验》，《人口研究》2020 年第 5 期。

［245］涂建军、况人瑞、毛凯等：《成渝城市群高质量发展水平评价》，《经济地理》2021 年第 7 期。

［246］万海远、陈基平、王盈斐：《中国南北工资差距的新变化及市场化成因》，《中国人口科学》2021 年第 4 期。

［247］万俊毅、曾丽军：《改革开放以来广东城乡协调发展的时空新变化》，《华南理工大学学报（社会科学版）》2018 年第 5 期。

［248］王格、董会忠、张慧：《基于 ArcGIS 和 SD 的山东省碳排放演化格局及低碳经济发展战略仿真》，《科技管理研究》2017 年第 1 期。

［249］王桂军、卢潇潇：《"一带一路"倡议与中国企业升级》，《中国工业经济》2019 年第 3 期。

［250］王继源：《我国区域协调发展评价研究》，《宏观经济管理》2019 年

第 3 期。

[251] 王佳宁、罗重谱、白静:《成渝城市群定位考量与趋势判断》,《重庆社会科学》2016a 年第 4 期。

[252] 王佳宁、罗重谱、白静:《成渝城市群战略视野的区域中心城市辐射能力》,《改革》2016b 年第 10 期。

[253] 王佳宁、罗重谱、白静:《西部地区创新驱动发展与重庆的比较优势》,《改革》2016c 年第 9 期。

[254] 王佳宁、罗重谱、白静:《渝东南中心城市发展态势与趋向判断》,《重庆社会科学》2016d 年第 7 期。

[255] 王佳宁、罗重谱、何培育:《成渝城市群政府转型效能评估》,《改革》2016e 年第 4 期。

[256] 王佳宁、罗重谱:《新时代中国区域协调发展战略论纲》,《改革》2017 年第 12 期。

[257] 王娟、郑浩原:《东北振兴政策与东北经济增长——基于 PSM－DID 方法的经验分析》,《东北财经大学学报》2017 年第 5 期。

[258] 王俊、刘刚:《基于遗传 BP 算法的温室无线传感器网络定位方法》,《农业工程学报》2012 年第 21 期。

[259] 王克敏、刘静、李晓溪:《产业政策、政府支持与公司投资效率研究》,《管理世界》2017 年第 3 期。

[260] 王磊、李金磊:《区域协调发展的产业结构升级效应研究——基于京津冀协同发展政策的准自然实验》,《首都经济贸易大学学报》2021 年第 4 期。

[261] 王洛林、魏后凯:《我国西部大开发的进展及效果评价》,《财贸经济》2003 年第 10 期。

[262] 王然、成金华:《高质量发展视域下长三角城市群经济社会与资源环境耦合分析》,《学术论坛》2019 年第 6 期。

[263] 王升泉、陈浪南、李涵静:《我国中部崛起政策有效性的实证研究》,《当代经济科学》2017 年第 2 期。

[264] 王淑:《成渝城市群可持续发展绩效评价》,《合作经济与科技》2022 年第 15 期。

[265] 王飔雨:《共同富裕愿景下南北方区域协调发展的战略要点与政策转向》,《新疆社会科学》2022 年第 5 期。

[266] 王小鲁、樊纲:《中国地区差距的变动趋势和影响因素》,《经济研究》2004 年第 1 期。

[267] 王晓玲、方杏村:《东北老工业基地经济振兴效率评价及影响因素分

析》,《商业研究》2017 年第 1 期。

[268] 王彦超、李玲、王彪华:《税收优惠与财政补贴能有效促进企业创新吗？——基于所有制与行业特征差异的实证研究》,《税务研究》2019 年第 6 期。

[269] 王艺明、蔡翔:《财政支出结构与城乡收入差距——基于东、中、西部地区省级面板数据的经验分析》,《财经科学》2010 年第 8 期。

[270] 王玉海、张鹏飞:《京津冀协同发展的空间重构与城市间结构效应分析》,《理论与现代化》2019 年第 5 期。

[271] 王玉珍:《长三角城市群协调发展机制问题新探》,《南京社会科学》2009 年第 11 期。

[272] 卫舒羽、肖鹏:《税收优惠、财政补贴与企业研发投入——基于沪深 A 股上市公司的实证分析》,《税务研究》2021 年第 5 期。

[273] 魏后凯:《新常态下中国城乡一体化格局及推进战略》,《中国农村经济》2016 年第 1 期。

[274] 魏后凯、李玏、杨沫:《东北县域人口流失的特征、原因及应对措施》,《社会科学战线》2022 年第 8 期。

[275] 魏后凯、年猛、李玏:《"十四五"时期中国区域发展战略与政策》,《中国工业经济》2020 年第 5 期。

[276] 魏琦、张斌、金书秦:《中国农业绿色发展指数构建及区域比较研究》,《农业经济问题》2018 年第 11 期。

[277] 温忠麟、张雷、侯杰泰等:《中介效应检验程序及其应用》,《心理学报》2004 年第 5 期。

[278] 文丰安:《全面深化改革中的我国小微企业发展与政府职能转变》,《管理世界》2014 年第 11 期。

[279] 文耀荣、赖庆奎、许忠俊:《珠三角城市群高质量发展质量评价及影响因素研究》,《顺德职业技术学院学报》2022 年第 1 期。

[280] 文余源、杨钰倩:《高质量发展背景下京津冀协同发展评估与空间格局重塑》,《经济与管理》2022 年第 2 期。

[281] 巫岑、黎文飞、唐清泉:《产业政策与企业资本结构调整速度》,《金融研究》2019 年第 4 期。

[282] 吴传清、黄磊:《演进轨迹、绩效评估与长江中游城市群的绿色发展》,《改革》2017a 年第 3 期。

[283] 吴传清、黄磊:《长江经济带绿色发展的难点与推进路径研究》,《南开学报（哲学社会科学版）》2017b 年第 3 期。

[284] 吴大放、胡悦、刘艳艳等:《城市开发强度与资源环境承载力协调分

析——以珠三角为例》，《自然资源学报》2020年第1期。

[285] 吴凡、邓诗范：《高质量发展视角下珠三角九市城市创新能力评价研究》，《科技智囊》2021年第9期。

[286] 吴伟达：《政府间行政协议：一种长三角区域主要治理机制的选择和完善》，《宏观经济研究》2020年第7期。

[287] 吴晓蓉、田晓苗：《后扶贫时代我国农村教育反贫困的价值理性回归——基于可行能力理论视角》，《国家教育行政学院学报》2020年第6期。

[288] 吴叶葵：《突发事件预警系统中的信息管理和信息服务》，《图书情报知识》2006年第3期。

[289] 伍杰源、戴新鎏、陆瑶等：《黄河流域铁路网高质量发展对策研究》，《铁道经济研究》2022年第1期。

[290] 夏艳艳、关凤利、冯超：《新时代中国区域协调发展的新内涵及时代意义》，《学术探索》2022年第3期。

[291] 肖海翔、吴丽：《医疗卫生资源配置的均等化水平测度》，《中国社会科学院研究生院学报》2014年第3期。

[292] 肖金成、沈体雁、梁盛平：《黄河流域生态保护和高质量发展专题研讨会综述》，《区域经济评论》2021年第4期。

[293] 肖金成、沈体雁、凌英凯：《推进形成西部大开发新时期新格局的对策与路径——"中国区域经济50人论坛"第十六次专题研讨会综述》，《区域经济评论》2020年第6期。

[294] 肖金成、张燕、马燕坤：《西部大开发战略实施效应评估与未来走向》，《改革》2018年第6期。

[295] 肖良武、黄臻、罗玲玲：《省域经济增长极选择及培育路径研究》，《经济问题》2017年第5期。

[296] 肖兴志、张伟广：《"授之以鱼"与"授之以渔"——首轮东北振兴政策的再思考》，《经济科学》2019年第3期。

[297] 谢识予、李苍祺、左川：《中部崛起战略对技术进步的影响——基于PSM-DID方法的研究》，《金融发展》2019年第1期。

[298] 谢旭阳、王云海、张兴凯等：《尾矿库区域预警指标体系的建立》，《中国安全科学学报》2008年第5期。

[299] 谢烛光、周茜：《西部大开发战略对西部地区碳排放影响效应研究》，《生态经济》2021年第1期。

[300] 熊广勤、周文锋、李惠平：《产业集聚视角下融资约束对企业研发投资的影响研究——以中国创业板上市公司为例》，《宏观经济研究》2019年第

9 期。

［301］熊国强、刘东红：《区域经济差异的预警与调控》，《科技进步与对策》2007 年第 5 期。

［302］熊凯军：《产业转移示范区建设有助于缩小地区城乡收入差距吗？——基于国家级承接产业转移示范区准自然实验》，《中国地质大学学报（社会科学版）》2022 年第 3 期。

［303］徐斌、张艳：《基于 GIS 的水文生态空间数据库及管理系统研发》，《水生态学杂志》2018 年第 5 期。

［304］徐春秀、汪振辰：《中部崛起政策对地区产业升级的异质性影响与机制分析——基于 PSM－DID 方法的一项拟自然实验》，《产经评论》2020 年第 2 期。

［305］徐辉、师诺、武玲玲等：《黄河流域高质量发展水平测度及其时空演变》，《资源科学》2020 年第 1 期。

［306］徐明：《省际对口支援与农户生活水平提升——基于消费视角的实证检验》，《财经研究》2022 年第 2 期。

［307］徐维祥、李露、周建平等：《乡村振兴与新型城镇化耦合协调的动态演进及其驱动机制》，《自然资源学报》2020 年第 9 期。

［308］许宪春、雷泽坤、窦园园等：《中国南北平衡发展差距研究——基于"中国平衡发展指数"的综合分析》，《中国工业经济》2021 年第 2 期。

［309］许宪春、张美慧：《中国数字经济规模测算研究——基于国际比较的视角》，《中国工业经济》2020 年第 5 期。

［310］许宪春、郑正喜、张钟文：《中国平衡发展状况及对策研究——基于"清华大学中国平衡发展指数"的综合分析》，《管理世界》2019 年第 5 期。

［311］许欣：《东北振兴战略演进轨迹及其未来展望》，《改革》2017 年第 12 期。

［312］许欣、张文忠：《中国四大区域板块：增长差异、比较优势和"十四五"发展路径》，《经济地理》2021 年第 7 期。

［313］许学强、李郇：《珠江三角洲城镇化研究三十年》，《人文地理》2009 年第 1 期。

［314］薛永鹏、张梅：《中国城市化与生态环境协调发展预警系统研究》，《统计教育》2009 年第 8 期。

［315］闫昊生、孙久文、蒋治：《创新型城市、所有制差异与企业创新：基于目标考核视角》，《世界经济》2021 年第 11 期。

［316］闫佳敏、沈坤荣：《中国南北经济差距的测度及原因分析》，《首都经

济贸易大学学报》2022 年第 2 期。

[317] 阎东彬、孙久文、赵宁宁：《京津冀高质量协同发展的动态评价及提升路径》,《工业技术经济》2022 年第 6 期。

[318] 杨朝峰、赵志耘、许治：《区域创新能力与经济收敛实证研究》,《中国软科学》2015 年第 1 期。

[319] 杨东亮、王皓然：《东北振兴政策效果的再评价——基于灯光数据和 PSM-DID 模型的分析》,《商业研究》2021 年第 5 期。

[320] 杨东亮、赵振全：《东北经济失速的投资性根源》,《东北亚论坛》2015 年第 5 期。

[321] 杨多贵、刘开迪、周志田：《我国南北地区经济发展差距及演变分析》,《中国科学院院刊》2018 年第 10 期。

[322] 杨利伟、邢雯雯、张莉平等：《基于 GA 优化 BP 神经网络模型的污水管道系统健康状况评估》,《给水排水》2021 年第 9 期。

[323] 杨林、陈喜强：《协调发展视角下区域市场一体化的经济增长效应——基于珠三角地区的考察》,《经济问题探索》2017 年第 11 期。

[324] 杨玲：《长江经济带制造业服务化水平测度及其特征研究》,《当代财经》2019 年第 6 期。

[325] 杨明洪、巨栋、涂开均：《"南北差距"：中国区域发展格局演化的事实、成因与政策响应》,《经济理论与经济管理》2021 年第 4 期。

[326] 杨清、史亚雯、南志标等：《国家生态屏障区 PESREn 系统协调性研究——以甘肃省为例》,《中国农业资源与区划》2019 年第 5 期。

[327] 杨庆育：《我国西部开发政策轨迹及其效应》,《改革》2016 年第 5 期。

[328] 杨仁发、沈忱：《科技创新、政府干预与长江经济带区域协调发展》,《统计与信息论坛》2022 年第 3 期。

[329] 杨旭、何山河、黎岩：《中国共产党西部大开发重大举措研究》,《贵州民族研究》2022 年第 4 期。

[330] 杨荫凯、刘羽：《东北地区全面振兴的新特点与推进策略》,《区域经济评论》2016 年第 5 期。

[331] 杨羽頔、孙才志：《环渤海地区陆海统筹度评价与时空差异分析》,《资源科学》2014 年第 4 期。

[332] 姚鹏：《京津冀区域发展历程、成效及协同路径》,《社会科学辑刊》2019 年第 2 期。

[333] 姚鹏、王民、鞠晓颖：《长江三角洲区域一体化评价及高质量发展路

径》，《宏观经济研究》2020 年第 4 期。

[334] 姚鹏、叶振宇：《中国区域协调发展指数构建及优化路径分析》，《财经问题研究》2019 年第 9 期。

[335] 姚鹏、张泽邦、孙久文等：《城市品牌促进了城市发展吗？——基于"全国文明城市"的准自然实验研究》，《财经研究》2021 年第 1 期。

[336] 姚树洁：《持续推动新时代区域协调发展》，《中国社会科学报》2022 年第 3 期。

[337] 叶璐、王济民：《我国城乡差距的多维测定》，《农业经济问题》2021 年第 2 期。

[338] 叶堂林、王雪莹、李梦雪：《企业投资对南北经济差距的影响研究》，《工业技术经济》2022 年第 9 期。

[339] 易淼：《新时代推动成渝地区双城经济圈建设探析：历史回顾与现实研判》，《西部论坛》2021 年第 3 期。

[340] 尹来盛、冯邦彦：《珠江三角洲城市区域空间演化研究》，《经济地理》2012 年第 1 期。

[341] 于成文：《坚持"质""量"协调发展扎实推动共同富裕》，《探索》2021 年第 6 期。

[342] 于瑛、陈笑、贾晓宇等：《基于 GA-BP 神经网络的逐时总辐射分组模型研究》，《太阳能学报》2022 年第 8 期。

[343] 喻新安、杨兰桥、刘晓萍等：《中部崛起战略实施十年的成效、经验与未来取向》，《中州学刊》2014 年第 9 期。

[344] 岳朝敏：《成渝城市群面临的挑战和发展方向》，载赵弘、游霭琼、杨维风等：《区域蓝皮书：中国区域经济发展报告（2016~2017）》，社会科学文献出版社 2017 年版。

[345] 岳利萍、白永秀：《从东西部地区差距评价西部大开发战略实施绩效——基于主成份分析法的视角》，《科研管理》2008 年第 5 期。

[346] 曾灿、张司飞、李华：《广东省地区经济差距的演变及来源分解》，《广东社会科学》2017 年第 4 期。

[347] 曾刚、王丰龙：《长三角区域城市一体化发展能力评价及其提升策略》，《改革》2018 年第 12 期。

[348] 曾阳、黄崴：《城镇化进程中"珠三角"地区的教育管理：经验、问题及对策建议——以东莞、佛山为例》，《现代教育管理》2014 年第 6 期。

[349] 张爱婷、周俊艳、张璐等：《黄河流域城乡融合协调发展：水平测度、制约因素及发展路径》，《统计与信息论坛》2022 年第 3 期。

［350］张佰瑞：《我国区域协调发展度的评价研究》，《工业技术经济》2007 年第 9 期。

［351］张般若、李自杰：《高铁能促进低碳经济吗？——高铁开通对城市碳排放强度的影响及机制研究》，《华中科技大学学报（社会科学版）》2021 年第 1 期。

［352］张博胜、杨子生：《中国城乡协调发展与农村贫困治理的耦合关系》，《资源科学》2020 年第 7 期。

［353］张超、钟昌标：《R&D 补贴对区域经济协调影响效应检验》，《统计与决策》2022 年第 7 期。

［354］张成、陈宁、周波：《东部率先发展战略和全要素生产率提升——基于倾向得分匹配—双重差分法的经验分析》，《当代财经》2017 年第 11 期。

［355］张成、滕欢：《基于偏最小二乘法与 BP 神经网络的电力中长期负荷预测》，《电力建设》2012 年第 7 期。

［356］张东玲、范伟丽、陈景帅：《民生性财政支出和城乡居民收入差距对消费差距的影响——基于区域异质性和门槛效应的视角》，《福建农林大学学报（哲学社会科学版）》2020 年第 5 期。

［357］张斐然：《后冬奥时代辽宁省冰雪旅游发展路径探析》，《辽宁经济》2022 年第 2 期。

［358］张国俊、王运喆、陈宇等：《中国城市群高质量发展的时空特征及分异机理》，《地理研究》2022 年第 8 期。

［359］张红梅、李善同、许召元：《改革开放以来我国区域差距的演变》，《改革》2019 年第 4 期。

［360］张华：《西部大开发降低了城乡收入差距吗？——来自断点回归的证据》，《经济学报》2020 年第 2 期。

［361］张可：《区域一体化、环境污染与社会福利》，《金融研究》2020 年第 12 期。

［362］张可云、裴相烨：《中国区域协调发展水平测度——基于省级数据分析》，《郑州大学学报（哲学社会科学版）》2019 年第 6 期。

［363］张来明、李建伟：《促进共同富裕的内涵、战略目标与政策措施》，《改革》2021 年第 9 期。

［364］张明林、李华旭：《国家优先支持政策促进绿色全要素生产率的效应评估——来自革命老区的经验证据》，《财经研究》2021 年第 10 期。

［365］张启正、袁菱菲、胡沛楠等：《革命老区振兴规划对农业增长的影响及其作用机理》，《中国农村经济》2022 年第 7 期。

[366] 张守文：《现代经济体制的构建及其法治保障》，《政法论丛》2019年第1期。

[367] 张天悦：《从支援到合作：中国式跨区域协同发展的演进》，《经济学家》2021年第11期。

[368] 张文耀：《西部高等教育与区域经济协调发展的关系分析》，《财政研究》2013年第5期。

[369] 张学良、林永然：《都市圈建设：新时代区域协调发展的战略选择》，《改革》2019年第2期。

[370] 张雅杰、王乐颖、张丰等：《成渝城市群城镇化质量评价及影响因素分析》，《地理信息世界》2019年第1期。

[371] 张耀军：《论京津冀一体化协调发展的路径选择》，《当代经济管理》2014年第10期。

[372] 张耀军、张玮：《共同富裕和区域协调发展》，《区域经济评论》2022年第4期。

[373] 张耀木：《东部率先发展政策评价》，《中国市场》2019年第7期。

[374] 张治栋、胡爱燕：《区域一体化对城市创新的影响——基于长江经济带战略的准自然实验分析》，《产经评论》2022年第3期。

[375] 赵斌：《促进南北区域协调发展的财税政策研究——基于财税资源配置视角》，《地方财政研究》2021年第12期。

[376] 赵宏：《北京大城市病治理与京津冀协同发展》，《经济与管理》2014年第3期。

[377] 赵金丽、张璐璐、宋金平：《京津冀城市群城市体系空间结构及其演变特征》，《地域研究与开发》2018年第2期。

[378] 郑春继、邓峰：《我国区域发展战略的技术追赶效应——基于西部大开发战略效应的再审视》，《当代经济研究》2022年第2期。

[379] 郑洁、付才辉、赵秋运：《发展战略与环境治理》，《财经研究》2019年第10期。

[380] 种国双、段珺、高振、李宇航：《中国三大产业结构演进规律与发展趋势研究》，《科学管理研究》2020年第2期。

[381] 仲德涛：《习近平关于城乡协调发展重要论述的逻辑理路与实践进路研究》，《黄河科技学院学报》2022年第1期。

[382] 周春山、王宇渠、徐期莹等：《珠三角城镇化新进程》，《地理研究》2019年第1期。

[383] 周端明、朱芸羲、王春婷：《西部大开发、区域趋同与经济政策选

择》，《当代经济研究》2014 年第 5 期。

[384] 周芳检：《大数据时代的重大突发公共卫生事件预警创新》，《云南民族大学学报（哲学社会科学版）》2020 年第 5 期。

[385] 周靖祥、何燕：《财政分权与区域平衡发展：理论逻辑及实践思路——基于文献研究的考释》，《经济社会体制比较》2013 年第 3 期。

[386] 周满生：《中国区域教育发展差异与政府宏观教育政策调整》，《第三届中国教育家大会论文集》2006 年。

[387] 朱华雄、周文蕾、阳甜：《"双循环"新发展格局：历史演化与展望》，《新疆师范大学学报（哲学社会科学版）》2021 年第 5 期。

[388] 朱婧、孙新章、何正：《SDGs 框架下中国可持续发展评价指标研究》，《中国人口·资源与环境》2018 年第 12 期。

[389] 朱凯璐：《长江中游城市群高质量发展的实证研究》，辽宁大学硕士学位论文，2022 年。

[390] 朱敏：《我国东部地区应成为新能源发展的重点区域》，《中国物价》2020 年第 4 期。

[391] 朱小梅：《高中教师"供给"短缺亟待解决》，《中国教师报》2021 年 5 月 26 日第 3 版。

[392] 朱政、郑伯红、贺清云：《珠三角城市群空间结构及影响研究》，《经济地理》2011 年第 3 期。

[393] 朱子云：《中国经济发展省际差距成因的双层挖掘分析》，《数量经济技术经济研究》2015 年第 1 期。

[394] 邹一南、韩保江：《中国经济协调发展评价指数研究》，《行政管理改革》2021 年第 10 期。

[395] 邹一南、赵俊豪：《中国经济发展方式转变指标体系的构建与测度》，《统计与决策》2017 年第 23 期。

[396] 邹志红、孙靖南、任广平：《模糊评价因子的熵权法赋权及其在水质评价中的应用》，《环境科学学报》2005 年第 4 期。

[397] Albouy D, "Does New York City Pay Too Much in Federal Taxes Relative to Columbus?", *Annual Conference on Taxation and Minutes of the Annual Meeting of the National Tax Association*, Vol. 100, 2007.

[398] Friedmann J, *Regional Development Policy：A Case Study of Venezuela*, Bonston：The WIT Press, 1966.

[399] Glaeser E L, "Do Reaional Economies Need Reaional Coordination?", *Harvard：Harvard Institute of Economic Research*, 2007.

[400] Gottmann J, "Megalopolis or the Urbanization of the Northeastern Seaboard", *Economic Geography*, Vol. 33, No. 3, 1957.

[401] Hadlock J C, Pierce R J, "New Evidence on Measuring Financial Constraints: Moving Beyond the KZ Index", *The Review of Financial Studies*, Vol. 23, No. 5, 2010.

[402] Hirschman A O, *The Strategy of Economic Development*, New Haven: Yale University Press, 1958.

[403] Jacobson L S, Lalonde, R J, Sullivan D G, "Earnings Losses of Displaced Workers", *American Economic Review*, Vol. 83, No. 4, 1993.

[404] Martin P, Rogers C A, "Industrial Location and Public Infrastructure", *Journal of Internation Economics*, No. 3, 1995.

[405] Mc Gee T G, "The Emergence of Desakota Regions in Asia: Expandinga-Hypothesis", *The Extended Metropolis: Settlement Transition in Asia*, Honolulu: University of Hawaii Press, 1991.

[406] Melitz M J, "The Impact of Trade on Intra-Industry Reallocations and Aggregate Industry Productivity", *Econometrica*, Vol. 71, No. 6, 2003.

[407] Myrdal G, *Economic Theory and Underdeveloped Regions*, London: Gerald Duckworth and Co., 1957.

[408] Nelson R R, "A Theory of the Low-Level Equilibrium Trap in Underdeveloped Economies", *The American Economic Review*, Vol. 46, No. 5, 1956.

[409] Nurkse R, *Problems of Capital Formation in Underdeveloped Countries*, Oxford: Oxford University Press, 1953.

[410] Paul Krugman, "Increasing Returns and Economic Geography", *Journal of Political Economy*, Vol. 99, No. 3, 1991.

[411] Paul M, "Increasing Returns and Long-Run Growth", *Journal of Political Economy*, Vol. 94, No. 5, 1986.

[412] Perroux F, "Economic Space: Theory and Applications", *The Quarterly Journal of Economics*, Vol. 64, No. 1, 1950.

[413] Romer P M, "Increasing Returns and Long-Run Growth", *Journal of Political Economy*, Vol. 94, No. 5, 1986.

[414] Rosenstein-Rodan P N, "The Problems of Industrialization of Eastern and South-Eastern Europe", *The Economic Journal*, Vol. 53, 1943.

[415] Vernon R, "International Investment and International Trade in Product", *Quarterly Journal of Economics*, Vol. 80, No. 2, 1966.

后 记

　　区域协调发展战略是习近平新时代中国特色社会主义经济思想的重要组成部分，旨在通过均衡资源配置、提升供需平衡、促进创新和基础设施建设，实现各区域的共同发展和繁荣，为国家整体经济稳定与可持续发展奠定坚实基础。在当前全面建设社会主义现代化国家、实现中华民族伟大复兴的新发展阶段，牢牢抓住"区域协调发展"这个"牛鼻子"，对增强我国区域发展协同性、拓展区域发展新空间、推动建设现代化经济体系、实现"两个一百年"奋斗目标，具有重大战略意义。

　　笔者对全书进行了编撰，我的硕士研究生马志达、李慧昭对全书进行了编辑和整理，并补充了参考文献，李金泽和牛靖对初稿进行了校对。曲阜师范大学鞠晓颖、葛晓莉、王雨彤、梁琼云、尤文浩、贾琦、王剑飞、肖连冠、孙向荣、田志进与王泽南参与了本书的调研与撰写，感谢他们的辛勤付出。

　　在本书撰写过程中，笔者对书中的引述进行了注释和说明，但是由于时间所限，书中难免有错误和不当之处，恳请广大读者不吝赐教。对于书中引用的成果，由于笔者疏忽未加注释的地方，本人在此表示深深的歉意。

姚　鹏

2024 年 9 月 22 日于曲园